浙江省"十一五"重点教材建设项目

新媒体发展与应用

卢小雁　吴英飞　许今茜◎编著

ZHEJIANG UNIVERSITY PRESS
浙江大学出版社

前　言

　　21世纪的今天,毋庸置疑我们已经处在了一个新媒体时代。从在线电脑到移动网络,从拨号上网到4G、5G,从电子邮件到QQ、微信,从电子商务到手机直播带货,从分众媒体到自媒体……这几十年来以数字网络媒介为主要特征的新媒体发展与应用速度之快、影响之深确实令世人感慨。近30年来,在国家以信息技术带动其他产业的政策指引下,数字通信技术发展迅速,这种以互联网络为基础的数字信息技术使得人们接收信息的方式不断增多,接收的速度不断提升,高速发展应用的互联网技术亦将世界各地连为一个整体,由此推动了很多领域的快速发展,其中就包括媒体领域。数字网络和计算机技术被广泛应用在媒体领域中,这从技术层面推动了新媒体时代的到来。在文化传播领域特别是新闻传播领域,以互联网和社交媒体为代表的新兴社会化媒体得到了迅猛的发展,成为广播、电视、报刊等传统大众媒体形态的重要补充。技术引导融合媒体革命,目前,融媒体已成为主流媒体发展的方向。在社会事业发展应用层面,首先,新媒体发展应用极大促进了教育传播,新媒体已经进入学校,并作为一个巨大的交互平台,推动着学校教育现代化进程的发展。新媒体为教育传播模式提供了丰富的教学手段,并对传统教育模式不断改造创新,这也有利于实现教育模式的可持续发展。比如疫情时期,各个学校和教育机构普遍开展的网课、慕课和各种在线教育形式都离不开新媒体的平台和技术支撑。此外,新媒体环境下的智慧健康卫生事业发展、电子政务与政务公开、媒体融合环境下的媒介数据采集分析与应用等都极大促进了各项社会事业的发展。在经济领域,随着如雨后春笋般发展起来的各类"互联网+"极大带动了区域经济的发展,各个行业领域都纷纷开展线上和线下业务的结合,以共享单车为代表的新经济模式方兴未艾。网络游戏产业与动漫产业也成为新媒体时代的绿色经济产业新宠。同时,新媒体广告与营销改变了传统的大众广告代理发布的旧商业传播模式,基于大数据和算法技术的精准传播和营销愈来愈成为商家促销的首选。与此同时,新媒体的发展应用在信息安全产业、金融业、物联网、现代物流等其他行业领域也催生了极大的市场前景。特别是随着智能手机的普及应用,以及支付宝、微信支付的广泛使用,基于手机端的移动媒体发展与应用空前繁荣。立足今天,展望未来,新媒体发展应用前景仍十分广阔,随着5G宽带技术的日益普及应用,各种虚拟现实、人工智能等新科技将带来更新更高效的新媒体应用场景。诚然,新媒体发展应用与法制监管也日益提上议事日程,各种网络暴力、网络欺诈、信息窃取、隐私侵犯、网上走私泄密等新兴的犯罪形式成为新媒体发展应用过程中的毒瘤,给社会和个人带来各种危害,我们也必须重视和正视这些问题,在新媒体继续发展应用的同时,加强法制监管,趋利避害,使之有序运行。迈入2021年,全球新冠肺炎疫情还在持续,回望过去动荡与坎坷的一年,我们中国有幸成为全球唯一引领经济增长的超大经济体,也给世界经济的复苏带来了希望。同时,我们也要引领新媒体的发展应用,使之迈向更加美好的明天。

《新媒体发展与应用》三位编著者均是高校教师,从事新媒体相关教学研究多年。书稿的写作分工如下:序篇,第一篇,第四篇第四、五节,卢小雁主撰;第二篇第一、二节,第三篇第四节,第四篇第一、二、三节,吴英飞主撰;第二篇第三节,第三篇第一、二、三节,许今茜主撰。参与"媒体融合环境下的媒介数据采集分析与应用"章编撰的是中科网联数据科技有限公司(原尼尔森网联媒介数据服务有限公司)南方大区总经理徐珍及李嘉佑等团队成员,其在媒介行业深耕多年,在品牌投放、媒介策略、媒介行业研究、受众行为测量、大数据分析应用等领域都积累了丰富的经验。书中也编入了部分由浙报集团战略规划部副主任徐园主持的与浙江大学合作的"区域互联网发展生态与趋势研判"课题的相关成果。此外,浙江大学传媒与国际文化学院传播研究所的硕士研究生李会义、申霏雪参与了本书的编撰整理工作,还有许多历届的传播所硕士也参与了部分编撰任务,在此一并致谢。本书早在多年前就被立项为浙江省重点建设教材,起初的书名是"新媒体发展概论",后因同名书籍陆续出版较多,且因学科教学更注重应用性和实践性,所以改书名为"新媒体发展与应用",写作方向也作了相应调整,在此也特别感谢支持本书立项出版的浙江省教育厅、浙大传媒与国际文化学院策略传播学系和学校各个相关教学部门;感谢浙江大学出版社以及本书的责任编辑、我的多年挚友李海燕老师。谨以此书做抛砖之举,因写作仓促,难免有诸多疏谬之处,还望广大读者多多谅解并不吝赐教,以助未来修订时一一修改。

主笔者于2022年初夏

目　　录

序篇　新媒体概说

　　"媒体"一词在传播学范畴中有两种含义:一是指具备承载信息传递功能的物质,如电视、广播、报纸等大众媒介;二是指从事信息的采集、加工、制作和传播的社会组织,如电视台、报社等大众媒体机构。本书着重讨论的数字新媒体,其含义仅仅指第一种,即信息的载体,主要是从技术视角去讨论和分析所涉及的数字新媒体,而不涉及媒体机构。

　　与数字媒体关系密切的一个概念是"新媒体"(new media)。1998年5月,联合国新闻委员会召开的年会首次提出了新媒体的概念,意为继报刊、广播、电视等三大传统媒体之后的第四种主要大众传播媒体——"互联网";随着科学信息技术的不断发展,"新媒体"的内涵也逐渐丰富。"新媒体"已成为近年来传媒、传播学、艺术设计等领域广为流行的一个术语。

　　与以往的传统媒体不同的是,"新媒体"是一个相对动态的概念。目前,各方专家和学者对于新媒体的定义尚未统一。联合国教科文组织将新媒体定义为网络媒体,然而随着数字技术的飞速发展,此定义也得到了进一步的拓展与延伸。新的媒体产品层出不穷,往往都被归为新媒体。我们可以认为,新媒体就是以现代技术为基础的新的信息载体的总和。

第一节　新媒体的诞生与发展

　　"新兴媒体"是一个相对的概念,与"传统媒体"比较而言,它首先是一种信息传播新技术平台,通过与传统媒体的融合,提供相对于传统媒体更为自主化、个性化、非线性的信息服务(比如在线广播、电视节目下载、音乐下载、书籍下载等),并在融合中,逐渐发展出具有新媒体自身特色的传播方式,如虚拟社区、论坛、博客、播客等。

　　新兴媒体的发展有以下两个显著的特点:一是各类传统媒体的数字化演变,传统胶片摄影、胶片电影、调频或调幅广播、传统制式电视,都逐渐发展演变为数字摄影、数字电影、数字音频广播、数字高清晰度电视及数字压缩卫星直播电视等形态。二是以数字技术为基础的新媒体传播工具日益丰富,如5G手机、数码照相机与摄像机、数码录音笔、电子阅读器、数字游戏机等。第四种主要大众传播媒体"互联网"(Internet)的发展,促使新兴媒体逐步成为影响全球化信息传播最重要的手段。其中,无线互联网发挥了极其关键的作用。无线互联网是移动数据通信与互联网结合的产物,综合了移动通信在即时性、便捷移动及个性化等方面的诸多特点,以及互联网在信息集成与媒体融合方面的优点,是信息技术领域举足轻重的关键部分。

一、新媒体随着信息传播新技术的出现而诞生

将加工处理后的信息主动或被动地向用户传递的技术被称为信息传播技术,以网络传播技术、广播电视技术、数字出版技术等各种通信技术为代表,实现了信息快速、安全、可靠的传送。新媒体随着信息产业——尤其是数字技术与互联网技术——的蓬勃发展极速发展壮大。近年来,数字化浪潮席卷全球,互联网几乎深入到社会经济生活的方方面面,在技术推动与市场需求下,媒介市场不断发育和发展,新媒体更是随其呈指数级增长。

(一)新媒体的必要技术保障——信息技术发展

每一次信息技术革命都对政治、经济、文化和社会生产产生巨大影响,推动着人类文明迈向更高的层次。信息技术的发展为信息的传播提供了更高效的工具和途径,新媒体在突破传统媒体的各种局限性的同时,"为人类打开了通向感知和新型活动领域的大门"[1],"人在正常使用技术即人体各种延伸的情况下,人不断受到技术的修正。反过来,人又不断地寻找新的方法来修改自己的技术"。[1] 并以此增强获取、传递、使用信息的能力。以数字技术、计算机网络技术和移动通信技术等为代表的信息技术为新媒体的发展提供了技术平台,并为新媒体的兼容融合与新形态发展提供了技术基础。

1. 数字技术

数字技术是信息社会的技术基础和核心,迄今为止所有的新媒体都是以数字技术为基础。"数字技术指的是运用 0 和 1 两位数字编码,通过电子计算机、光缆、通信卫星等设备,来表达、传输和处理所有信息的技术。数字技术一

---

① 马歇尔·麦克卢汉.理解媒介——论人的延伸[M].何道宽,译.北京:商务印书馆,2000:79.

般包括数字编码、数字压缩、数字传输、数字调制与解调等技术。"①可以说,数字技术为多形式新媒体信息传播提供了统一的信息格式。

数字技术是新媒体信息构成及融合的基础。信息的表现形式(即媒体)各异,对新媒体来说,其信息的最小单元是比特(bit)。任何新媒体信息在数字设备中进行存储和传播时,都可拆分为一系列比特的排列组合。所有搭载在数字设备中的文字、图像、动画、影视、语音及音乐等信息都是由"0"和"1"排列组合而成,使得各类信息媒体可以相互融合成多媒体(Multimedia)形态。

数字技术是新媒体信息交互的基础。区别于以模拟的方式进行存储和传播的传统媒体,新媒体以比特的形式通过数字设备进行传播、处理和存储。在数字技术的作用下,新媒体信息可以双向流动于信源与信宿两者之间,进行实时通信和交换,实现了新媒体信息的数字化交互,信源和信宿的角色也随着交互的进行而发生动态转变。

2. 计算机网络技术

"计算机网络技术是通信技术与计算机技术相结合的产物。计算机网络是按照网络协议,通过电缆、双绞线、光纤、微波、载波或通信卫星,将地球上分散的、独立的计算机相互连接的集合。计算机网络具有共享硬件、软件和数据资源的功能,具有对共享数据资源集中处理及管理和维护的能力。"②计算机网络技术为新媒体信息传播提供了渠道。人们几乎可以在任何地方对任何网络资源进行访问、查询、上传和传播,计算机网络技术为新媒体信息的交互传播提供了渠道。

网络新媒体主要依托因特网(Internet)进行信息服务,通过数字终端设备,新媒体信息以文本、声音、影像及上述形态的各种组合形式呈现在受众面前。随着各种基于因特网的软件和信息服务的推出,因特网已成为各类新媒体的最主要的搭载平台。

3. 移动通信技术

"所谓移动通信就是移动体之间的通信,或移动体与固定体之间的通信。移动体可以是人,也可以是汽车、火车、轮船、收音机等在移动状态中的物

---

① 什么是数字技术和网络技术[EB/OL].[2016-06-24].http://zhidao.baidu.com/question/24372161.html.

② 百度百科:计算机网络技术[EB/OL].http://baike.baidu.com/view/663997.htm.

体。"①移动通信技术不仅使人可通过移动终端（如手机、平板电脑等）与他人进行通信，还可通过移动终端接收和传播各类媒体信息。目前，智能手机作为移动终端中的典型代表，已经逐渐成为越来越多人的"体外器官"。"人能够边走路边用手机说话，终于彻底摆脱了其他电子媒介把人囚禁在室内的枷锁。手机把因特网作为自己的内容，成为超越因特网的新媒体。"②

新媒体——数字技术、计算机网络技术与移动通信技术相融合的产物——已经正在迅速改变世界。尼葛洛庞帝（Negroponte）在其著作《数字化生存》中指出："计算不再只和计算机有关，它决定我们的生存。"③从上个世纪90年代萌芽的网页博客，到2009年至今依然兴盛的微博，再到如今"Z世代"日常必刷的短视频平台，新媒体形态日益丰富，信息传播效率与日俱增，可以说，日新月异的媒介技术无时无刻不在影响和改变着世界。

（二）新媒体产生的社会基础——多元化信息需求

大众传播在人类传播史上主要经历了纸质传播时代、电子传播时代、数字传播时代这三个时代，依次对应了科学技术的三次飞跃。从受众需求的层面上来看，这三个时代则反映了人们在不同时期对媒介信息的不同需求程度。在数字信息时代，人们对媒介信息的需求表现出了前所未有的多元化与个性化，这种需求既体现在信息形态（包括文字、声音、影像，甚至触感、嗅觉、味觉等）的多元化与个性化，也体现在对信息的处理方式和参与程度上。新媒体正好能够满足受众这种多元化的信息需求。在与信息源的互动中参与信息的加工和提供，并且需要能随时随地参与传播过程。例如，网络就囊括了视频（例如网络视频）、音频（网络广播）、文字（普通网页）甚至触觉和嗅觉等信息（例如经由网络信息触发的震动鼠标、气味挥发器等），而且可以让受众即时反馈并影响信息源的内容加工（例如BBS、博客、MSN等）；手机等掌上终端则实现了随时随地接受信息并参与互动的可能（例如手机报、手机短信等）。同时，由于"在后信息时代中，大众传播的受众往往只是单独一人，所有商品都可以订购，信息变得极端个人化"④，面对无数个性化的受众需求，传统媒体由于版面、时段、频道的限制不可能提供满足所有受众需要的信息。此外，利用新媒体的海量性、非线性的特性，依托大数据技术，受众可根据自身的兴趣或独到的创意

---

① 百度百科：移动通信［EB/OL］. https://baike. baidu. com/item/移动通信/373026？fr = aladdin.

② 保罗·莱文森. 手机［M］. 何道宽，译. 北京：中国人民大学出版社，2004：53.

③ 尼葛洛庞帝. 数字化生存［M］. 胡泳，范海燕，译. 海口：海南出版社，1997：15，192.

④ 尼葛洛庞帝. 数字化生存［M］. 胡泳，范海燕，译. 海口：海南出版社，1997：15，192.

通过数据库编排出属于自己的信息,从而使单一的、个人化的传媒内容消费成为可能。数字技术、新媒体的出现使得根据个体或某个同质的局部群体的个性化需求定制产品和服务的时代正在逐步取代整个社会只消费一种型号产品的大众化消费时代。受众的社会需求正是新媒体产生与发展的原动力。

二、新媒体发展应用与社会发展阶段密切相关

第二次世界大战中,交战双方将电波战的宣传艺术发展到极致。战后随着"冷战"的兴起,各主要国家的对外广播事业得到强化。这种独特的政治性新闻传播,随着"冷战"的结束和世界的多元化发展,正在不知不觉地减少政治色彩,而多一份民族文化和商业宣传的色彩。

第二次世界大战后重新开始发展的电视业,不断地更新各种传播技术,在有线传播、卫星传播、数字化技术的推动下,已经成为大众传播中唱主角的媒介;报纸和杂志虽然依旧具有发展的潜力,但总种数在减少,发行总量也在缓慢减少。由于电视提供了丰富的晚间生活节目,电视普及后,曾经在 19 世纪下半叶和 20 世纪上半叶走红的晚报,逐渐在报纸品种中消失。广播电台,由于接收装置越来越简便价廉,人们在某些场合需要它,所以还有继续发展的空间。然而不论怎样,除了报刊被人们看作传统媒介外,发明只有几十年的广播、电视现在也成了"传统的大众媒介",因为 90 年代兴起了以计算机互联网传播为特征的多媒体传播技术。虽然这种媒介在多数国家的普及率尚很低,但是其涵盖所有媒介的功能特征和未来可能会部分替代传统媒介的发展趋势,已是不争的事实。

世界信息与传播格局即是主权国家政治经济实力的直接映射,不平等是突出阻碍发展中国家取得快速发展的制约因素之一。这种不平等体现在信息采集、分配、流向等方面。发达国家凭借其在电信、传媒、知识产权等领域的技术、资本和政策优势,掌握着全球信息传播的主动权,在信息的选取、分配、交易上控制信息传播的秩序以利于自身政治、经济、文化输出的需求;而发展中国家则因为基础设施及信息控制实力的落后,无法迅速获取所需信息以分享人类的创新成果,严重阻碍了发展。同时,信息分配、流向、交易呈现严重的不平衡状态。

回望 20 世纪末的世界信息与传播全景,占世界人口 20% 的发达国家拥有世界信息总量的 80%,而占世界人口 80% 的发展中国家却只拥有信息总量

的 20%。[①] 关键资源占有和技术实力决定了世界信息传播的基础。美国等西方发达国家在技术上主宰了卫星、电磁波的使用,控制了无线电波、微电子、遥感技术、电脑传输等方面的运用。在卫星空间轨道的利用上,由于联合国缺乏统一、合理的分配制度,许多发达国家如同抢座一样,依靠其国家实力大量抢占空间卫星轨道驻留点。占据空间轨道最佳驻留点的均是美、英、法、日等国的通信卫星;[②]卫星地面站的数量美国居全球第一;在无线电频率分布上,占世界 10% 人口的西方国家控制了 90% 的无线电频率。[③] 美国建立了全球电话通信网,仅"国际电信卫星联盟"就拥有 16 颗以上同步轨道卫星进行国际传播,20 世纪 80 年代,它担负国际电信通信中 66% 的往返任务和 98% 的国际越洋电视节目的传输。[①]

传播主体的规模差异还决定了世界信息的整体流向。西方发达国家在国际传播领域投入巨资,加上各大传媒跨国公司的出现,其在收集、取舍、制作和传播信息能力方面占据绝对优势。在世界新闻业发布的国际新闻有 90% 来自西方四大通讯社。[⑤] 西方 50 家媒体跨国公司占领了世界 95% 的传媒市场,其中美国控制了全球 75% 的电视节目的生产和制作,发展中国家的电视节目中有 60% 以上的内容来自美国。[⑥] 随着跨国传媒集团的形成,美国的电影、电视剧、动画片如巨浪一般涌入其他国家。

通过上述信息传播的旧格局,不难发现在互联网还未崛起的 20 世纪,世界信息与传播体系中的决定要素是各类大型传播机构和企业,如通讯社、报业集团、广播电视集团、电影公司、出版集团。20 世纪 90 年代,这些机构中一些实力强大的发展成国际机构或跨国传媒集团,在世界信息与传播秩序中举足轻重。

三、新媒体的发展应用改变了人类社会生活形态

新媒体的出现已对当今中国政治、经济、文化、社会生活等各个方面都产

① 刘继南,周积华,段鹏.国家传播与国家形象——国家关系的新视角[M].北京:北京广播学院出版社,2002:20.
② 吴信训.大众传播新闻[M].成都:四川人民出版社,1994:86.
③ McPhail,T.L.Electronic Colonialism[M].California:Sage,1981:152.
④ 张桂珍.国际关系中的传媒透视[M].北京:北京广播学院出版社,2000:253.
⑤ 弗兰特·韦伯斯特著,曹晋译.信息社会理论[M].3 版.北京:北京大学出版社,2011:169.
⑥ 蒋旭峰.新媒体时代中国的国际传播能力——写在世界媒体峰会之后[J].对外传播,2009(12):22-23.

生了广泛和深刻的影响,可以说是发生了一场深刻的革命。

（一）经济影响

随着网络普及,网上购物已经成为一种趋势。淘宝网是电子商务的一种形式,由阿里巴巴集团于 2003 年 5 月 10 日投资创办。淘宝网从零做起,在短短几年时间,迅速在国内互联网企业处于领先位置。淘宝网的出现,不但改变了人们的消费方式,还为众多人网上开店提供了就业机会。截至 2017 年 6 月,据中国电子商务研究中心(100EC.CN)监测数据显示,电子商务间接带动的就业人数已超过 2300 万人。2018 年电子商务交易额(包括 B2B 和网络零售)达到约32.55万亿元,同比增长 13.5％。同时随着网络的大众化,网上理财已经成为时尚。很多人上网炒股,既为许多上市公司实体经济筹集了资金,又为理财提供了新途径。

（二）文化影响

随着 QQ、微信等新媒体的出现,人们可以在手机上欣赏各种小说、电影等;个体可以在网络的虚拟世界里体验另一种生活,减轻生活压力,充满无限乐趣;人们的思想也多元化,网友对同一事件可以发表不同观点。新媒体环境中个体的特质得到更大释放。个性化、精准化、人本化、以需求为导向的生产方式以及由此所掀起的生活模式变革,正在成为一种常态。而且,这种变革对整个社会的政治经济形态有着重大影响。个性化的生产方式倾向于资源、财富配置的分散化趋势,更有利于创新,也更有助于减少财富过度集中与资源分配不公。与此同时,一种尊重个体、更具多样性的消费文化正在形成,逐步渗透到社会各个角落,改变着人们的思维、行为方式和生活模式。

（三）社会影响

受众通过新媒介可以纵览天下大事、查看股市行情、购买商品。于是,从这个意义上讲,新媒体对我们的影响不仅是生活方式的改变,更重要的是带来了思想理念的改变。新媒体由于其开放性、即时性、传播速度广的特点,可以更好地发挥社会正能量,使犯罪分子无处可藏。如中国之声曾经报道,福建曾遗失一个小孩,有人在网上把小孩的特征及事发的时间、地点一公布,大家发挥爱心传递,网上一下子点击率几万、几十万,小孩 48 小时就获救,与自己的父母重新团聚。近几年来,全国利用新媒体进行爱心接送、爱心传递、寻找亲人等的事例不计其数,这使许多家庭避免了失去亲人的剧痛,较好地传递了社会正能量。

四、新媒体的发展应用在推动社会变革的同时阻力重重

新媒体的发展是一把双刃剑，它在社会变革中阻力重重，给社会治理带来一定的负面效应，严重影响到社会的和谐稳定和健康发展。

新媒体的开放特性使得许多片面歪曲的信息或虚假新闻更甚，甚至具有"三俗"倾向的信息在新媒体空间被广泛传播。这些偏颇信息容易引起广大不明所以的网民大肆评论，具有极大的"杀伤力"，这不仅会损害新媒体的公信力，还可能给当事人带来身心困扰，更甚者引起社会大批判和大骚乱，增加社会治理的难度。

五、新媒体的发展应用也有其两面性

正如上面提到的，新媒体的发展给世界格局、社会生活带来了巨大的变化，极大地促进了世界发展的进程和社会的变革。正如一枚硬币的正反面，凡事都有两面性。当整个社会生活越来越与新媒体息息相关，当新媒体在为我们带来惊喜和巨大利益时，也伴生了一些弊病、隐藏着一定的风险。

（一）引发社会"舆情危机"

公众主观上容易被片面和失实的信息误导，客观上因舆论监管对新媒体传播的管控还相对较弱，有可能引发社会"舆情危机"。如十多年前的广东乌坎事件，网络舆情的持续发酵引发的"舆情危机"是整个事件愈演愈烈、久拖不决的导火索。

案例一

2011 年 9 月，乌坎村 400 多名村民因土地、财务、选举问题对村干部不满，到陆丰市政府上访，下午和第二天，一些村民发生打砸行为。11 月 21 日，400 多名村民打出标语再次上访。当天下午及第二天发生几次数百人在村内聚集活动。11 月 24 日，村民薛某、张某、洪某、庄某等，被警方以涉嫌故意毁坏财物罪和妨碍公务罪拘捕。11月 27 日，村民设置路障阻止警方进入，而警方则封锁该村，双方形成对峙局面，由此引发了国内外舆论聚焦的"乌坎事件"。12 月 11 日，被羁押在汕尾市看守所的薛某突然死亡，随着各类网民发帖数量的剧增，不实消息的纷传，网络舆情持续发酵，围绕死因与尸体处置，社

会矛盾进一步激化。12月21日，广东省委领导同志带领工作组进驻乌坎村，做了深入细致有效的工作。2011年12月28日起，广东省委工作组在乌坎村先后召开群众通报会，承诺解决土地问题的时间表，对乌坎村第五届村委会换届选举认定整体无效，并尽快组织村委会重新选举。汕尾市委、市政府做出决定，由政府出面协调、赔偿征地者损失，收回404亩事件所涉用地，通过征求规划部门和村民意见后再进行新的开发，并充分保障村民的利益。乌坎村临时代表理事会数十名代表同意取消原定的上访游行活动，撤掉村内的横幅标语，恢复正常生产生活秩序。2012年3月4日，乌坎村进行投票选举，村民们用自己手中的选票选出了新的领导班子。至此，乌坎村民的过激行为和情绪逐渐缓和平息。

　　广东乌坎事件舆情自发生到正面妥善应对经历了近半年的时间，在此期间，由于网络舆情的持续发酵，纷传于各新媒体的信息实现了由曲解、过度解读到公开透明的过程，许多网民在此过程中从半信半疑的质疑开始，后期逐渐走向理性。在新闻媒体关注度方面，事件前半期中，相对于新媒体关注度略微爬升的幅度，传统新闻媒体报道一直处于缺失的状态。相反，在事件处理后半期，由于西方媒体的介入，该事件迅速升级为"敏感事件"，同时政府的公开应对和表态促进了媒体关注度的突飞猛进。在后期，新媒体持续发力，推升了该事件的舆情热度，其中又以新浪微博为主要推进渠道。在乌坎事件中，许多乌坎村民发布的微博在整个事件中起到了重大的推动作用。

（二）信息失真，无中生有

我们应该看到目前我国新媒体存在的一些倾向性苗头：夸大社会的阴暗面，有时甚至无中生有，如郭美美事件造成中国红十字会面临严重的信任危机，影响了民众的捐款愿望。

案例二

　　2011年，我国各级红十字会系统接受社会捐赠约28.67亿元，同比减少59.39%。中国社科院近期对2014年11月至2015年2月被多人举报为"诈骗和虚假信息"的625篇新闻研究发现，中国59%假新闻首发于微博，严重影响了新媒体的可信度，也使许多新闻工作者花费了很多时间来澄清是非。更为严重的是在对待英雄人物如江姐、董存瑞、黄继光、雷锋等在网络上出现了否定的言论,污蔑他们存在这样那样的问题,严重影响英雄的光辉形象。而我们的一些新闻媒体、领导干部面对这些不当信息时,却都严重失声。

(三)可能会出现社会隔离的现象

很多人由于沉溺上网,缺乏交流而缺少亲情。曾有一则报道,好不容易祖孙三代同堂吃饭,小孩吃饭只顾自己玩手机,不进行交流,爷爷气得就餐中途就退席了。同时沉溺上网也严重影响人们的健康,如近几年全国高血压等慢性病大幅度上升。2012年我国有近3亿高血压病人,并且高血压、糖尿病等慢性非传染性疾病低龄化,成为严重威胁青少年健康的突出问题。

(四)虚假信息危害人们健康

尤其严重的是,近几年新媒体腾讯QQ、微信成为犯罪高发平台。北京市朝阳区检察院对外发布,仅2014年一年,该院就办理了百余件不法分子混入朋友圈实施销售假药、贩卖毒品等犯罪的案子。如刘某通过在微信“朋友圈”夸大泰国减肥药的减肥效果,并使用微信聊天的形式向买家进行推销。后经工商部门认定为假药。

新媒体是一把非常锋利的双刃剑,如何更好地扬长避短、趋利避害,值得我们共同深入研究并采取有效措施进行引导。未来如何做好传统媒体向新媒体的转变,适应时代发展;如何实现新媒体的价值,并使之快速、准确地表达,实现新媒体价值的最大化;如何实现传统媒体、新媒体等多媒体的融合发展,使效益最大化,对此,必须有一个清醒的认识。

第二节　新媒体传播特征

伴随着人类传播活动的历史发展,大众传播媒体在技术革命的推动下经历了一次又一次的进步与融合。每一种新兴媒体的出现都是对原有媒体的兼收并蓄,同时又对原有媒体的存在形成一种促动激励。纵观大众传播媒体的演进,从报纸、广播电视,到已形成规模的数字新媒体,人类社会的传播结构与空间也发生了一系列的变化,比如以传者为中心的大众传播向以受者为中心的小众化传播的方向转变等,当代社会的媒体传播环境已经发生了极大的变化。随着媒体数字化与传播网络化的浪潮持续不断,数字新媒体对人类生活宽广多样的渗透产生着深刻的影响。同时,复杂多样的文化交流和生活方式的变革也使媒体传播的结构与方式发生深刻的变化,传播对数字新媒体的依赖性正在加强。媒体传播化与传播媒体化成为社会发展的一个主导性趋向,也是当下社会正在演变的现实。

　　媒体与传播显然是密不可分的。任何一种媒体都可以作为传播的中介或通道而存在,任何一种传播都必须凭借媒体而发生,因而媒体传播和传播媒体尽管两者词义有所侧重,但本质属性是一致的。技术的进步促进了媒体与传播的融合,以往差异带来的传播方式区分在数字新媒体时代失去了意义。网络与数字技术在媒体领域的应用与发展,完全融合了语言、文字、印刷出版、电影、广播、电视等媒体,构建成了一种整合的传播形态。许多分离的传播渠道被整合在一起,融通为一种媒体。在传播学的审视上称为传播媒体,而在媒体研究的视野中可称为媒体传播。

一、新媒体的传播模式

　　(一)传播者:读者在新闻传播中的自主参与

　　基于新媒体环境下新闻传播所具备的互动性等特征,可引导读者自主参与到新闻传播中来实现传播模式的创新。对此,以时代发展趋势为导向的新闻传播就可以专门开设读者交流版块,让读者自主参与到新闻话题交流中进行意见的发表,或者是由事件参与者来进行经历的讲述。这不仅在一定程度上提高了新闻传播的互动性,同时还有利于新闻编辑获得有价值的信息进行新闻追踪。这就要求媒体企业能针对这一版块设置专门的编辑人员,以及时对其中重要的信息进行核实,以便能及时对其进行追踪报道。而对于信息的首发者,还可以设置专门的奖励来吸引更多的读者参与到新闻的传播中。但要注意的是,为避免因奖励而造成虚假新闻的捏造,编辑除了要重视对新闻进行核实之外,也应针对那些虚编乱造者制定相应的惩罚制度。

　　(二)传播渠道:多元化传播途径的运用

　　多元化传播途径的运用也是新媒体环境下新闻传播所表现出的新模式。基于互联网信息技术的发展,现阶段新闻传播的主要途径有:第一,网络论坛。网络论坛是基于互联网信息技术所产生的用于多人互动交流的平台,本身具有一定的广泛性。利用其进行新闻传播,能有效实现对新闻内容的编排,促使读者更好地进行信息传播与互动交流。第二,微博。微博是现阶段运用最为广泛的新闻传播途径,其本身的操作相对较为简单,且具有互联网所具备的广泛性、时效性、互动性等特征。近年来我国绝大多数的传统媒体都开设了专门的微博公众账号,开始通过微博进行新闻的传播。第三,社交网站。社交网站是基于互联网信息技术和人与人之间的关系网所形成的一种新闻传播途径,往往对人的生活有着非常直接的影响。此外,手机、平板等设备广泛融入人们的生活也使新闻的传播变得更加便利。

（三）传播内容:新闻传播内容的真实性与价值性

随着新媒体的日渐发展,新闻之间的竞争也开始变得越发的激烈,一些媒体企业为博取点击量会编造或者是夸大一些新闻内容,不仅给新闻产业的发展造成了极为不好的影响,同时也无法真正满足读者的需求。基于此,在新媒体环境下提高新闻传播内容的真实性与价值性就显得至关重要,以保证能引导读者就新闻内容进行充分的思考,以免受到一些不良且偏激思想的影响。一方面,在新闻挖掘方面要开始越发重视其真实性和价值性,并充分强调新闻内容与人们实际生活之间的关联性,而非利用一些真假未知的奇闻来激发读者的好奇心;另一方面,新闻内容本身应具备一定的启发作用,确保在读者阅读时能有效引导读者进行深入的思考,并能对读者自身的行为等产生影响。此外,为避免虚假新闻所带来的不好影响,针对新媒体环境下的新闻传播也应重视监督工作的开展,来构建健康的新闻环境。

二、新媒体的传播形态

（一）"江山易主":新媒体逐渐取代传统媒体的主流媒介地位

1. 互联网丰富了信息传播的手段和渠道

移动互联网较之过去发展相对成熟,小巧精致的移动终端很好地满足了现代读者即时阅读的需求,吸引了大量的受众群体。网络的普及使信息传播更加顺畅,为民众表达意见提供了高效便捷的通道,为公民更好地行使知情权、参与权与监督权提供了平台,客观上缩小了存在已久的"知沟（knowledge gap)",成为实际意义上的舆论集散地、民意直通车。

2. 手机成为当代人不可或缺的"至亲密友"

据说,现代人在条件允许下每隔半分钟就会习惯性地看一眼手机,离开手机10米远就会莫名缺乏安全感。这种说法或许有些夸张,但不可否认的是,作为与人最"亲密"的传播工具,手机已被很多使用者内化为自身的一部分,即所谓"人机一体",再次印证了麦克卢汉"媒介即人的延伸"的著名观点。手机取得主流媒介地位主要基于两点:一是手机的使用打破了信息传播的时空限制;二是手机的媒介兼容性和多功能性,让用户在不知不觉中加深了对其依赖的程度。

3. 公众号搭建信息获取和舆论参与的高效平台

公众号的扩张直接带来信息"井喷",通过这个平台,资讯传递更加迅速便捷,人与人之间的交流互动更加频繁,原有的信息单向被动接收模式被打破,用户逐渐养成依赖社交媒体获取信息和表达诉求的习惯。在即时的内容更新与信息反馈中,人们对公共事件与热点话题的关注度不断提高,主动参与时事讨论的热情持续升温。

4. 受众选择新媒体平台的内在动因

"在我国大力推动网络和信息化事业发展的顶层设计情况下,新媒体连接多行业多领域发展,成为中国社会转型新阶段的关键因素。"①我们不禁要问,哪些因素推动了中国新媒体市场的高速发展与持续繁荣?

或许,这个问题应从个体用户选择新兴媒介的内在动因中寻找答案。

(1)在新媒体平台,信息获取由过去被动的单向接收变为主动选择,参与形式和过程更加自主化、个性化,这与当前受众的时代特征高度契合。

(2)新媒体技术的成熟满足了公众随时随地表达、分享、互动及娱乐的需要(如朋友圈)。

(3)新媒体传播终端的简易便捷,适应现代人生活节奏快、空闲时间碎片化的实际情况,相比传统媒体,新媒体数据海量化,传播速度快,主体参与度高,能保证人们在最短的时间迅速获取最想了解的信息。

(二)新媒体改变原有的媒介传播特性

1. 由科技推动的传播革命

每一次传播方式的革新都离不开新技术的推动,新媒体亦是如此。新媒体并非一夜"横空出世",它的诞生、形成与发展伴随着科技的进步与技术的创新。与四大传统媒体不同,新媒体的出现是基于数字信息技术的飞速发展,确立主流媒介地位所用时间极短。它的产生并不是几位传播学专家关起门来研究出来的理论,而是社会信息媒介载体不断发展变化和受众自发选择的综合结果。

2. 传播即时性与信息交互性

如果过去信息更新速度按天计、小时计、分钟计,那么今天的新媒体时代

---

① 《中国新媒体发展报告》2016 版在京发布[DB/OL].[2016-06-22]. http://media. people. com. cn/n1/2016/0622/c19237028470101. html.

则真正以秒为单位刷新信息了,甚至发展为随时随地的在线"现场直播",这种实时全息的信息传送模式是以往媒体无法想象的。除此之外,新媒体的即时性与交互性使其具备全天候和全覆盖的媒介特征,促使受众的自主性和参与度再上一个台阶。每个单一个体既是信息接收者,也是信息传送者,人人都能发出自己的声音,"自媒体"时代由此开启。

3. 载体多样化与界限模糊化

上文中提到,网站、手机 App、公众客户端等新媒体蓬勃发展,媒介载体由过去的"一枝独秀"变为现在的"百花齐放"。没有一种传播载体能够作为新媒体的"全权代表"。与此同时,几大主流传统媒介(如报刊、电视),并未因新媒体的兴起而消亡,反而在市场的自由选择中实现了自身发展,最终呈现出一种新旧媒体相互交融的趋势,显示出新媒体的包容性与多媒体性。

三、新媒体的传播特征

(一)传播方式从单向到双向的转变

传统媒体的传播方式是单向、线性、不可选择的。它集中表现为在特定的时间内由信息发布者向受众传播信息,受众被动地接受,没有信息的反馈。这种静态的传播方式使得信息不具流动性。而新媒体的传播方式是双向的,传统的发布者和受众现在都成为了信息的发布者,而且可以进行互动。比如北京的交通广播电台,这两年发展非常好,原因就是在于通过短信这种方式加强了和受众的互动,使得信息变得更有价值。同时,听众也强烈地体会到一种参与感,主动性和积极性被空前地调动了起来。信息的互动性也使得受众实现由被动到主动的改变。

(二)传播行为更为个性化

博客、播客等新的传播方式,使得每一个人都成为信息的发布者,个性地表达自己的观点,传播自己关注的信息。传播内容与传播形式等完全是我的地盘我做主。个性化的传播方式一方面让众人体会着发布信息影响他人的快感,同时也带来了个人隐私泛滥、内容良莠不齐的弊端,为管理带来困难,也对受众的信息选择能力提出了更高的要求。

(三)接受方式从固定到移动的转变

无线移动技术的发展使得新媒体具备移动性的特点,用手机上网、看电视、听广播,在公交车、出租车上看电视等越来越成为普遍的事情。随着 5G 技术的到来,移动性的特点成为未来新媒体的主要特性。

（四）传播速度实时化

技术的发展使得新媒体可以实现实时的传播，不再需要复杂的剪辑和烦琐的后期制作与排版，技术的简单便捷使得信息可以在全球实现实时传播。这一优势是任何传统媒体无法比拟的。目前一些大的门户网站基本上都可以实现声音和视频音频的实时传播，时空的距离被缩到最小。

（五）从单一到交融

与传统媒体相比，新媒体在传播内容方面更为丰富，文字、图像、声音等多媒体化成为一种趋势。与此同时，交融性还表现在终端方面，一部手机不仅仅可以用来通话、发短信，同时还可以用来听广播、看电视、上网，多种媒体的功能集合为一身，而这些功能的实现是以互联网、通信网、广播电视网等多种网络的融合为基础的。另外，新媒体也打破了地域化、国界化等，正像阳光文化集团首席执行官吴征所说："相对于旧媒体，新媒体的第一个特点是它的消解力量——消解传统媒体（电视、广播、报纸、通信）之间的边界，消解国家与国家之间、社群之间、产业之间边界，消解信息发送者与接收者之间的边界等。"①

四、新媒体的传播优势与劣势

（一）新媒体的传播优势

1. 信息发布迅速、全面

由于不受出版周期的影响，新媒体可以在事件发生之后的几秒钟之内，就对突发事件进行报道。这几乎等同于直播，具有时效性优势。这种发布速度满足了人们迫切地希望了解突发事件的心理，让人们能够更快地获取信息。而新媒体传播还具有超链接、复制、粘贴、分享等多种技术优势，可以实现在极短时间内让信息飞速传播，并使知晓该信息的受众数量呈现出几何级增长的态势。

例如"马航 MH370 失联"事件发生之后，凤凰网、腾讯新闻等新闻网站都不断地更新该事件的相关信息。几乎每 5 分钟就会有一条与"马航 MH370 失联"相关的国际信息。在网络上，每一个单个的信息与其他的信息是互相关联着的。当一个危机事件爆发时，在极短时间内，新媒体就会对突发事件的背景、原因、进展、各方面的态度等内容进行整理、相互链接。

2. 信息传播方式多样性

在高新技术的支持下，新媒体可以在对突发事件进行报道时，使用更加新

---

① http://www.sina.com.cn.新浪科技—吴征专栏,2001.

颖的信息表现方式。除了文字、图片等传统媒体使用的信息传播方式之外,新媒体擅于利用视频、音频等内容,将事件发生的真实情况传播给受众。这种方式往往比书面的转述更有说服力和可信度。除此之外,新媒体还能够以更加新颖的方式整合突发事件的相关信息,以方便受众了解。

2017年9月,四川广电网络与成都高新减灾研究所开展了电视地震预警的研究。截至目前,电视地震预警功能已覆盖了四川省地震区所有13个市州、79个区县。中国成为世界上第三个实现电视地震预警的国家,也是第一个实现电视地震预警倒计时的国家。这种创新性的信息传播方式,不仅方便了当时的受众了解信息,还将新媒体信息的传播带入了一个全新的领域,极大地提升了受众获受信息的体验。

（二）新媒体的传播劣势

1. 信息来源多导致信息真假难辨

在新媒体环境中,信息来源不再局限于具有权威性的媒体,而是赋予了每一个网民话语权。一方面,这拓展了信息的来源,使网民能够在最短的时间内共享来自各个方面的信息;另一方面,也造成了信息真假难辨的隐患,这是由于每个人都可以在网络上发表信息,对于信息的真假,目前缺少相关人的把控。

信息来源复杂多变,已经脱离了人们日常经验的范畴,所以难以清楚地认知信息的真假。因此,会有一些虚假的信息在新媒体环境中出现并飞速传播。这些信息主要有两方面的来源:一是一些人为了博取公众眼球故意歪曲事实;二是一些公众在不明情况下,对于事件发展的推测。突发事件发生之后,网络上会迅速地出现一些信息,这些信息往往针对的是大众心理最敏感的部分,故而能够迅速地获得大众的关注与重视。但公众对于这些言论、信息的真假却无法控制。

2. 把关人缺位导致危机言论扩大

由于在新媒体环境下,大众广泛地参与到突发事件中,感性的声音往往更容易压倒理性的声音。这些声音有的立足于真实的事件本身,有的则是别有用心的谣言。在此时,如果相关部门不及时对事件做出解释,就很可能在信息传播的过程中丧失主动权,这一方面会激化社会矛盾,另一方面还可能导致事件持续发酵,最终造成严重的后果。

案例三

2011 年 3 月 15 日,日本核电站发生泄漏,随即在 16 日晚就有消息称,核电站泄漏的辐射会对海水造成严重的污染,使之后生产的盐均无法使用。并且还宣称,含碘的盐可以有效地防止核辐射对人体造成伤害。此言论最早出现于靠海的上海、广东、福建等省份,此时许多市民便开始疯狂地抢购食用盐。还有一些不法商家看准了这次的抢盐风潮,大量地囤积食用盐,并哄抬食用盐价格。

由于食用盐是居民生活的必需品,抢购食盐的行为严重扰乱了社会秩序。但是,在事件持续发展的过程中,却始终没有权威的声音辟谣,才最终导致一个小范围的危机逐渐扩散到了全国。

第三节　新媒体的研究和论述

一、国内外新媒体研究综述

(一)国外

1. 纵向历史视角

2008 年 5 月,国际传播协会年会前会在蒙特利尔举行,以"新媒体的漫长历史:置于情境中的当代和未来发展"为题进行了五个议题的讨论:一为"新旧媒体历史(Media History Old & New)",比较新媒体与有悠久历史的媒体;二为"历史书写与新媒体(Historiography & the New)",反思新媒体历史研究——我们如何理解用于新媒体的术语,我们要在已有思想体系中做哪些改变;三为"文化,意义与符码(Cultures,Meanings & Codes)",从新媒体与文化意涵和观念间的关系发掘大量未被讲述的新媒体历史;四为"制度、组织与网络(Institutions,Organizations & Networks)",关注新媒体历史发展中潜隐于媒体发明与使用背后的结构性因素;五为"书写新媒体历史(Doing New

Media History）"，思考应该如何书写新媒体历史（Jankowski ＆ Jones，2008）。①

"新媒体"与历史书写看似一对自相矛盾的概念，实则不然。之所以强调纵向历史的视角，原因大致有三：一是"新媒体"本身是时间性的概念，唯有与历史媒体相参照才有所谓"新媒体"。二是作为一个研究领域的"新媒体"是在特定历史语境中，尤其是在媒介发展史的特定阶段，获得其相对稳定的内涵和外延。从国外相关文献可以看出，20世纪七八十年代这一概念被用来指称无法纳入传统大众传播范畴的新媒体现象。在此之前，新媒体并无明确的所指。三是新媒体研究涉及媒体的演进与革命，渐变与突变。唯有以纵向历史视角，才能把握住新的媒体现象及其意涵。

2. 横向视角

从纵向的媒介发展史来看，新媒体是相对的，而在某一特定的历史时期，"新媒体又是一个时间的概念。在一定的时间段之内，新媒体应该有一个相对稳定的内涵"②。宫承波等人从技术上对新媒体做了更详细的说明，将新媒体界定为依托数字技术、互联网络技术、移动通信技术等新技术的新型媒体形式、软硬件或信息服务方式，例如网络电视、手机电视、移动电视、虚拟社区、博客、播客、搜索引擎、简易聚合（RSS）等。③

国外的定义大致可以区分为两类：一类定义聚焦于新媒体的媒体形态和技术特性。例如：Ithiel de Sola Pool 将新传播技术定义为当时的"大约25种传播设备的简称"。Ron Rice 强调计算机和电信技术的双向传播能力，将新媒体定义为这样的一些传播技术——"包含计算能力（微处理器或主机），能够允许或促进用户之间或用户和信息之间的互动"。另一类定义则受技术研究中的"社会形成观"的影响，认为对新媒体的理解要超越对媒体技术形态的关注，研究媒体技术与人类行为及社会结构的交互影响。斯蒂夫·琼斯在《新媒体百科全书》导言中写道："对于新媒体的唯一完美的定义无疑来自于对历史、技术和社会的综合理解。"在 Handbook of New Media 一版序言中，编者提出一个理解新媒体的框架，认为新媒体意味着传播技术及其相关的社会情景，即包括以下几个层面："延伸我们传播能力的设备装置；使用这些设备进行的

---

① ICA Annual Convention（International Communication Association）［EB/OL］. http://www.icahdq.org/.

② 熊澄宇. 整合传媒：新媒体进行时［J］. 国际新闻界，2006(7)：7-11.

③ 宫承波，等. 新媒体概论［M］. 北京：中国传媒大学出版社，2007：2.

传播活动和实践；围绕上述设备与实践形成的社会组织与惯例。"①今天新媒体的文化意涵也渐渐被研究者们所重视，此框架逐渐丰满完善。

这两类定义是新媒体研究不同时期的产物，二者互为补充。第一类定义力图描述新媒体的技术特性，是理解新媒体的丰富内涵的基础，同时也明确了某一时期新媒体研究的媒体对象。第二类定义在此基础上，给出理解此媒体的框架和大致方向。同时，对于"新媒体"理解非常关键的一个问题是：新媒体"新"在哪里？这也是国外新媒体研究者经常思考的问题。巴尔与埃梅里在《新媒体》中提出："新"是指媒体形态本身的首次出现，还是媒体形态所引起的社会法律、政治、经济及文化交流方式的新变化？这种"新"是指工程技术人员所认为的"新"还是普通人所理解的"新"？"新"是指对原有媒体的传播能力的新的延伸还是根本性的变革甚至完全取代？"新媒体"作为一个内涵丰富的聚合概念，其所指的多样性和研究的复杂性使得我们不能简单地回答以上问题，但在具体研究中不可避免要面对它。

20世纪70年代至80年代末90年代初，涌现出一些对新媒体研究影响巨大的著名学者：《后工业化社会》的作者丹尼尔·贝尔，首次提出"信息产业"的概念的文明形态史学者梅棹忠夫，《技术化社会》的作者雅克·艾吕尔，《控制革命》的作者贝尼格，以及提出"知识产业"概念的弗里茨·马克卢普等人。总的来说，早期这些研究成果偏重宏观层面的阐发，缺少具体的实证研究。以1970年赫伯特·高德汉姆的报告《通信技术的社会影响》为例，作者开篇即指出"关于未来社会影响的论述应被理解为猜想，以及向公共政策提出可能的问题"。

（二）国内

1. 祝建华与新媒体权衡需求理论

祝建华的《不同渠道、不同选择的竞争机制：新媒体权衡需求理论》[《中国传媒报告》(China Media Reports)2004年第2期]提出了一个描述、解释和预测受众为何使用新媒体技术的新理论概念："新媒体权衡需求"(Weighted and Calculated Needs for New Media，简称WCN)，以填补扩散研究和使用与满足文献中的一项重要空白。权衡需求这一概念整合了新媒体采纳与使用过程中的两个潜在机制，即传统媒体与新媒体之间的对比以及受众对媒体的各种需求之间的权衡。基于对这两种微妙机制的详细分析与阐释，权衡需求的理

---

① Leah A. Lievrouw and Sonia Livingstone. The Handbook of New Media [M]. London: Sage，2002：1-16.

论观点认为:当且仅当受众发觉其生活中某一重要需求已经无法被传统媒体满足并且认为新媒体能够满足该需求时,他们才会开始采纳并持续使用这一新媒体。该研究采用中国内地的互联网使用调查数据对权衡需求理论进行了检验。数据来自于 2000 年底在北京和广州两地成年人中进行的一项大规模抽样调查,从中获取了为权衡需求概念的效度以及其解释力和预测力的验证提供了有力且一致性较高的实证依据。①

2. 金兼斌与创新扩散论

金兼斌依托 Everett Rogers 创新扩散理论,利用实证的研究方法对互联网在我国的扩散过程进行了系统层面的分析。借用正交与均匀实验设计中用来描述 S 形生长曲线的 Weibell 模型,本研究在既有统计数据的基础上,求出了我国及其代表性的九个省、直辖市的互联网扩散回归方程,对我国及其多个地区的互联网扩散模式作了理论上的概括和描述。在此基础上,还对我国及其不同地区今后的互联网扩散情况进行了预测。根据该研究,我国不同地区在互联网扩散进程上差别很大,存在明显的"数字鸿沟"现象;只有少数地区的互联网扩散已越过临界数量点进入快速增长阶段,绝大部分地区仍处于初步扩散阶段;而我国的总体扩散水平尚未达到临界数量点。②

二、目前我国新媒体研究领域存在的主要问题

(一)注重大众媒体研究而忽视个人媒体研究

新媒体是一个相对的概念。媒体是信息载体,新是相对旧而言。一种新出现的信息载体,其受众达到一定的数量,这种信息载体就可以称为"新媒体"。就目前的现状来说,不仅仅是互联网,数码照相机、数码摄录机、数字录音笔、个人数字助理(PDA,Personal Digital Assistant)、电子书(eBook)、MP3(MPEG Audio Layer 3)播放器、MD(Mini Disk)播放器、摄像头(digital video camera)、扫描仪、DVD 播放机、光盘刻录机、数字投影仪、4G 手机、PS2 及 XBOX 游戏机等等,以及用于媒体的各类数字专业设备等都可以视为新媒体。但是,在上面的综述中我们发现,目前的新媒体研究的视角大多数局限于互联网这一大众媒体,而忽视对手机、DV 等个人媒体的研究。

---

① 祝建华.不同渠道、不同选择的竞争机制:新媒体权衡学术理论[J].中国传媒报告,2004(2):12-15.

② 金兼斌,吴科特.我国互联网扩散之地区差异的影响因素研究[J].南京邮电大学学报(社会科学版),2006(4):8-13.

（二）注重单一媒体研究，而忽视整合媒体研究

进入 20 世纪 90 年代以来，先进的计算机技术不仅征服了文字数字化的难题，也征服了比文字更加复杂的声音世界。如今，表现和记录人类物质和精神世界的数字、语言、文字、声音、影像等过去相互之间界限分明的各种信息传播方式，都可以用计算机的二进制语言来作数字化处理，从而可以浑然一体、互相转换了。报纸、广播、电视和书籍、杂志、电影等传统大众媒体在形式之间的差异正在缩小或消失；交互式传播媒体的出现，使得传播者与受众之间的相互关系正面临巨大的变化，这一切都意味着媒体整合的时代已经来临。但是，综观国内已有的研究，更多的是注重单一媒体形式的研究，而忽视整合媒体的研究。

（三）过分强调传播学视角，缺乏与其他学科融合

在新媒体的研究过程中，国内的学者过分注重传播学的视角，仅仅从传播学的理论和方法的角度出发，对新媒体的现状和发展进行研究，而忽视了从别的学科吸取营养，从更加宏观的理论和方法的角度对新媒体进行研究。如用社会学、经济学、政治学、信息科学等学科的理论和方法来理解新媒体。

（四）研究缺乏创新，低水平的重复研究现象严重

由于"网络热"骤然形成的缘故，也由于近年来学风的浮躁，致使不少学术成果已出现较严重的雷同现象。网络传播和网络媒体的发展日新月异，能否以更开放的心态不断"刷新"并"升级"自己的研究，避免雷同，有所创新，出高质量的成果，这是新闻传播学者面临的挑战。

三、我国新媒体研究的未来发展趋势

随着新技术的不断向前发展，其与我们社会和个人的关系越来越密切，可以预期在未来相当长的一段时间内，新媒体研究尤其是网络研究依然会是新闻与传播研究领域的一个热门。笔者认为我国新媒体研究未来发展主要有以下几个趋势。

（一）多样化

随着媒体形式越来越丰富，人们关注的焦点也会不仅仅是网络传播研究。更多的研究对象和主题将会进入研究者的视野。同时，研究的触角也会逐渐深入到新媒体发展对人类社会的影响、新媒体发展与人、新媒体发展与文化传统、新媒体发展与知识产权保护、新媒体发展与国家技术政策、新媒体发展与传媒市场、新媒体发展与全球化等方方面面。

（二）遵循自然化发展逻辑

无论媒介如何发展变化，媒介形态的感知方式都必须符合人们的自然习惯，否则可能就会面临被淘汰的命运。同时要看到，伴随着新媒体的发展，新的媒介既有可能复制人类自然的感知形态和感知模式，又有可能带来全新的感知模式，或者两者兼而有之。只要这种方式不做作、不多余，不构成累赘和负担，能够被大多数人所接受，就属于自然化升级。因此，要想被大众所接受，新媒体研究的发展也必将符合自然化的发展逻辑，并要加强创新。

四、对新媒体研究方法的研究

我国从事新媒体研究的学者，相对来说，理论、知识与技能上准备不足，研究手段和研究方法落后，甚至对什么是新媒体还没有完整的认识和了解。因此，迄今为止描述性的、对策性的、解释性的成果为多，真正能够在传播理论上有所建树的目前还不多见。新媒体是一个全新的领域，国外现有关于新媒体的研究借用了传统传播调查、媒介研究、人类学、社会学、文学批评、文化研究、心理学及政治经济学等的研究方法。其中有些是定量分析，有些则是质的研究。传统的各种研究方法用在新媒体领域时，当然会有这样那样的不同。而新媒体也给各种传统的研究方法提供了发展方向和新的挑战。

在诸多新媒体传播学理论研究方法中，比较典型的有长尾理论、六度空间理论、互动传播模型等。

长尾理论（The Long Tail）是网络时代兴起的一种新理论，由美国学者克里斯·安德森提出。长尾理论认为，由于成本和效率的因素，当商品储存流通展示的场地和渠道足够宽广，商品生产成本急剧下降以至于个人都可以进行生产，并且商品的销售成本急剧降低时，几乎任何以前看似需求极低的产品，只要有卖，都会有人买。这些需求和销量不高的产品所占据的共同市场份额，可以和主流产品的市场份额相比，甚至更大。

如果说 20 世纪传媒娱乐产业主要关心的是大众市场，制造畅销与流行，那么 21 世纪它需要发现并满足那些曾经有意无意被忽视、遗忘的需求，关注那些过去鞭长莫及、心有余而力不足去开发的小众市场。这主要可概括为三条基本规律。

规律一：让一切触手可及。

几乎所有的产品，只要给它露脸的机会，它就会找到买家。这与传媒娱乐行业所熟知的二八定律大相径庭。一个成功的案例是，Netflix 公司因发现了被传统 DVD 发行零售渠道忽视的小众消费市场，如外国电影、独立电影、英国电视剧、过时的美国电视连续剧等,从而获得大量收入。它给我们的启示是,任何只要能降低顾客获取成本的东西就是公司眼中的"金矿",哪怕是拥抱小众。

规律二:半价,甚至更低。

2003 年,Rhapsody 公司做了一个弹性价格试验,在一段时间内,提供了 99 美分、79 美分和 49 美分的单曲下载服务。最后发现,定价 49 美分的单曲下载量是定价 99 美分单曲的销售额的 3 倍。虽然 Rhapsody 在这个试验中赔了钱,但营业额还在增长。问题是,长尾中的很多公司早就收回了成本,即便没有收回成本,成本也早已在会计处理时一笔勾销。它们只有微小投入,提供这些非热卖品的服务成本理应比热卖品低很多,那为什么不能以更低的价格销售呢?

因此,在 20 美分和 99 美分之间有很多机会,使他们的市场份额最大化。

规律三:让消费者方便找到长尾产品。

许多音乐服务网站的成功表明,好的商业模式是热卖品和非热卖品都需要。那些数量众多但不是很主流的产品让这些公司脱颖而出,但热卖品在刚开始吸引消费者时仍举足轻重。好的长尾商业模式会被不断发现,从而描绘出消费者喜好产品的路线图,将他们很快引导到那些不知名的产品上去。长尾商业模式能将消费者视为不同的个体,为大众化的产品提供个性化的选择机会和定制服务。让小众产品、非主流产品找到它们的受众,从而形成一个潜在的、巨大的传媒娱乐市场。

第四节　新媒体的发展应用

一、新媒体的发展应用的政治层面

媒介与政治天生就是一种联姻关系,人类历史上每一次传播技术的变革,都为政治生活的发展提供了技术驱动力,也改变了权力的分配方式,新媒体的发展亦是如此。传播是政治不可或缺的重要内容,也是政治运作的重要环节。可以说,从政治诞生之日起,就与传播有了密不可分的关系。而在政治传播体系中,传者政府与受者民众之间的信息传播方式,也随着媒介的改变而受到影响。随着科学技术的发展,政治传播中的媒介由原始的口口相传演变到现代广播、电视、报纸的信息传递。而在现今数字技术、网络技术和移动通信技术不断升级的时代,互联网、手机、数字电视以及其他网络衍生品的出现不仅改变了人们的生活,也在很大程度上改变了社会体制形态。有相关学者认为,大众传播媒介的发达,不但改变了政治活动的方式,也改变了政治传播的性质,政治人物不仅依赖政治团体而且利用传播媒介,作为表达政见、沟通民意和争取民众支持的工具。的确,在当今社会的政治领域中,我们可以发现,从政府利用互联网发布政治新闻,宣传政治主张,到民众问政议政,引导舆论导向,新媒体都在其中扮演了极其重要的角色。正因为此,我们将从新媒体在政治选举中的应用和在公众参政引导舆论两个政治传播的具体方面来分析新媒体对政治传播的影响。

（一）新媒体在政治选举中的应用

相对于传统媒体,以网络技术和移动通信技术为载体的现代新媒体有着无法比肩的特性。总体可以概括为四个方面:庞大的信息含量,强大的互动性,突破的跨时空性,以及信息发布的草根性。在新闻传播学中,我们可以认为新媒体是相对应旧媒体而产生的一个概念。因为在传播媒介发展的每个阶段,都会产生新的传播介质。而这些新媒介对当时西方的政治选举都产生过巨大影响。

案例四

1932 年的美国总统大选,罗斯福就利用无线电广播发表演讲,塑造自己亲民、可信赖的形象,成功赢得大选。到了 20 世纪 60 年代,电视走进美国人的生活,电视辩论也就应用于美国总统选举中。随后,互联网的出现则再一次改变了选举模式。在 1996 年的美国大选中,几乎所有的候选人都设立了个人主页在互联网上发布个人信息和召开网络会议。2012 年美国大选中,奥巴马以在自己个人网站发布一段视频以及向自己的支持者发送电子邮件的方式,来宣布参加 2012 年美国总统选举,而没有通过集会演讲这种传统的方式拉开竞选的序幕。另外一位竞选人罗姆尼也用了 150 秒的视频发布了他的参选意愿。互联网由于有着前两者所不及的特点——信息发布的草根性,使得民众可以在网上与自己支持的候选人交流。

可以说,每一种新媒体的出现,都会颠覆之前传统的选举模式,对选举传播过程中的传者与受众产生巨大影响。

（二）新媒体在促进公众参政、引导舆论方面的应用

随着网络技术和通信技术的发展，互联网和手机已经成为人们生活中必不可少的两样东西。中国互联网络信息中心（CNNIC）在 2020 年 9 月 29 日发布的第 46 次《中国互联网络发展状况统计报告》[①]显示，截至 2020 年 6 月底，中国网民数量达到 9.40 亿，增长速度趋于平稳；其中最引人注目的是，手机网民规模达到 9.32 亿，手机首次超越台式电脑成为第一大上网终端。

手机作为当下最流行的新媒体载体之一，在影响公民参政议政中有着重要的作用。由于手机的便携性，及其背后依附着强大的通信网络的特点，使得公众可以不受空间和时间限制地接收信息甚至自己制造信息，同时也拥有相对自由的言论权。而在传统媒体的条件下，狭窄的媒介传播渠道将受众挡在了传者平台之外，受众只能一味地接受媒介所传递的信息，而不能真正地参与互动。正因为如此，过去公众很难真正地参与政治，关注和讨论社会热点问题。

现在普通民众参与政治的途径主要是互联网和手机。以手机短信为例，在近几年的全国"两会"期间，政府均开通了短信建言平台，目的就在于利用新媒体的沟通即时性，能够及时地获取普通民众的意见，也使民众能够参与到国家政治事务之中。这显然比以往传统的上访信访参政要有效率得多。

相同效果的应用还有当下最热门的手机微博。截至 2018 年 6 月底，微博在手机网民中的使用率提升 5.3 个百分点至 43.8%，成为使用率增幅最大的手机应用。手机微博用户的增长，一方面得益于微博自身的即时性和自媒体优势，用户体验较好，流失率较低；另一方面，手机微博客户端功能不断增强也提升了手机用户使用微博的黏性和使用体验。微博快速崛起，不仅成为网民重要的信息获取渠道，而且在近些年发生的许多公共社会事件中还发挥着议程设置、快速传播、社会动员等功能，这也正是微博真正的魅力所在。例如，在近些年的"两会"期间，网民通过传统媒体的微博，以及不少政府官方的微博同步参与到"两会"之中，随时随地就可以接收到新的国家政策，使政府与公众的政治传播达到高效及时的互动性。又如 2011 年国家调整个人所得税面向全国公众征集意见，微博成为一大热点征集阵地，国家领导人利用微博这一时下很流行的传播方式以个人起征点修改作为一个内容，让全国民众能够很好地参与进来，真正地做到了公众参政。在引导舆论方面，由于受众在新媒体时代

---

① 第 46 次《中国互联网络发展状况统计报告》（全文）[EB/OL].［2020-09-29］. http://www.cac.gov.cn/2020-09/29/c_1602939918747816.htm.

已兼具传者和受者的双重身份,所以每个人都可以根据自己的喜好和要求设置专属于自己的议题。所谓的"议程设置"就是指:传播媒介在一定时期内选择某个议题,实行强化报道,使其成为社会舆论的中心议题,旨在使其议题对改变或坚定公众态度产生强大效果,达成共识,引起普遍关注和重视。

有不少人认为,新媒体时代的议程设置将不再有意义。但是在我看来,大量的由网络论坛、微博所反映出来的公众声音使公众成为议程设置的主体,媒介似乎将很难控制舆论。但是,从另外一个角度来说,这些声音也可以为媒介提供议题,在大众媒体参与后,公众又可以通过媒介的评论和报道形成新的舆论。这样一来,大众媒介和受众便会同时成为议程设置的主体,在互相促进作用下,形成影响更大的议程设置体系。与传统的政治传播相比,新媒体时代的政治传播模式有着其独特的优势。第一,由于网络传播模式具有集人际传播、组织传播和大众传播于一体的特点,使得政治传播的过程中信息的传播比传统媒体更加集中,便于形成和引导舆论。第二,由于网络传播模式中"把关人"功能的减弱,政治传播过程中各方意见的沟通更加顺畅直接。

(三)新媒体推动网络反腐和法制化进程

近年来,依靠无门槛、及时发布、海量存储的互联网,网民的反腐监督力度更加强大,传播的效果、影响范围、警示作用也在不断地扩大,知情人爆料、人肉搜索等方式逐渐成为有别于传统反腐监督的新方法。2012年的"房叔""表哥""雷冠希""局长日记"等各种经网络曝光的事件层出不穷,新媒体的发展唤醒更多网民对于民主监督的意识。而新闻网站、论坛、贴吧、博客、微博、即时通信手机媒体这些新媒体实现了民众的互动交流,形成了对热点事件、问题最大限度的关注、舆论监督和民意的集中表达,最终推进了我国的法制化进程。例如,在新媒体的推动下,广大民众对孙志刚案的关注,致使实施了21年的《城市流浪乞讨人员收容遣送方法》被废止。

因此随着新媒体传播的发展,人人成为了自媒体,每个公众都是媒体人,可以参政议政,行使公民权利和表达意愿主张的渠道也大为增加了。例如近年来,随着微博、微信等新媒体平台的兴起,智能手机在民众生活中的逐渐普及,群众参与舆论监督的阵地也大为扩展,有效地遏制了贪污受贿等腐败问题的滋生。

二、新媒体发展应用的经济层面

在全球化加剧、市场需求变动快速的市场中,企业若要寻得一块迦南美地,新媒体或许就是引路的摩西。随着新媒体以及科学技术的不断发展,越来越多的依附于新媒体平台的新事物逐步地影响着社会经济的发展和人们的日常生活,网上购物已经成为一种新的消费方式。伴随着用户的构成和行为习惯的改变以及新应用程序的大量涌现,移动互联网开始成为新的营销信息传播的载体。新媒体不仅代表文化发展的未来和方向,也预示大众传播的未来,它正以锐不可当之势深深地融入我们的生活。新媒体已融入市场经济之中,新媒体要想实现飞跃式发展,必须充分利用各种金融工具,实现与资本市场的对接,新媒体将成为未来发展方向。

(一)在信息社会和市场经济条件下,新媒体已经成为现代经济体同社会环境以及目标公众保持信息沟通的重要形式

信息社会信息快速更新,处于买方市场条件下的消费者,无时无刻不是处在来自于各类组织机构的各种产品或服务的信息包围之中。在信息过剩的情况下,企业要获得生存和发展,必须能够将组织或产品的信息有效地传达给目标公众,必须通过各种媒介形式与消费者保持常态的信息沟通。同时,社会经济组织也需要通过各种媒介获取消费者的市场信息,从而进行有针对性的传播和运营策略的调整。

和传统大众传播媒介相比,新媒体在传播速度上更加快捷,在沟通的信息内容上更加丰富,具有更强的传播互动性,传播也更为人性化和人情化。新媒介的这些特征使它们在社会经济组织和外部公众的信息沟通和关系维护中发挥着更为有效的作用。

在全球知名企业中,可口可乐、宝洁等公司都在互联网上建有自己的网络品牌社区。利用网络品牌社区,既可以传播企业形象和产品服务的信息,也可以互联网为平台与目标公众保持持久的信息联络沟通,进行情感维系。目前,几乎所有的企业和经济机构都建有自己的网站或者网页。这些网站和网页在担负着沟通信息、维系感情的职责的同时,也是向消费者进行产品或服务推介和直接销售的有力手段。早在2010年,海底捞就开始做自营外卖,到2016年10月,海底捞的自营配送"海底捞外送"陆续从门店独立出来,其外卖业务收入从2017年的2.19亿元上升到了2018年的3.23亿元,增长47.9%。外卖订单数量从2017年的70万单增长到2018年的109万单。无论是订单数量还是增长幅度,都可以说是高速增长的。

另外一个社会影响力日益强大的是新媒体手机,其在企业和消费者沟通中的应用也日益广泛。今天,手机App、微信群、公众号、移动QQ群等手机社群此类沟通形式已经成为企业与消费者沟通的重要手段,在产品信息传达、消费者关系建立和维护中发挥着越来越关键的作用。手机传播的针对性和指向性极强,可以使信息直接到达沟通对象,引起沟通对象对信息的即时反应。世

界第三大广告公司 BBDO 的 CEO 安德鲁·罗伯逊就曾经预测:手机和其他无线通信设备即将成为广告主们首选的投放媒体。这个预测正在变为现实。艾媒咨询提供的数据也显示,2019 年中国无线广告市场规模达到 4158.7 亿元,相较此前,继续保持稳步增长的势头。

在市场经济条件下,以互联网和手机为代表的新兴媒介以其传播上的优势,成为企业营销沟通的有力武器。

(二)新媒体产业迅速发展,成为社会经济系统的重要组成部分

新媒体的出现不仅为社会带来了新的传播沟通方式,近些年,新媒体的发展速度迅猛,形成了规模逐渐庞大的新媒体产业。今天,以互联网产业、移动通信产业、数字媒体产业为代表的新媒体产业已经在社会经济系统中发挥着举足轻重的作用。

作为传播媒介的新成员,新媒体一诞生就是以独立经济实体的形式进行运营。它们和其他类型的企业一样是社会经济组织的细胞。在信息技术发展的大背景下,新媒体产业是未来几十年发展前景广阔的朝阳产业。伴随着互联网基础服务的成熟,中国近几年的电子商务市场保持着快速增长的态势。中国电子商务研究中心提供数据显示,2019 年中国搜索引擎运营商总市场规模为 1087.04 亿元,较 2018 年增长 10.15%,互联网广告市场规模达到了 437 亿元。①

在移动通信领域,移动通信业务也保持着较高的增长速度。2019 年,全国移动数据及互联网业务收入 6082 亿元,与上年同比增长 1.5%;移动电话用户普及率达 114.4 部/百人。②

新媒体产业的快速发展为社会经济注入了新的活力。随着新媒体产业的进一步发展以及新媒体产业链的进一步整合,新媒体经济必将在社会经济领域占据更重要的地位。

(三)新媒体产业的发展带动社会其他相关产业的发展

社会经济系统各组成部分之间关联紧密,任何一个社会行业或产业的发展都会影响到相关产业的发展,甚至会带动新的产业的出现和旧产业的升级。进入 21 世纪以来,新媒体产业不断发展壮大,产业规模持续扩张。新媒体产业的快速发展带动了新媒体的衍生产业以及其他相关行业如网络建设、网站

---

① CNNIC:2019 年中国网民搜索引擎使用情况研究报告[EB/OL].[2019-11-02].http://www.199it.com/archives/959774.html.

② 相关数据来源于中国信息通信研究院。

维护、文化创意、内容提供、物流、技术服务等行业的发展。

电子商务是互联网的应用之一。近年来,我国电子商务交易量发展较快。电子商务业的迅速发展给上下游衍生产业带来了商业机会,这些产业包括建站、技术维护、物流、经营推广、客服、售后等。根据商务部所发布的《中国电子商务报告(2018—2019)》显示,截至 2019 年,国内电子商务交易额几乎高达3.82 万亿元,其是 2018 年交易额的 1.5 倍左右。在 2018 年,电子商务交易总额高达国内生产总值的 11.4％,比例占到了 7.4％。大中型工业企业发展中,电子商务交易额则达到了 1.56 万亿元,中小企业电子商务交易额高达1.99万亿元;网购交易额则为 2586 亿元,其占到了社会消费品零售总额的2.06％,体现出我国电子商务较好的盈利能力。该报告同时指出,电子商务在壮大数字经济、共建"一带一路"、助力乡村振兴、带动创新创业等方面均发挥了积极作用。[①]

新媒体产业的快速增长也推动了新媒体监测分析和新媒体服务业的发展,国内已经产生了一批专门针对新媒体领域进行研究的新媒体咨询公司。例如艾瑞咨询集团就是在新媒体发展背景下逐渐成长为一个在新媒体研究领域极具影响力的新经济专业研究机构。

当前,新媒体产业已经影响到了经济生活的方方面面,已经成为重要的经济驱动力。而随着新媒体技术的日益发展和成熟,新媒体受到越来越多的资本的青睐,投资公司和商业机构对新媒体投入的加强必然会使新媒体产业进一步加快发展的速度,新媒体产业也必将在社会经济中占有更大的比重。可以预见,未来新媒体经济对社会经济所产生的影响将是根本性的。

(四)新旧媒体的市场共谋

新媒体使大众传播的状态和大众传媒的业态发生了并且还将继续发生着深刻变化,进而促进了营销模式和盈利模式的深化和变革,媒体市场的天平日益从供给方转向需求方。互联网刚刚出现的时候,除了电子商务之外,最主要的盈利模式是靠内容吸引大量的点击量和浏览时间,然后开发弹出式、游戏式、图片式、背景品牌式等网络广告,将受众的"眼球"出售给广告商。而近年来,基于注意力经济的考量,企业和商家越来越强调市场的细分以及与目标客户的有效沟通,而不是对大众的劝服,使"出售信息—换回注意力—向广告商出售—产生利润"的媒体经营中,一味强调大发行量、高收视率和收听率的盈

---

① 百度百科:中国电子商务发展报告(2018—2019)[EB/OL]. https://baike. baidu. com/item/中国电子商务发展报告 2018—2019/23742834? fr＝aladdin＃reference-[1]-24232465-wrap.

利模式正悄然发生着变化。从某种意义上说,这也是"市场共谋"的新进展。

以视听新媒体为例,它在技术层面上融合了传统广播电视技术、通信技术、互联网技术,在业务层面上融合了广播电视业务、通信业务以及各种各样的增值服务,开办主体层面包括了广电媒体、报刊媒体、电信部门、民营公司,资本层面融合了国有资本、民营资本和境外风险资本等。值得注意的是,新媒体还在不断创造或满足着新的市场需求,不断与生产企业嫁接与融合,不断与传统媒体嫁接与融合。新媒体出现带来了全新的内容,或者与传统媒体结合,嬗变出新的内容。当下的新媒体通过信息传播这根杠杆,将媒体业务与金融服务、商业贸易结合起来。如音乐、视频等内容下载分销,通过关键词链接到产品的订购与在线支付等。英特尔的"数字家庭"计划、"盛大盒子",则是典把各种不同的传播渠道、媒体内容,乃至家用电器的控制,融合在一个控制端口,产生融合效用。新媒体中的户外电视传播平台如大学食堂显示屏、医院和药房显示屏、车载显示屏、卖场和商业楼宇显示屏等又是新媒体行业中投资商们关注的重点。

三、新媒体的发展应用的社会生活层面

(一)新媒体发展带来的积极社会影响

1. 拓宽信息获取渠道

新媒体改变信息生产和传播的方式,促进了各种类型信息飞速地传播,大大拓宽了人们获取信息的渠道。新媒体把人际传播和大众传播融为一体,新媒体用户既是信息的生产者,也是信息的传播者,同时还是信息的接受者。新媒体具有传统媒体无可比拟的优点,能以文字、图像、音频、视频等通过线性或非线性方式同时传播信息,而且可以自由下载、录音、录像并进行存储、整理、评说、复制、剪辑等,具有跨时空、可检索、超文本、交互性等特点。新媒体是一种以人际关系为传播路径的即时性裂变式多级信息传播网络,通过一对一、一对多、多对一、多对多等形式,形成纵横交错的多级传播模式,实现了信息传播的数字化、全球化、交互性、即时性,极大地方便了人们获取信息和传播信息。

2. 创新消费支付方式

目前,网络购物已经成为新媒体用户的时尚消费方式。在淘宝网、天猫网等购物网站,通过网络,足不出户,就可以实现消费支付行为。网络支付不但彻底颠覆了传统"一手交钱一手交货"的面对面消费支付方式,而且极大地方便了新媒体用户,深受广大新媒体用户喜爱。参考消息网 2016 年 2 月 27 日

报道,移动网络支付改变了中国人的传统消费支付习惯,遍及衣、食、住、行、娱各个方面,新媒体用户日常消费几乎不用现金。根据中国人民银行发布的2020年支付数据显示,2020年,移动支付业务1232.2亿笔,金额432.16万亿元,同比增长21.48%和24.50%。在迅速发展的移动网络支付市场中,阿里巴巴集团的支付宝占据主导地位,占2020年总交易额的48%;腾讯公司的产品微信支付排在第二,约占34%。阿里巴巴实时数据显示,2020年天猫"双十一"全球狂欢节实现交易额高达4982亿元。

3. 革新人际交往方式

新媒体的快速发展,使文字、图片、音频和视频等信息传播变得更加方便和快捷,为人们提供了一个全新的人际交往平台,彻底改变了传统的面对面人际交往方式,大大拓宽了人们日常交往的空间,特别深受广大青年人喜爱。以微信和QQ为代表的新媒体聊天社交工具的出现与普及,跨越时空拉近了人与人之间的距离,大大节省了人际交往的时间成本和经济成本,为人们提供了广阔的交流空间与全新平台,使人际交往变得更加便利和频繁。总而言之,新媒体的出现大大革新了传统的人际交往方式,使人们日常的人际交往更快捷更方便。据腾讯公布,2020全年微信的月活跃用户已超过12.25亿,超过一半活跃用户拥有超过100位以上微信好友;微信用户覆盖200多个国家、超过20种语言。

4. 丰富文化娱乐生活

新媒体不但具有快捷的网络传播速度,而且拥有融合文字、图片、音频、视频等强大功能,极大地便利和丰富了广大用户的文化娱乐生活。小说文学、音乐歌曲、电视电影、综艺节目、动漫视频等,各种形式的文化娱乐应有尽有,文化消费品品种繁多,内容非常丰富,操作十分简单。只要一部手机在手,随时随地就可以进行文化娱乐生活,非常简单便利和随意自由。看电影,不用去电影院;看演出,不用到演播现场;看网络小说文学,不用手拿厚厚的书籍等。新媒体这种随时随地随意的个性化、便捷性、互动性文化娱乐特点,对于深受工作、学习、生活节奏紧快重压的现代社会人们来说非常受欢迎。人们在上班路上,在公交车里,在课余几分钟,可以听听音乐,看看视频,放松减压。

5. 提供自我表达平台

论坛、博客、微博、微信以及新兴的视频网站等自媒体为新媒体用户提供了表达思想观点、展示才华才艺的平台和渠道。自媒体异军突起,改变了中国社会的舆论生成、演变机制和传播格局,重塑了中国社会的舆论生态。2019

年,新浪调查表明,微博已经成为青年最常使用的表达观点、展示思想的工具平台,超过 60％的新媒体用户认为微博对社会舆论有较大的影响。在遵纪守法的前提下,新媒体用户可以在论坛、博客、微博、微信以及网站上发表文章,传播视频,自由地表达观点意见,彰显自己的个性思想,发挥对别人和社会的影响力。新媒体用户通过在自媒体公开一些客观问题,广泛汇集民意,形成社会舆论,推动问题解决。

(二)新媒体发展带来的消极社会影响

1. 传播各种负能量信息

目前,由于管理水平远远滞后于新媒体发展速度,新媒体信息传播比较混乱,各种虚假信息、黄色信息、反华信息、歪理邪说等负能量信息出现在新媒体中,对整个社会造成了危害。比如 2016 年春节期间,"上海姑娘逃离江西农村""霸气媳妇回农村掀翻桌子""东北村庄农妇组团约炮"等信息广泛传播,然而有关部门调查后发现这三条信息都是虚假信息。《中国新媒体发展报告(2015)》指出,微博是虚假信息传播的主要平台,近六成虚假信息首发于微博。

2014 年 8 月网传"上海地铁出现老外晕倒车厢无一人相助反而仓皇逃跑"的视频,不少媒体未经核实即在微博上发布,后经上海地铁方面证实此信息并不属实。截至 2020 年,我国微信每月活跃用户数已经超过 12.25 亿人,然而随着微信的普及,朋友圈、公众号中的虚假信息也借机快速传播。研究人员分析后发现,周二是虚假信息传播最高峰期,微信日均拦截虚假信息超过200 万次。负能量信息对青年人毒害很大,严重影响他们形成正确的人生观、世界观、价值观。

2. 网络购物催生"剁手党"

网络购物和网络支付虽然极大地便利了广大新媒体用户,但也催生了许多热衷于购物的"剁手党"。网络购物因其物美价廉、支付便捷的优点越来越受到众多新媒体用户的欢迎,已经成为他们日常生活不可或缺的一部分。但许多新媒体用户发现,其实很多网购来的东西并不经常使用,只是当时贪图物美价廉就"任性"购买,不但浪费了大量金钱,也造成了大量物质浪费。特别是一些特殊节日如"双十一"全球购物狂欢节,很多年轻人经不起诱惑而"任性"购物,购买一大堆并不是很急用实用的商品,当变成"月光族"时则后悔得捶胸顿足。网络购物的"欺骗事件"也越来越多,由于网络的开放性和虚拟性特点,网络购物被骗案件侦破难度很大,以致有些案件无法审理,给新媒体用户的生活带来了极其严重的影响,网络购物的负面影响日益凸显。

3. 沉迷新媒体产生"低头族"

一方面,由于新媒体传播信息内容非常丰富,既有文字、图片,也有音频视频,而且传播速度非常快捷,对人们特别是青年人吸引力很大,许多新媒体年轻用户患上手机媒体依赖症;另一方面,由于现代社会工作生活节奏非常紧快,人们工作生活压力很大,平时很少有空余时间,只好充分利用上班路上、公交车里等空余时间使用新媒体刷微博、刷微信、聊 QQ、打游戏、看电子书、看视频、听音乐等,所以在公共场合低头使用新媒体产生"低头族"已经成为当今社会一种新常态。由于常常低头使用新媒体,不但引起颈椎生理变化,颈椎病呈现年轻"低头族"化,还会因注意力分散产生意外事故。智联招聘通过对 28个主要城市白领进行手机指数调研发现,随着智能手机的普及以及智能手机自身功能的加强,白领在很大程度上被手机"控制",近八成白领患上了手机依赖症。

4. 网络交往淡漠人间感情

新媒体改变了传统人际交往方式,极大地方便了人们交流沟通,但也令人与人之间的距离越来越远。很多新媒体用户依赖网络交流沟通,沉溺于新媒体虚拟社会人际交往,忽视了现实生活中的面对面交流沟通。他们已经习惯于这种超时空的网络联系方式,微信、QQ、电话、短信、邮箱等新媒体联系方式代替了传统人际交流沟通,与人面对面的交往交流日益减少,这催生了许多"宅男宅女"。网络交往并不能替代现有的人际交往,过度依赖这种交往方式,往往会使人陷入感情孤独。据智联招聘与三星手机联合发布的《2013 年白领手机指数调研》①显示,60.39% 的白领表示由于使用手机媒体而减少了与身边人的当面交流沟通,这影响了人们之间的感情交往。

【思考题】

1. 可以从哪些层面去把握和拓展新媒体的概念?

2. 简要描述 Web1.0、Web2.0、Web3.0 之间的区别,以及它们各自对于传媒发展的影响。

3. 分析信息传播 5W 理论在新媒体时代的应用。

4. 尝试以一个新媒体发展应用相关事例论述"开水定律"的道理。

---

① 智联招聘发布《2013 年白领手机指数调研》[EB/OL].[2014-02-17]. http://js.ifeng.com/business/zt/detail_2014_02/17/1856969_0.shtml.

第一篇 新媒体与文化传播

在当前社会文化传播速度飞速加快的大背景下,新媒体的出现一定程度上丰富了文化传播的手段,对于提高文化传播力有很大的影响。新媒体对于文化传播范围的迅速扩大有着促进作用,是一种不可忽略且十分便捷的传播途径。不同以往的传播途径,新媒体的普及是目前媒体文化传播很重要的发展趋势。

第一节 新媒体传播领域发展与应用

一、IPTV 的概念与特点

在互联网及其业务和应用的发展过程中,出现了网络电视(下称 IPTV)这种融合了传统电信和传统广电业务的新型业务,这已经成为近年来热议的话题之一。但目前在 IPTV 的发展过程中,出现的一个非常重要的问题是对 IPTV 概念理解的不统一。来自不同行业、组织或企业的同样被冠以"IPTV"概念的业务和技术,在实际中却可能表现出极大的差异性。对 IPTV 概念和内涵理解的巨大差异性,已经成为目前与 IPTV 相关诸多问题产生的根源。①

(一)理解 IPTV

所谓 IPTV,是 Internet Protocol Television 的英文缩写,其意是互联网协议电视,简称网络电视。IPTV 是数字技术、计算机技术日益与消费家电产品密切结合的产物,是各类数字信息内容依托宽带平台共同发展的结果。如今,IPTV 正以全新的服务模式向人们展示其独特的风采,它将成为又一个最极具前景的全球性产业。

---

① 何宝宏.浅析 IPTV 的概念与内涵[J].电信网技术,2006(2):15-17.

不同的行业、组织或知识背景的人,对 IPTV 的含意存在不同的理解。从以内容为中心的角度来看,IPTV 的节目源与传统意义上 TV 的节目源一致,比如来自电视台或者独立内容生产方;从以终端为中心的角度来看,内容信号经过机顶盒(STB)处理后,利用普通或高清晰的电视机(TV)做显示终端。随着技术的发展,目前的电视机已经不仅是看电视节目的电器,而且是可搭载多种其他业务(如社交、游戏、股票、教学、医疗)的综合型终端。

简单来说,IPTV 以机顶盒和电视机作为终端载体,通过运营商的互联网宽带承载,为用户提供视频和音乐等增值服务。[①] 国际电信联盟则将 IPTV 定义为"基于 IP 网络传输的,提供必要质量、安全、交互和可靠的多媒体服务,其内容包括电视、视频、音频、文本、图像以及数据"。IPTV 业务是崭新的服务模式,就目前来看,电信企业传输视频业务基本都是通过 IPTV 业务实现的。其主要实现方法为在宽带 IP 的基础下,构建专用的 IPTB 虚拟专网,通过 P2P 传输以及组播等技术,完成对视频节目的直播等工作,而且还能够行之有效地完成数据的双向传输工作。[②]

(二)IPTV 的特点

IPTV 最大的特点是交互和互联网内业务的扩充。IPTV 有较为灵活的交互特性,依托 IP 网络的多协议优势采用组播和单播制式进行直播和点播视音频业务的承载和分发,形成了多元化的多媒体生态。同时 IPTV 充分利用宽带资源,用宽带平台整合有线电视资源,为用户提供海量多媒体信息服务的选择,可以非常灵活地实现计费管理和节目编排等多种功能,相比数字电视,业务的灵活性和拓展性都大大增强。

1. 交互服务

IPTV 突破了传统的模拟电视和数字电视定时、频分、单向传播等局限,也区别于仅能实现用户与播控中心简单互动的数据广播,用宽带网络将家庭和互联网联在一起,不但在理论上可以承载无限的频道数量,而且还提供类似网页的互动性内容服务,使用户可以互动点播自己喜欢的内容,从而拥有更灵活的消费模式,充分实现了真正意义上的信息交互传播。

此外,IPTV 业务的开展主要基于宽带 IP 网络,IP 网络的特性是点对点,即可以实现交互;依托该技术体系,IPTV 不但实现了广播电视信号的接收,也实现了用户与相关 SI(Service Information)的真正互动。

---

① 邱达超,李振华,吴强. IPTV 业务发展探析[J]. 电信工程技术与标准化,2020,33(10):53-57.
② 多吉. 探析数字电视、IPTV 与互联网电视技术[J]. 中国有线电视,2020(9):1077-1078.

2. 技术成熟

借助并依托于互联网海量信息资源及成熟技术支撑这两大优势,IPTV
的技术发展和业务应用也随着科技的进步而逐渐成熟且标准化。此外,采用
专网传输的IPTV,能够在4K甚至8K的高码率特性下充分保证高带宽和稳
定性的同时,保持传输的低成本,高性价比优势明显。

3. 市场巨量

随着群众对精神文化需求的不断提高,传统广播电视的单向传输方式已
经不能满足实际需求。目前宽带用户的基础量非常大,这些用户都可作为
IPTV的潜在用户,运营商可以通过优惠套餐、捆绑销售等方式,获取海量的
优质用户资源。IPTV进入我国已超过15年,其市场覆盖面逐年扩大。从数
据上看,以中国电信为例,作为国内最早进入IPTV市场的运营商,自2004年
小规模开展IPTV用户试验开始,发展至2019年,IPTV业务收入已达294
亿元,与2018年相比增长了21.1%,其业务用户数达1.94亿户,全年净增
3870万户,净增IPTV用户占净增光纤接入用户的78.9%。可见,我国
IPTV业务市场巨量,展现出了强大的商业潜力与发展前景。

4. 产业融合

由于IPTV的技术传输遵循TCP(Transmission Control Protocol:传输
控制协议)IP协议,这就决定了IPTV采用的是合作为主导的运行模式,能够
非常容易地将数字电视节目、可视IP电话、DVDNCD播放、互联网浏览、电子
邮件以及多种在线信息咨询、娱乐、教育及商务功能结合在一起,实际上已有
效地将广电产业、电信产业和计算机产业三个领域融合在一起,充分体现出
IPTV在未来竞争中的优势。

二、IPTV 的发展现状与趋势

(一)全球 IPTV 的应用情况

20 世纪 90 年代初,人类就开始着手研究 IPTV 技术及其相关应用,直到
1999 年英国 Video Networks 公司首先推出 IPTV 业务后(首选的业务是直
播电视和点播电视),市场的需要使得美国 SBC、加拿大 MTS(曼尼托巴电
信)、我国香港 PCCW(电讯盈科)等电信运营商分别在 2001、2002、2003 年进
入 IPTV 服务市场。

目前,国际市场 IPTV 产业发展并不理想。从 2001 年发展至 2015 年,
IPTV 的全球用户有 1.3 亿多,和全球数字电视用户 10 多亿的体量相比显得

很少。[①] 在用户增长和分布趋势方面,自 2006 年以后,国际 IPTV 用户的增长逐渐从相对较小的基准时期转向大用户群,增长速度逐渐放缓;在市场运作方面,随着市场规模的扩大,全球 IPTV 市场收入也呈现上升趋势,但由于收入增速低于用户增长率,ARPU(每用户平均收入)已逐年减少。

国外 IPTV 电信运营商推出了多种多样的增值业务,较为流行的是一种名为 Triple-play(三组播送)的捆绑服务模式(即将语音、高速互联网接入和互动电视捆绑在一起),不仅满足了用户对话音业务的需求,同时也满足了用户对高端业务的需求,取得了较好的社会效益和经济效益。更重要的是,用户能够享受到 Triple-play 业务带来的资费优惠。从全球的发展情况来看,IPTV 业务主要集中在欧美和亚太部分国家及地区,大部分都采用高速 DSL 或 FTTB(Fiber To The Building:光纤到大楼)传输技术,为用户提供 IPTV 业务。

1. 北美

加拿大的 MTS 和 Sask Tel(萨斯喀萨温电信)公司已经在 VDSL(Very high bitrate Digital Subscriber Line:超高速数字用户线)和 ADSL 网络中开通了 IPTV 业务。加拿大 Telus 和贝尔电信在 2005 年进入这一市场。

2001 年初美国 SBC 和 Quest 两家大型电信公司都选择了以转售卫星广播电视业务的形式来提供 IPTV 业务。2002 年又积极地在本地开展 DSL 网络和光纤网络上的 IPTV 业务,美国众多独立的本地运营商也随之紧紧跟上。目前,几乎所有的美国电话公司都在致力开发 IPTV 服务,包括美国最大的本地电话服务提供商 Verizon 通信公司。

2. 欧洲

欧洲的许多电信运营商对 IPTV 业务的态度很积极,特别是意大利 Fast Web 公司,在 IPTV 业务上取得了相当的成功。自从推出电视服务后,该公司的年 ARPU(Average Revenue Per User:每用户平均收入,指一个时间段内运营商从每个用户所得到的利润)值逐年递增,居行业之首,同时也改变了许多运营商原先的观望态度。法国电信的态度最为积极,先后在里昂、巴黎开通 IPTV 业务。英国 Home Choice 等公司也提供了 IPTV 服务。比利时、荷兰、奥地利和挪威电信都在进行 IPTV 的商用实验。

---

① 数据来源于 Point-Topic. IPTV Subscribers-Market Analysis Q4 2015[EB/OL].[2016-05-05]. http://point-topic.com/free-analysis/iptv-subscribers-market-analysis-q4-2015/.

（二）我国 IPTV 的发展情况

我国 IPTV 服务市场的情况与国外并不完全相同，国营电信业与广电业在强力的监管因素下，维持着长久的和平局面。

从发展历程来看，我国 IPTV 服务市场依次经历了从 2005 年至 2009 年的萌芽探索阶段、从 2010 年至 2014 年的试点推行阶段，到如今进入快速发展阶段。近年来，随着中国互联网的飞速发展及政策放开，中国的 IPTV 业务进一步得到了快速发展。2015 年 8 月国务院办公厅印发《三网融合推广方案》的通知，督促各地区、各有关部门"加快推动 IPTV 集成播控平台与 IPTV 传输系统对接"。"符合条件的电信企业在有关部门的监管下，可从事除时政类节目之外的广播电视节目生产制作、互联网视听节目信号传输、转播时政类新闻视听节目服务、除广播电台电视台形态以外的公共互联网视听节目服务、交互式网络电视（IPTV）传输、手机电视分发服务。"①在全国范围内推进广电、电信业务的双向进入，IPTV 市场地域限制被解除，完成由试点到全国的过渡。自此，我国 IPTV 服务市场迎来了发展转折点，实现了一年 3000 多万用户的快速增长。目前，我国已成为全球最大的 IPTV 市场。

1. 我国 IPTV 业务模式

2005 年 3 月，上海百视通公司获得第一张 IPTV 全国运营牌照，和黑龙江网通合作开创"哈尔滨"模式；后各地纷纷试水，形成 IPTV 的"上海模式""杭州模式""河南模式"等。②电信运营商进入和开拓 IPTV 服务市场的节奏相对谨慎平稳，多数采取了与广电进行广泛合作的模式。我国省市广电部门的 IPTV 业务推广多数也是采用同当地的电信运营商合作的方式进行。

为避免我国广电和电信因争夺 IPTV 主导权而导致的互相牵制和干扰的状态，广电总局印发 2010 年 344 号文《关于三网融合试点地区 IPTV 集成播控平台建设有关问题的通知》和 2012 年 43 号文《关于 IPTV 集成播控平台建设有关问题通知》，明确了 IPTV 播控平台实行总分平台两级构架，对外统一呼号"中国广电 IPTV"，实行全国统一规划、统一标准、统一组织、统一管理。IPTV 集成播控总平台由中央电视台组织，牌照由中央电视台申请；集成播控分平台由中央电视台与地方电视台联合建设，牌照由地方电视台申请。全国性 IPTV 内容服务平台牌照由中央电视台和拥有全国性资源的省、市广播电

① 国务院办公厅关于印发三网融合推广方案的通知[EB/OL]. [2015-08-25]. http://www.gov.cn/zhengce/content/2015-09/04/content_10135.htm.

② 易旭明，阚敏.我国 IPTV 发展历程、动因和挑战刍议[J].新闻界，2016(24)：35-41.

视台播出机构申请;地区性 IPTV 牌照由拥有地区性节目资源的广播电视播出机构申请。电信企业作为传输系统提供技术支持,配合集成播控平台对 IPTV 的市场推广,可参与对用户端和计费方面的"双认证、双计费",以及向集成播控平台提供的节目和 EPG 条目,但需经过集成播控平台审查后统一纳入节目源和菜单中。

而在《国务院办公厅印发三网融合推广方案的通知》(国办发〔2015〕65号)及后续配套政策中,进一步规定了 IPTV 播控平台和传输服务建设,强调"加快完成全国统一的 IPTV 集成播控平台体系的建设和平台对接工作、落实属地管理"。

2. 我国 IPTV 业务发展前景

IPTV 的发展前景广阔,有着明显的竞争优势。随着中国三网融合的深入发展,体制的改革变化为 IPTV 带来了新的发展机遇。

目前,中国 IPTV 的主要竞争对手有在线视频、有线电视及互联网电视(OTT TV)等。上述几者在不同市场之间都有着一定程度的竞争。IPTV 的增值服务为动漫、影视、教育、游戏等一些可以互动的内容,在这些内容上,互联网电视与在线视频都是其强劲的对手。

尤其是近年来大热的新业态 OTT TV,在很大程度上已经成为了 IPTV 最直接的竞争对手。在编码标准上,IPTV 采用的是 CBR(固定比特率)的方式编码,采用同一码率进行音画传输,以避免传输时带来的宽带波动,因此 IPTV 需要通过专网传输,对带宽要求较高;而 OTT TV 采用 VBR(可变比特率)方式编码,可以针对静止和运动图像的不同自动分配相匹配的码率,能够保持整体画质水平的稳定,这种传输方式和公网传输特点相适应,更方便于用户使用。但是 OTT TV 也具备其局限性,包括因政策原因无法提供直播服务,同时获取用户的手段有限,只能通过高投入的广告等方式获取用户,且通过这种方式获取的用户黏性低,很容易流失。因此,IPTV 仍然具备明显的竞争优势。

虽然 IPTV 的前景被广泛地看好,但是在具体的运营方面,仍存在节目源、优质内容生产与集成等关键瓶颈。如何在大力拓展节目源、生产更多优质内容的同时进行有效的集成编排以满足观众的需求,成为 IPTV 产业发展的一大课题。此外,面对海量的潜在用户群,IPTV 用户市场仍需要开发和培育,行业运营模式仍待探索与优化,成熟产业链也亟待构建和完善。

总的来说,IPTV 业务的出现将通信为导向的电信业务和内容为导向的广电业务紧密联系在一起,而这两类业务的结合需要电信市场和广电媒体市场的深入合作,只有在具备了丰富的内容和强大的网络支撑后,IPTV 业务才能实现快速的发展。各运营商应本着如何做大市场这块蛋糕的积极心态互相合作,实现不同业务资源的共享。电信运营商和广电部门的焦点问题在于双方的利益关系,"三网融合"必须找到一个各方都能接受的利益平衡点,IPTV才能真正应运而生。

三、三网融合背景下新媒体产业的发展探究

现代社会是在两种技术的推进下发展的,即计算机和网络技术。在信息方面,关于生产、传播和信息的接收方式正在发生着巨大的改变,一些传统的信息性行业正在多个层面、多种纬度上走向融合。这些传统的信息性行业,像电信业、广播电视业与新闻出版业等,传统产业界限也从曾经的界限分明变得日益模糊。从世界范围内来看,这场信息业革命的规模是绝无仅有的,它催生了各类新的媒体形态,比如在电视方面有数字电视、手机电视等,广播方面有数字广播、卫星广播等,报刊方面有电子报刊等。越来越多的人喜欢上这些新的媒体形态,这些新的媒体形态成为一支让人无法忽视的力量,其有着传播技术上的革新与传播形态上的颠覆,并且搅动着传统传媒格局。

我国于 2010 年的政府工作报告中明确提出三网融合的目标,三网融合指互联网、电信网及广播电视网融合发展,实现信息互联互通,资源共享,为广大用户提供广播电视、话音及数据等多种服务。[①] 同时三网融合服务的试点工作全面展开,其工作重心是促进电信与广电业务的双向发展,加速网络建设,增强网络信息与安全的监管力度,推进信息产业发展。三网融合对于新媒体的未来发展产生了全面而且深刻的影响。这是因为三网融合是一种新的革命,并非仅仅涉及某些传播介质在信息中的更换交替,它还牵涉到三网融合中的两个全方位的革命——内容生产和管理体制。

(一)关于三网融合的基本定义

三网融合,是利用高科技手段,实现将传统电信网、广播电视网和数字通信网进行相互渗透、互相兼容,成为互联网之间的融合,整合成为全世界统一的信息通信网络,实现三大网络在统一的网络平台上为用户同时提供多项服务。三网融合的实现,是通信网络高科技发展的继续,它对于国家资源的整合、推进信息产业高科技的发展和我国公民用户使用资费的成本降低,都具有

---

① 郝迪.浅析三网融合趋势下的反垄断法完善[J].现代商业,2014(10):52.

极大的相关性。三网融合的实现,除了网络技术平台和服务业务方面的融合,也必将令广大公民在尝试高科技工具的时候得到更多的实惠,三网融合是传输技术和终端信号的融合,同时也包括服务机构、法律法规、监管制度等方面的融合。

(二)我国三网融合的特点及挑战

1. 数字化与双向化发展的特点及挑战

根据相关资料,现阶段我国广电网络的双向化及数字化所占比例少,为使广电顺利进入电信业务,必须以三网融合为前提,加速实现网络的双向化及数字化。因此我国广电部门提出利用全新广播电视网完成改革,下一代广播电视网即 NGB 要求以 IP 技术为支撑,实现对传统广播电视网络的改造。值得注意的是,在广播式视频传输过程中,利用分组技术尚属于全新挑战,有待于实践进一步论证。

2. 安全性特点及挑战

三网融合的发展极大地改善了传统模式下广播电视在数据信号传输、节目播放、数据安全性等方面的不足。但不可忽视的是,基于三网融合的广播电视网络安全依然面临着诸多挑战。例如,部分网络协议在用户身份认证方面的技术漏洞使其无法有效阻挡黑客或病毒的恶意攻击;又如日益开放的广播电视网络其基本运营管理模式削弱了各网络之间的独立性和封闭性,使网络安全面临着潜在威胁;再如基于 IP 协议的常见入侵技术(如拒绝服务攻击、IP 地址欺骗等)依然考验着三网融合背景下的网络数据信息安全。面对安全性挑战,广播电视网络运营机构必须在满足用户实际需求的基础上加强网络安全管理,采用各种技术和方式来强化数据信息的安全性;同时国家还需要成立专门的网络安全管理机构,建立并完善相关法律法规体系,严格审核和监测网络安全漏洞,推动三网融合系统的健康发展。

3. 管理模式特点及挑战

为保证信息安全,要求相关部门统一制定电信进入广电业务的标准,具体包括:所有视频业务由广电部门的集成播控平台管理;制定相应的视频内容范围;确定集成控播平台的接口与功能,例如推广交互式网络电视,充分发挥其效用,以互联网的增值服务为基础,通过集成控播平台或非视频业务完成服务。因此将增值服务通过集成控播平台,与交互式网络电视相配合,是三网融合进程中不可避免的问题。集成播控平台不仅需要管理上传的视频内容,在我国试点方案中,还要求提供用户相应的计费管理,这标志着用户在接入网络的过程中,面临广电与电信两方运营商的管理,给予三网融合系统及其用户管理体制全新的挑战,例如如何从用户的角度出发,平衡广电与电信两方运营商的管理责任。综上所述,必须引进科学的管理模式,提高管理技术水平,最大程度满足用户的需求。

(三)三网融合的典型产业实践介绍

1. 电信行业对三网融合的典型实践

(1)以 IPTV 和手机视频作为向广电市场扩展的主要手段,开始发展三屏合一等更高阶业务形式。

(2)大力实施 3G 和宽带战略,加速光进铜退,改善网络能力,增强自身基础。

(3)在家庭和个人文化娱乐消费之外寻找更多的市场空间。在这些实践活动中,也面临一些困难,如在尝试多元内容引入方面,视听节目受政策限制,开始挖掘更多的数字内容,但力度不足。另外,网络资源分布不均衡,开始实现高速接入为高清内容奠定基础;但部分省份网络带宽不足,不能提供面向业务的端到端 QS 保证;可用于提供视频业务的农村地区带宽资源有限。在增强经营能力方面,需加快基地建设,增加合作伙伴和增值产品种类。

2. 三大主流电信运营商三网融合的实践

(1)中国电信:IPTV 奠定了基础,发展高清和增值服务;推进光进铜退;实现三屏合一。

(2)中国联通:推进光进铜退,宽带提速;实现手机视频。

(3)中国移动:加强基地和光纤接入网建设;实现 CMMB 和 TD 合作。

3. 广电行业对三网融合的实践要点

(1)广播电视台走向全媒体经营的模式。

(2)有线电视的数字化和双向化改造加快,近期重点发展高清互动电视业务。

(3)CMMB,直播星和地面数字电视等多渠道并行发展。

(4)加快互联网信息与广播电视的整合,发展 NGB 网络。广电行业通过政策手段,整合所有可掌控资源,争夺全媒体的主导权;使用户可以利用多种方式,通过广电的门户收看电视、获取定制互联网新闻、收听数字广播、搜索信息、查看监控信息、收发邮件、进行游戏娱乐。

互联网行业对三网融合的实践要点在视频业务。视频播放业务依然是互联网和广电融合的主要领域,如优酷网和 PPS 分别在视频分享和视频直播领城取得明显优势,但各级电视台的进入在逐步改变市场格局;网络视频广告和营销等更多经营模式受到关注。有数据显示,2020年中国网络视频市场规模达到2412亿元,同比增长44%。① 消费电子行业对三网融合的实践特点包括以彩电为重点,全面在各类可视消费电子产品上实现联网功能;同时,建立自有的网络影视内容下载和版权管理平台。以数字电视网络为基础的数字家庭将宽带多媒体服务和家庭网络结合起来实现用户家庭内部的全面内容覆盖。以自身掌控的终端研发和生产能力为基点,向视频服务领城扩展,争取成为第三方服务商。

4. 我国三网融合的未来发展

在三网融合的过程中,一定会损失部门的某些利益,但是从长期角度来看,这些损失是全面实现三网融合必须面对的。因此,对于政策的制定,各职能部门不能只从各自部门利益出发,必须从大背景考虑,同时成立监管部门,避免多头管理、管理不善等问题的出现。以下是三网融合后的主要发展方向。

(1)政策服务三网融合未来发展

政策在前期中影响三网融合的发展,在发展时支持三网融合的发展,那么就要服务于三网融合的发展。当全国范围内推广三网融合,政策一定要根据市场的变化来制定,以期消除产业隔阂、产业壁垒、在某一方面过度竞争或者竞争不均衡等。

(2)技术追随三网融合未来发展

加快建立三网融合的国家标准,加快服务的创新,鼓励发展移动多媒体广播电视(CMMB)、手机电视和数字电视宽带上网等融合性业务。促进娱乐、信息和其他现代服务业的发展。三网融合的发展对于技术随着应用的发展会不断提出新的要求,因此全国范围内必须有统一的技术标准,这样对于各自的发展将达到一定程度的约束和促进。

(3)市场检验三网融合未来发展

三网融合也可以打破这种发展不均衡,让企业融到一起,都可以提供相关服务,最后得到竞争的优势。当然,这些想法最终还是需要靠市场和用户去检验。

三网融合是我国信息产业的发展趋势,但在三网融合的进程中仍存在较多问题,主要是现有网络的基础设施不健全,信息企业的发展不均衡,缺乏相

---

① 中国互联网络信息中心. 第47次《中国互联网发展状况统计报告》[EB/OL]. http://www.cnnic.net.cn.

应的监管机制。因此必须完善相应的法律法规,对融合模式不断创新,利用互
联网加快三网融合的速度,最大程度满足用户对信息的检索要求,为进一步推
进信息产业的发展奠定坚实的基础。

(四)浙江华数融媒体传播

随着全球物联网、新一代移动宽带网络、下一代互联网、云计算等新一轮
信息技术的迅速发展和深入应用,信息化发展正酝酿着重大变革和新的突破,
向更高阶段的智慧化发展已成为必然趋势。浙江华数广电网络股份有限公司
是浙江省唯一的有线电视运营主体,其核心成员为华数数字电视传媒集团有
限公司,经过十年的创新发展,华数集团已经发展成为中国数字电视行业的领
军企业、浙江省数字电视发展的主平台和杭州信息化的主平台。

浙江华数对全省的有线网络进行跨代升级。对核心网、接入网进行全面
的升级改造:基于"超大型分布式绿色节能 IDC 机房",构建覆盖全省的"云城
市平台、云家庭平台、云电视平台、云宽带平台和云通信平台",满足"智慧城市·
数字家庭"等三网融合的发展需要。

1. 浙江特色的"智慧广电+"——浙江华数转型发展实践

新时代新时期,浙江华数再次率先突破产业界限、扩张产业价值链,对标
"互联网+"概念,在业内首创性提出"智慧广电+"的概念。

当前,数字经济发展已经成为中国落实国家重大战略的关键力量。作为
数字经济基础设施的主要构建者,当前广电企业正面临由电视内容服务提供
商向综合文化传播和全方位信息运营服务提供商转型的机遇。在此大环境之
下,浙江华数作为浙江广电"一省一网"主体,凭借独特的区位优势和先进的发
展理念,率先突破产业界限、扩张产业价值链,对标"互联网+"概念,在业内首
创性提出"智慧广电+"的概念。以政策为背书,以多重角色作驱动,将广电的
内容优势、网络优势、用户优势、管理优势嫁接在融合业务之中,走出了一条极
具浙江特色的智慧广电发展之路。

近年来,浙江华数通过智慧城市建设取得了大量可借鉴的经验,重点布局
政务、民生、教育、安防四大领域。夯实发展"智慧广电+政务"、深度挖掘"智
慧广电+民生"、快速推进"智慧广电+教育"、持续提升"智慧广电+安防",通
过搭建全方位的信息化服务平台,将业务延伸到千家万户。

(1)"智慧广电+政务"解决基层网格治理痛点

2017 年,浙江华数敏锐地捕捉到政府在基层网格治理中存在的痛点,特
别是在县、乡级的网格治理方面极易出现重复管理和管理真空,致使部分热
点、难点问题或久拖不治,或久治不愈。所谓"上面千条线,下面一根针",政府

各部门的指令最终是由网格实现,但各级部门垂直系统之间没有纵向联系,数据难以交互,造成"烟囱效应"。针对这些难点和痛点,浙江华数提出了"四个平台"的概念,为基层的综治、市场监管、综合执法和便民服务等工作形成一个智慧平台,且各条线工作相互融合。网格员在巡查走访过程中可随时采集录入各项社会治理数据,平台对采集的社会治理数据进行研判分析和派单流转。之前需要登录到不同平台系统填报事件信息,现在只要登录基础平台 App 就能全部填报。数据采集和录入的方便、快捷,使高频率周期性的数据更新成为可能,系统各数据准确性不断提升,数据量累积出现指数级增长,逐渐形成基层的社会治理大数据中心。浙江华数通过全面深入地挖掘和利用这些数据资源,为基层治理提供了科学的决策依据,基于大数据的智慧型电子政务呼之欲出。

(2)"智慧广电＋民生"构建养老服务有机体系

在"智慧广电＋民生"方面,浙江华数充分发挥有线电视到千家万户的优势,以信息化平台为支撑,以第三方服务机构为网点,以"医养护康"为核心,构建虚拟养老社区养老、居家养老、机构养老等的有机整合的全方位、多层次、立体化的养老服务有机体系,打造了一个智慧、安全、高效的养老综合管理平台系统。

浙江华数结合传统视频业务,开设健康、书画、理财等专业的优质教学视频资源,解决老年大学课堂无法满足众多老年人报名学习的现状。通过视频通话功能,让老人足不出户即可通过电视实现家庭医生的签约、服务和在线视频问诊;与第三方智能健康设备连接后,老人能随时掌握自己的健康情况,并为视频问诊提供更为准确的健康数据。

浙江华数还积极整合医疗护理、餐饮家政、紧急救援、精神慰藉等服务资源,只要老人打开华数数字电视,就会得到专业服务商为老人提供的助餐、助洁、助购、助聊、助行、助急等多种线上、线下服务。未来,还将开展养老大数据的深度挖掘与应用,探索制定出具有普适性的智慧养老服务业务。

(3)"智慧广电＋教育"打破教学时空限制

浙江华数校园电视台通过录播教室建设、教学内容制作,为学校搭建信息化教学环境,同时整合优质教育资源并以电视为载体输送到学生家中,打破教学的时空限制。校园电视台通过统一的管理平台,提升学校日常管理能力,并根据学校需求提供个性化服务,解决信息化教学利用不足的问题,真正实现系统、平台、资源的互联融合。校园电视台作为智慧教育领域的创新型产品,基于电视平台,通过信息化手段,将传统教学模式进行改革升级,打造了一个集学习、共享、汇聚、宣传为一体的家校互动平台,满足了学生、家长、老师、学校、教育局各方需求。

浙江华数校园电视台在创新实践方面,有三大突出表现。一是信息化的技术手段创新。管理者可以通过统一的后台管理系统,上传相关教学信息资料。授权用户可以通过电视平台接收学校通知、收看教学视频、查看成长报告、参加视频会议,从技术手段上解决了教学时空限制问题。二是多样化的功能模块创新。充分发挥华数的媒资优势,在教育视频资源上整合了TV课堂、英语、国学、科学、艺术、戏曲、安全、求索八大模块。同时,对接视频会议系统,可以实现课堂直播,进行实时的教学互动。三是个性化的需求支持系统创新。校园电视台可提供标准版和个性版两种模式,个性版可按照学校需求及特色在首页、栏目和应用方面单独进行个性化定制。同时首页开通学校专属入口,根据学校和个人的需求,推送个性化的教育,实现可定制的教与学。

(4)"智慧广电＋安防"打造群众安全感"最后一公里"

作为"雪亮工程"全国首批示范城市,浙江衢州依托浙江华数承建的衢州市云计算中心,设计"四网一大脑"总体架构,通过人工智能建立全域感知系统,打通群众安全感的"最后一公里"。衢州市云计算中心通过将数量庞大的单点计算单元相互联结、协同工作,形成拥有强大计算能力的资源池,满足城市治理、"最多跑一次"、"雪亮工程"、"四个平台"、智慧交通及数据挖掘等应用。衢州城市大脑实现可调控、即时化智能视频分析建设,通过机器视觉、大数据、人工智能等技术,打破原有工作模式,整合跨区域、跨部门、跨层级数据,促进共享。放眼全国,衢州的这一尝试是用人工智能实现基层治理、保障群众安全的全新示范。衢州市云计算中心还将作为浙江省政务"一朵云"区域节点及浙江省数据备份中心,为衢州市数字化转型提供有力支撑。

(5)"智慧广电＋"助力浙江华数数字化转型

从当前的竞争态势看,广电行业数字化转型已是箭在弦上。而浙江华数"智慧广电＋"的提出正是开弓拉箭,重新定义了广电网络业务模式,通过平台、生产、传播的智能化升级,形成无处不在、无缝切换、可管可控的全流程数字网络。

随着浙江省数字经济发展大会的召开,数字经济作为"一号工程"的冲锋号角正式吹响。浙江华数借梯登高、乘势而上,锚定"智慧广电运营商、数字经济发展主体"的角色定位,一方面依托"智慧广电＋"战略,开拓创新型战略业务,打造"媒体＋广电智能＋信息服务"模式,挖掘家庭客厅文化和个人市场潜力,同时积极开拓行业用户,参与智慧城市、智慧社区、智能家居、美丽乡村等建设,通过各种公共信息的有效传递、交流以及应用,助力相关政府部门服务以及管理能力提升,进而推动实现城市的智慧化管理,保障城市的科学化发展。另一方面,以"智慧广电+"为切入点,浙江华数还以党员教育、校园电视台、智慧养老服务、新时代文明实践中心等项目为突破口,以平台建设带动机顶盒终端增长,增加集客市场与大众市场的关联度。在提升集客业务收入和改变经营模式的同时,提升大众用户对华数产品的黏着度,培养用户的忠诚度,促进老用户的保有和新用户的拓展,提升华数在行业市场的核心竞争力。

浙江华数"智慧广电+"的提出,重新定义了广电网络业务模式,通过平台、生产、传播的智能化升级,形成无处不在、无缝切换、可管可控的全流程数字网络。近年来,夯实发展"智慧广电+政务",深度挖掘"智慧广电+民生",快速推进"智慧广电+教育",持续提升"智慧广电+安防",通过搭建全方位的信息化服务平台,将业务延伸到千家万户。以政策为背书,以多重角色作驱动,将广电的内容优势、网络优势、用户优势、管理优势嫁接在融合业务之中,走出了一条极具浙江特色的智慧广电发展之路。

2. 浙江华数基于 TVOS 开展智慧广电建设的运营实践

(1)广电参与智慧城市建设的意义和必要性

大力推进智慧城市建设是我国在新的历史时期为促进工业化、信息化、城镇化、农业现代化融合发展的战略举措。以民生需求为牵引,以智慧城市应用为代表的新技术产业将成为广电网络公司发展的战略方向。

TVOS 操作系统作为国产自主知识产权的广电智能终端操作系统,安全可管,自主可控。浙江华数作为一家用户覆盖全省的省级广电网络公司,规模化经营是站稳市场、面临竞争的有力武器,通过全省一体化的平台建设和业务运营,将能够有效提升服务质量、降低运营成本,应对激烈竞争的市场环境。

同时浙江华数也必须通过技术手段和业务能力,有效地支撑各地市运营单元,依据当地的资源禀赋和特色优势,因地制宜,发挥主观能动性,积极拓展面向政府、行业、区域和个人的特色应用。

在"互联网+"时代,智能终端作为广播电视节目内容和增值应用的能力平台和承载容器,可以实现良性的云管端协同,实现媒体业务和智慧服务的一体化承载,实现媒体产业链与信息化产业链的多维度结合,是智慧广电建设和运营的重要抓手。

（2）智慧广电能力平台建设和业务运营实践

浙江华数认为智慧广电的本质是通过高度融合新兴信息技术与广播影视既有优势，推动广播影视全业务、全流程、全网络从功能向智能升级，从数字化向智能化创新转变。当前大力推进智慧广电规模普及的时机已经成熟。

大数据和人工智能是建设智慧广电的重要基础和赋能平台。通过智能终端的能力支撑和 TVOS 的安全管控，可以安全地引入和嫁接互联网技术的各类发展成果。比如广电收视大数据、语音识别、人脸识别、安全支付、家庭物联等，从而为智慧广电的政府服务和民生服务等融合服务提供支撑。华数目前已经构筑了以下五大智慧广电能力支撑平台。

①信息类能力平台建设和智慧化业务

和广电直播、点播能力平台协同，基于广电终端，采用多种媒体形式，面向全体公众发布交通信息、城市公共卫生信息、环境监测信息、公共安全信息等；面向家庭发布社会公共医疗信息、家庭保健信息、物价指数信息等；向个人发布交通出行信息、天气信息等。华数已经开展的此类代表业务有智慧社区、数字图书馆、党员远教、文化礼堂等。

②监控类能力平台建设和智慧化业务

发挥华数的网络资源优势，通过构建监控能力平台，对接业界主流监控产品，将分散、独立的采集点图像信息进行联网处理，即时、准确地掌握所监视路口、路段周围的市政、环卫、交通、治安情况，为城市信息管理指挥中心提供实时、直观的视频信息，实现跨区域的统一监控、统一管理。华数已经开展的代表业务有视频监控、雪亮工程、阳光厨房、阳光校园等。

③通信类能力平台建设和智慧化业务

构建通信类能力平台，以广播电视网络和华数云宽带为依托，通过广播电视网强大的播发能力，既可以通过传统 IP 方式独立使用，也可以将视频会议流推送给电视机顶盒用户，实现了多方互动与单向收看相结合的大规模视频会议能力，同时做到高可靠性和经济性。华数已经开展的代表业务有视频会议、应急会商、亲情通话、医患沟通、警民互动、家校互通等。

④物联类能力平台建设和智慧化业务

基于广电网络构建物联网能力平台，采用家庭内部的数字电视机顶盒或者作为连接家庭内外网的家庭网关，并与后端广电网物联网云平台对接，实现各种传感器的状态和数据的采集、处理和储存，完成信息传输、分析，并进行相应的操作，为用户提供丰富多样的家居生活服务、健康服务以及社区服务。华数已经开展的代表业务有智慧家庭、智能社区、居家养老等。

⑤人工智能类业务平台建设和智慧化业务

由于 TVOS 的智能性和安全性,所以可以作为智能容器,把目前业界领先的人工智能类技术通过 TVOS 终端进行有效的承载,具体包括语音识别、人脸识别、安全支付、智能物联等互联网技术能力,并可以和产业技术同步,不断演进、平滑升级,为业务的发展提供了无限的想象空间。华数已经开展的代表业务有机顶盒端的最多跑一次、语音遥控器、对接智能音箱、养老金远程自助领取、刑满释放人员社区司法矫正等。

(3)华数基于 TVOS 开展智慧广电业务试点情况

2017 年 2 月,浙江华数成立了 TVOS 应用产品研发工作组,组建了专业的技术开发团队,专门为 TVOS 的规模化推广和商业化运营提供定制化的集成开发和技术支持工作。到目前为止,已完成省级平台的智能终端产品线设计和平台开发工作,业务功能支持直播(含 4K)、点播(含 4K)、本地信息化和云健康、云游戏等各类富媒体、强计算类的增值应用。

2017 年 12 月底至 2018 年 4 月,全省基于 TVOS 的智能终端产品线在嘉兴市永泰广场、穆湖小区和久久小区进行了正式商用。在嘉兴市应急办和嘉兴市智慧办的大力指导下,嘉兴试点围绕终端智能化将 TVOS2.0 终端打造成家庭智能网关,开通了"云游戏""亲情通话""云健康""智慧物业"等特色业务,终端具备 Wi-Fi 和蓝牙接入功能,实现了家庭休闲娱乐、宽带信息接入和智能家居控制等多场景全方位的服务。

2018 年 5 月,浙江华数启动在湖州、乐清、兰溪和温州进一步扩大 TVOS 全省试点的工作。其中兰溪计划引进亲情通话的服务开展集客类项目;温州中广计划基于 TVOS 智能产品在温州落地部署,实现针对瓯海卫计局的智慧医养护服务平台项目集成和瓯海全区的智能终端推广;乐清华数希望通过部署 TVOS 智能终端,开展智慧家庭以及 4K 高清视频服务的推广以抢占、巩固广电市场。

TVOS 目前集成的特色应用列举如下:

①亲情通话

基于 TVOS 系统打造的"亲情通话"产品功能,可以实现电视与手机端、电视与电视的高清视频通话,一方面充分发挥智能终端富媒体、强计算的特点,另一方面可以略加变更,比如采用白名单+被叫主动接听的方式将这个产品打造成家庭看护业务。该应用获得第一届 TVOS 应用创新大赛二等奖,并已经开始在部分兄弟单位试用推广。

②华数云健康

华数云健康通过和本地卫计管理部门以及各类医疗机构的合作,通过数字电视专网连接智能机顶盒终端,向家庭用户提供卫生医疗、健康咨询类的应用服务。用户端可以和医生端进行视频咨询,很好地协助卫计部门实现了"小病在基层、大病在医院、康复回社区"的就医格局。

③视频会议村村通

视频会议村村通综合利用宽带网络和有线电视网络,建设周期短,投资少,后期维护成本低,除了用于召开视频会议外,系统还具有召开应急指挥、多点研讨、技术培训、远程教育等多种功能,主、分会场实时视频会议,村民在家中可通过机顶盒收看会议的实时广播。

④云游戏

云游戏是和视博云公司联合开发部署的,在云端聚合内容丰富的游戏应用,通过终端进行有效的承载,包括 2D、3D、体感游戏等多种类型,支持多种操作外设,如鼠标、键盘、游戏手柄、方向盘等,让用户利用现有终端即可享受到高质量的交互体验。

⑤人脸识别

人脸识别是实名身份认证的关键,TVOS 对应用的灵活加载为终端侧人脸识别提供了支撑,具体的业务流程为:用户对准摄像头,将身份证放在读卡器上,进行比对;人脸识别库根据摄像头实时采集的图像,与身份证中的照片信息进行比对,给出比对结果;如果比对成功,向用户呈现可办理的业务;用户选择需要的业务,开始办理。人脸识别目前已经应用于华数系列集客业务中,比如上述提到的社区矫正,后继还将在党员远教、在线课堂等方面进行应用。

广电运营商经历了从模拟到数字,从广播到互动,从单一业务到融合了宽带、互动电视和移动视频的全媒体业务的转变,智慧广电建设要求广电的平台和能力从功能向智能升级,从数字化向智能化创新转变。构建集成信息能力、监控能力、通信能力、物联能力和 AI 能力的智慧广电服务平台,打造开放平台和生态环境,提供"平台＋业务、云端＋终端、线上＋线下"的一整套"家庭＋社区""民生＋政务"解决方案。从而实现对用户消费群体的细分,实现精确地定制产品和服务,满足日益个性化的用户需求,有效推进智慧广电建设。

3. 浙江华数的融媒体战略思考

在数字经济浪潮下,华数已经逐步从广电网络运营商、新媒体综合内容服务提供商发展成为在全国领先的智慧广电运营商。正是这样的转型,赋予了华数作为广电网络公司县级融媒体建设的责任和使命。华数充分发挥自身的技术、人才、运营、服务、终端等优势，立足面向融媒体的综合应用服务提供商的角色定位，以"媒体＋"为立足点，积极参与县级融媒体的发展建设，探索拓展广电产业发展空间，让服务赋能，让融合深入。

（1）总体架构（见图1-1）

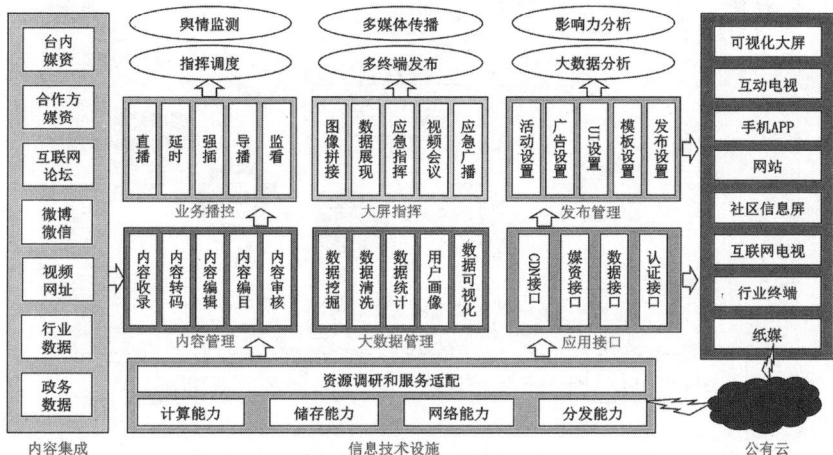

图1-1　浙江华数融媒体中心建设的功能架构

（图片来源：《浙江华数融媒体中心建设方案》）

（2）合作分工（见图1-2）

（3）建设思路

①全力配合支持省级融媒体平台和媒资系统落地。借助浙江华数自2011年启动建设的高安全性的骨干网和城域网，将省级"媒资云"在全省各县区落地，从而坚决推动"中央—省—县"三级贯通，充分保障舆论宣传主阵地。

②建设省级综合应用服务能力平台。统一打造全省政务信息发布与办事入口、智慧城市便民服务入口、新闻资讯互动发布入口等，通过华数全省有线电视用户，延伸到千家万户。

③积极保障支撑县级融媒体中心建设。在省级融媒体云平台提供直播云、大数据云、制作云、内容管理云等综合化云服务，实现对县级媒体行业赋能。

④打造形成社区枢纽服务。通过浙江华数建设的自助综合服务终端（"最多跑一次"服务平台）真正实现社区服务到达，更好地为社区居民服务。

⑤延伸覆盖村级综合服务。通过"文化大礼堂""新时代传习中心"的平台

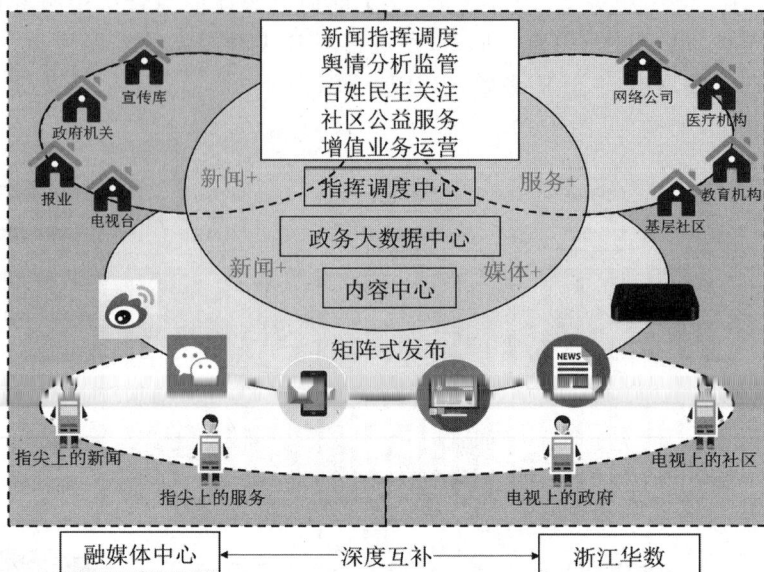

图 1-2　浙江华数和既有融媒体中心省级平台的合作分工定位
（图片来源：《浙江华数融媒体中心建设方案》）

建设，为乡镇村建设议事平台、指挥中心、展示大厅等，面向农村用户定制打造农村文化与农村信息服务，深入每一个行政村。

　　基于华数多年积累，结合华数在平台集成建设以及多终端协同发展方面的优势，按照各县需求，为当地融媒体平台提供技术集成、服务接入、资源整合和保障支撑，提供数据分析能力、综合服务能力和全方位运营保障能力。

　　广电运营商经历了从模拟到数字，从广播到互动，从单一业务到融合了宽带、互动电视和移动视频的全媒体业务的转变，在浙江发展"数字经济"的时代大潮中，融媒体综合服务平台将助力浙江华数的业务平台和能力从"功能化"向"综合化"升级，从"信息化"向"媒体化"演进，从"媒体化"向"智能化"创新转变。

案例一：浙江华数媒体融合战略的青田实践

　　青田是浙江丽水媒体融合的试点县。在青田融媒体建设过程中，我们综合考虑本地的特点、特色及需求，以融媒体平台建设为基础,深化融合目标,将政务、民生、综合治理、大数据融为一体,实现了全方位的"服务相融"。

①媒体融

在融媒体终端渠道发布方面,坚持以移动优先为原则,打造全媒体融合全终端发布,除提供华数参与建设的政务(最多跑一次、四个平台)系统数据、便民服务接口至融媒体移动终端外,还利用华数建设的"爱浙江"公共 Wi-Fi,提供免费上网及精确到社区级的融媒体微门户服务。同时利用大屏超高清、全省广覆盖、入客厅的优势,形成移动端、户外免费上网、家庭电视平台全渠道覆盖服务。

②服务融

在融媒体建设过程中,华数充分考虑本地政务服务内容的引导群众、服务群众的特性,研发了"最多跑一次"自主终端、新时代文明实践平台及文化礼堂等产品。"最多跑一次"终端以移动终端、机构社区触摸屏为载体,深入做好解决办事难工作。智慧医养服务体系从个体、家庭、客厅人口抓起,整合全省的医养资源,并根据医养区域本地资源为重的特点,充分利用"互联网+技术",从居家、社区、机构、社会资源等四个维度打造全新的智慧医养服务体系。基于电视平台的校园电视台及覆盖全终端的云校通平台,把老师"请"、把学校"建"到家里来后,再面向学校提供综合性功能服务,让学生、家长、学校形成和谐互动,打造生动教育新模式。

③平台融

如何实现融媒体中心的"社区信息枢纽"功能,把服务和管理延伸到基层,问题解决在基层,青田华数以"四个平台"为契机,以权责一致、高效运转、条块结合、方便群众为原则,实现平台融合,整合"综合执法平台""市场监督平台""便民服务中心""综治工作平台"四个平台,形成镇综合信息指挥中心,桥接社区、村、职能部门和相关社会组织,网格落地精准服务,动态管理可视指挥,提升效率科学决策。同时,利用视频监控、网格 App、微信公众号、群众爆料等多种事件源采集手段,借助青田融媒体中心,真正做到现场、指挥中心和手机、电视端等跨屏联动服务。

④数据融

华数利用自身的大数据产品与融媒体中心大数据紧密结合,提供了包括互联网舆情、大数据新闻线索、舆情监测和分析、用户点击率分析、用户活跃度、留存率、收视率分析、发布渠道、媒体转载量排行、传播渠道占比、首发报道(微信和微博)、关键词统计等服务。

第二节　新媒体时代下的智能化应用

一、移动办公和即时通信的新探索——钉钉

钉钉(Ding Talk)是阿里巴巴集团专为中国企业打造的免费沟通和协同的多端平台,提供 PC 版、Web 版和手机版,支持手机和电脑间文件互传。有考勤打卡、签到、审批、日志、公告、钉盘、钉邮等强大功能。钉钉因中国企业而生,帮助中国企业通过系统化的解决方案(微应用),全方位提升中国企业沟通和协同效率。①

(一)产品功能

1. 企业通信录

团队全体成员、同事的职务头衔、负责业务、联系方式等一目了然,不存号码,也能找到同事、团队成员。与个人通信录打通,可同时添加公司同事和个人通信录朋友,方便发起各种聊天、群、多人电话。企业在 dingtalk.com 官网,按照模板上传通信录后即可成为企业用户,实现企业通信的功能。

2. 消息已读未读可见

无论是一对一还是一对多的群消息,你都能知道发出的消息对方是否阅读,哪些人已阅,哪些人未读。超乎寻常的信息掌控力,有助于提高沟通传达效率。

3. 消息旁显示"n 人未读"

尤其是在群里发布信息(支持 1500 人大群,并使用特殊群消息处理技术,避免卡顿和延迟,保证通畅),点击"n 人未读"可查看未读人和已读人的详细列表,并能够对未读人一键发送 Ding 消息。

4. Ding 消息

史上最快的消息传达、信息必达。发出的 Ding 消息将会以免费电话/免

---

① 百度百科:钉钉. https://baike. baidu. com/item/钉钉/16595044? fr＝aladdin.

费短信的方式通知到对方。强大点在于,无论对方手机有无安装钉钉 App,是否开启网络流量,均可收到 Ding 消息,实现无障碍的信息必达。接受方收到 Ding 消息提醒电话,号码显示为发送方的电话号码,接收方接听电话听到发送方的语音信息,如果是文字信息,系统还会将文字播报给收听方。接收方直接按"1"即可直接进行语音回复,发送方及时收到回复无任何延时。

5. 免费电话

一键拨打免费电话,真正的电话通信网络,支持多人或单人通话,选人便捷。免费打电话不用流量不用话费,有最简易的电话会议体验。可在群里直接发起电话会议,电话系统首先连接发起者,而后连接各个与会人员。接通界面以头像翻转展示方式显示与会者的在线情况,会议发起者还可以实时添加、删除成员或对某些成员静音。操作界面可视化体验,简单便捷。

(二)钉钉的实际应用

1. 移动办公助企业数字化转型

现如今互联网发展速度快得惊人,可人工操控的工作已经大部分都用应用程序来替代,如此的工作效率对于每一个公司都有巨大的价值。目前,无论是在央企、国企,还是私企,移动办公越来越受到企业管理者的重视,因为它不仅给用户提供便捷,而且大大提高了工作效率。在 2015 年的 5 月份,阿里钉钉正式推出了针对企业的移动办公平台。它的推出掀起了巨浪,截至 2020 年 3 月 31 日,钉钉的用户数超过 3 亿,超过 1500 万家企业组织全面开启数字新基建。[①] 基于移动互联,只要手机联网,走到哪里都能处理工作,这已经成为企业信息化的发展趋势。不断地建立手机端的管理应用,是企业信息化高效运作的一个重要举措。

面对竞争越来越激烈的市场环境,企业改革迫在眉睫、势在必行,而钉钉移动办公软件有着传统的办公软件所无法媲美的优势,可以促使烟草公司更好、更快地实现高效、可视化办公。借助于互联网技术,将钉钉办公软件应用到企业管理中,能够有效提高企业的现代化管理水平,促使企业管理水平迈上新台阶。

(1)钉钉办公软件特色功能介绍

①钉钉软件归根结底是个工作方式

不管是拥有成千上万员工的大企业抑或是小至几百人的小公司,甚至是

---

① 钉钉用户破 3 亿发布家校共育 2.0:数字化普惠再升级[EB/OL]. https://36kr.com/p/711900483377672? spm=a217n7.14136887.0.0.4285573feQuoTF.

只有几十号人的部门,都不可避免会遇到一个问题,在群发消息并要求接收人收到后回复时,总有一些员工没有反馈收到结果,这样就无法判断员工是真没有收到消息还是装作没收到,而钉钉具有信息"已读"显示功能,可以有效解决群发消息没有反馈的问题,极大地提升了群发消息的结果反馈有效性。

②钉钉让文件资源信息共享更为方便

企业在日常办公时,会有很多文件需进行存储,例如请假流程、审批表格、员工和客户交流的资料等。这样就对存储系统容量有着一定需求,要求文件存储方便、快捷、便于查阅,而钉盘是钉钉软件中非常突出的功能,可以为企业提供超过几百 G 的信息存储空间。用户可以将文件资料存储到 J 盘中防止因信息太多而淹没文件,想要找的时候找不到。

③简道云可以让办公平台量身定做

于企业不同部门而言,办公需求也不尽相同,而这种多样化办公需求就要为用户制定出相应的办公平台,同时还要便于实现,简单可行。而简道云则在很大程度上满足了这样的多样化办公需求,为企业人事管理、业务管理、客户管理等提供出相应的办公模板,用户仅需要按照自身需求选用办公平台即可。在这一过程中,不需要进行编程,可以有效降低办公平台定制要求。

(2)"互联网+"环境下钉钉在企业现代化管理中的应用条件

在"互联网+"背景下,移动办公成为企业发展的必然趋势,受到越来越多企业的欢迎。单纯就通信技术而言,移动通信更为方便,无线网覆盖范围越来越广,这样就使企业员工随时随地进行移动办公成为可能。就办公效率而言移动办公可以有效破解空间、时间限制,让企业员工办公不再受到时间、地点限制,能够通过手机及时处理相关业务。移动办公让办公流动性、工作协同性以及管理远程化有效融合在一起,这样就极大地提高了办公效率与管理水平。

钉钉作为一款能够帮助企业员工进行移动办公的软件,其优势在于:

①免费且多种客户端都可以使用,有效降低了平台研发成本。企业中职工数量众多,职工可能会使用很多手机客户端,如安卓、iOS 等,而钉钉可以兼容这些客户端,有效解决了先前的办公管理软件无法跨平台使用难题,而且全程使用都免费,这样也为企业节省下很大一笔办公系统开发费用。

②钉钉推出的定制化应用工具简道云可以达到企业各个部门的办公业务需求。例如大公司一般都具备一定规模,职能部门划分明确,包含多个部门,如生产部、销售部、人事部、采购部等。不同的部门其工作内容也不同,因此对办公软件有着不同的功能需求,办公内容变化也很快,所以办公软件平台要具备相应的灵活性。但是企业员工并非软件专业出身,所以无法独自开发适用

的办公平台,需要采用外部的办公软件,同时还要求外部的办公软件可操作性强。简道云是钉钉推出的定制化应用工具,可以帮助用户出表单、报表,做流程设计,而且出于让用户便于操作的考虑,简道云还自带了大量应用模板,企业员工可以按照自身工作需求而开发出相应的办公软件,操作非常便捷。

(3)"互联网+"环境下钉钉在企业现代化管理中的应用研究

①以钉钉平台为基础,提高企业办公效率

当企业借助于钉钉创建办公平台时,需要综合考虑公司的系统消息、运营事务、部门事务这几大内容。首先在钉钉上创建起企业团队,让内部员工都加入进来;其次按照不同员工所承担的职责、工作需求划分,为其提供相应的权限;最后根据各个部门需求,运用简道云来构建起符合该部门办公需求的软件平台。钉钉上的企业系统消息应当设置成所有员工可见,其消息类型主要包括行业发展趋势动态、国家出台的行业政策法规、公司公告等。同时,在企业主页界面还要有各个部门简介、通信录板块,便于员工交流沟通。因为系统消息设置成所有员工都可见的形式,所以这些信息在发布时往往带有公司官方性质,因此需要专人定期对信息进行更新维护,保证信息及政策内容的时效性与准确性。通过钉盘进行文件共享传递可以更加安全放心。

公司内部员工进行交流沟通时会有很多文件需要上传,同时各个部门相互间也会有很多文件传输。此外,公司在和客户进行交流时,也会涉及大量信息存储,而这些文件因为数量众多,如果在聊天窗口中发送往往会被聊天信息淹没,而翻阅聊天记录会花费大量时间,且文件容易弄错,甚至会忘记客户是否发过该文件,这样就会极大地浪费工作时间,影响工作进度。钉盘存储容量很大,而且手机便于携带,能够及时追踪文件查阅状态,可以很好地满足用户需求。例如企业员工在和客户交流时,为了让客户更为深入及时地掌握公司的产品信息,销售员工通常会给客户发送很多图片、文件等资料,而利用传统的通信软件,销售人员在发送给客户资料后,客户往往没有反馈,这样销售人员无法判断客户是否收到了资料,而需要再次确认,这样工作效率会大大受到影响,同时也会让员工和客户有距离感。但是钉盘可以及时查看文件接收状态,当用户查阅文件以后,销售人员可以进一步介绍产品信息,从而拉近和客户的距离。

此外,在钉盘上也可以建立起工作团队,共享所用到的各种资料。例如在讨论某一类新产品营销方案时,可以先在钉盘上创建团队,然后让参与谈论的员工加进来,一起分享并讨论方案内容,这样不但能提高交流效率,而且也可以加快工作进度。

②在使用好行业发布在钉钉上的移动办公应用外，注重数据分析，挖掘平台使用深度

钉钉平台上有行业发布的部分销售、终端、专卖数据。企业经常性地利用平台的便利性，可以时刻关注省、市和当地经营销售情况，进行实时数据分析，了解市场状态，及时跟进营销服务。分析平台专卖数据，梳理重点管控品牌，实施精准监管，并通过移动办公平台做好销售、物流、内管三大部门的协同工作。

③通过移动平台开发应用，强化内部管理

除了使用好行业开发的应用模块以外，企业依托钉钉应用中心，可自主开发一些适合工作实际的功能模块，如假期管理、解决年休、加班、情假等一系列实际问题。如用车申请等，通过提升钉钉平台的移动办公平台的应用，提高钉钉的使用频率，并提升综合办公效率等。用印申请解决印章管理中经常遇到的领导不在签不了字等问题，真正实现了无纸化办公与移动办公。会议室管理实现了对会议室的实时管理，避免了会议冲突等不必要的麻烦，其中更多的功能有待开发使用。

④借助于钉钉的第三方软件，实现企业应用定制化

如简道云可以灵活定制各类报表，实现数据搜集、数据管理、数据分析、数据协作。提供了14种表单控件，62种高级函数，300多种基础功能，超多的铁杆粉丝共同参与，数万种高阶用法。智能流程引擎给数据装上发动机，多级上报，流程审批，自由配置。并通过钉钉接受数据提醒，不错过任何新数据。

如万能工资条可实现一键群发，excel工资表秒变工资条，还可以随时撤回工资条，支持直接在线修改工资条后直接发送，实现了随时随地查看工资条，可查看历史工资条，支持在线确认或报错。

如任务管家可以了解团队成员的安排，最大化利用空闲时间；任务列表清晰有度，化繁为简，实现团队的高效管理，任务设循环会按照固定周期生成后续任务，前任务逾期，后续任务自动延迟；任务内设置循环提醒，每隔一段时间系统自动提醒，再也不用担心遗忘。可将任务中某个重要的步骤分解为检查项或者子任务，逐步解决，有条不紊，保证每个环节都不被忽视。解决了管理层对人员执行力的掌控。

钉钉提供的独特的企业（机构）"数字化转型"解决方案，来自其开发团队的创新敏感性、独到的开发思路、工作者的"拼命精神"和阿里巴巴集团的支持因素。在数字化转型路径上所形成的有效供给，展现了适合企业与用户发展需要的强大吸引力。

20世纪以来,从半导体到互联网,再到移动互联,大数据,云计算,人工智能,我们在发展潮流中来认识新经济。我们从中国企业发展视角看,实现数字化转型,既是拥抱移动互联网时代的全球化竞争、实现高质量发展和升级发展的严峻挑战,又是重大的成长机遇。尤其需要指出,现实生活中总数已上升至近1亿户的我国市场主体,绝大多数是中小微企业和民营企业,他们已成为中国特色社会主义市场经济不可或缺的重要组成部分,在近期更是由于实际生活中的相关矛盾凸显,成为国家从大政方针到管理部门各项政策支持的重点对象,从习近平总书记在民营企业家座谈会上的重要讲话,到《人民日报》随之推出的评论员文章,所传递的权威信息,都是大力支持民营企业发展壮大。为满足民营经济创造创新的需求,我们就更为迫切地需要抓住机遇、迎接挑战,冲过挡在广大民营企业家面前的"数字化转型解决方案"这道门槛。这一问题如解决不好就是"危",而解决得好便成"机"。

阿里钉钉在几年间助力为数众多的民营企业、中小微企业冲过门槛的事实证明,转型为数字化企业,第一步也是最核心的一步,就是要从观念的创新开始,使工作与原已既成的生活习惯分离,借助"五个在线"(组织在线、沟通在线、协同在线、业务在线、生态在线),把企业、组织中的人与数字连接在一起,使传统工作方式全面转型为数字化的工作方式,从而把人的价值、人的本性中的自我实现潜能,转化为创造力的发挥和工作绩效的提高。现实案例中,正因为如此,远大科技公司可以"纵身一跃"而进入面目一新的移动智能办公时代,"从前领导赶着员工跑,现在员工催着领导跑";朝阳橡胶公司国内的9个制造基地和泰国的1个工厂,每天的生产监测数据都通过钉钉及时汇总,手机端自动生成图表,一目了然;浙医二院得以使员工们"用互联网思维在指尖上创新医院信息化建设",极大方便了医院的多院区综合管理,"现在要找任何一位同事,在手机钉钉上5秒钟就能找到并直接沟通";还有浙江省政府系统已有超过100万公职人员使用钉钉软件,极大地促进了省、市、县、乡、村五级实现"扁平化"的即时通信,也极大地优化了队伍的执行力和工作综合效率,打造出"24小时在线型政府"。创新工场的李开复博士评价:"钉钉进行了大胆的突破式创新!"

阿里钉钉的"数字化转型"创新,可谓顺应时代召唤、企事业单位及政府信息化建设升级要求的前沿案例。我们也注意到,在这个创新方向上,不乏国内外一些市场竞争对手,在有意效仿并追赶阿里钉钉的步伐。阿里钉钉2018年的秋冬发布会,以其"完成人财事物数字化闭环"的供给侧创新,形成一个标志性事件,意味着中国企业正式进入数字化时代。

2．移动智慧助力高校管理平台建设

（1）钉钉在学校管理信息化的应用

随着信息技术的发展，目前大多数学校都建设了基础网络，配备了基本的信息化设施设备，为校园信息化奠定了坚实的基础。学校管理信息化是校园信息化的一部分，是指在管理中融入信息技术、开发教育管理工具、优化学校管理流程和推进学校管理的网络化。与深入应用的信息化教学相比，学校管理信息化还没有形成大规模、革命性的应用态势，"互联网＋学校管理"仍存在不少问题。

①管理应用平台多而杂

学校管理信息化软件多由当地的信息部门牵头建设，但因开发者多数不是学校一线人员，建设的平台和系统往往不符合学校实际需要。另外，虽然建立了很多系统，但每个系统都只针对一两项需求，且系统间互不兼容。

②缺乏支撑管理的有效工具

大多数管理采用网上手动录入数据、汇总统计等形式，以文本、图片资源为主，层次相对较浅。缺乏管理大数据、实时获取和调控的有效工具和支撑手段。

③管理者获取资源的方式单一

统一建设或共享的资源因为涉及数据安全，只能由管理员人工输入数据，管理者也不能随意调用数据和看到数据情况。现有资源服务体系难以支持管理信息化的常态使用，更难以实现教育信息化 2.0 所提出的大数据管理要求。

④信息化管理理论匮乏

不少信息化管理探索倾向于实践的使用，鲜有从管理者角度结合社会成熟资源平台和学校角度开展创新性研究，由此而延伸的信息化管理理论较为匮乏。

根据近两年对钉钉平台的使用情况，笔者认为，在建设学校管理信息化平台时，平台的定位应为：第一，建立与外部、内部简单、有效的沟通平台和组织架构。第二，可以提供开源程序，让学校根据开发应用，逐步沉淀自身数据资源库，形成长期、动态的数据分析，为管理者减负并提供分析、监测功能。第三，具有可修改的各式模板，方便学校根据需要建立规范、高效、人性化的管理审批流程。第四，能突破其他管理软件的软肋，直视学校管理盲点弱点，自定义、架构、丰富平台各点弱点，自定义、架构、丰富平台各类应用，从而建立多维度、智能化、专业一体化、个性化的信息化管理平台。第五，关注共享、开放、免费的社会资源，减少信息化平台开发的成本投入，也可利用购买服务快速提升

管理效能。

教育信息化 2.0 时代,应以教育信息化全面推动教育现代化,建立数据治理机制全面覆盖校园的"教、学、管、考"核心业务。利用钉钉进行学校管理,满足了学校管理信息化、标准化、系统化、网络化的要求,凝练和沉淀了学校发展、师生常态化数据,为管理者决策提供数据基础。可从以下几点出发:

学校管理从关注基础硬件设施到关注公共资源、云服务、云计算的转变,从单机数据到大数据的转变,从被动采集到感知采集的物联网的转变,从 PC 软件到移动端"入口"的移动互联的转变,多功能融合应用将成为移动管理平台的主要形态,"架构+生态""服务+数据"理念将成为未来学校信息化管理发展的重要方向。

借助信息数据沉淀和信息处理功能,对学校管理过程进行监控、协调和评价,帮助学校管理者和部门及时了解、掌握学校工作情况,为领导提供科学的决策,推动学校向数字化校园转型。

"互联网+管理"的构建及其功效的发挥,需要通过有计划、有目的的协同整合,只有这样系统开发才能形成个性、和谐、高效的生态系统。管理软件贵精不贵多,不能多头并进、朝令夕改,让使用者无所适从。

总之,我们不能忽视、无视信息技术的飞速发展对管理、教育教学带来的影响。推动教育深刻变革更要充分重视信息技术的作用,在深刻理解信息技术与教育变革复杂的关系中实现技术的变身,从而推动教育及教学更深层次的变革。

案例二:基于钉钉平台的学校管理信息化新实践①

学校管理信息化的服务对象是教学活动以及参与教学活动的人群,其最终目的是服务于教育教学活动以提高教和学的质量。钉钉作为一个基于云空间、云计算的多端智能平台,能够满足通过移动端和固定端方便、自由、安全地进行数据的沟通、迁移和应用的学校管理新需求,合理有效地在学校管理中引入钉钉办公平台,能够有效推动学校管理信息化步伐,解放行政冗余工作,向管理科学化、数字化

---

① 详见叶丽诗.融合创新 迎接学校管理信息化新时代——"钉钉"助力学校管理信息化案例研究[J].中国信息技术教育,2019(19):93-95.

转变。

（1）基于组织架构的通信群组

钉钉以手机号码实名加入，同一组织架构内成员的通信方式公开，所以学校管理参与者可以通过钉钉直接与单人或者多人进行网络、普通语音或者视频电话联系，而不需要逐一添加好友。同时，钉钉还可以在架构内分设不同工作组，如班主任组、学系综合组、党员组、年轻教师组等，这也方便了学校管理参与者在不同工作群开展管理，并有效地将工作和生活朋友等群组公私分开，重要信息通过"Ding"马上钉到个人，简单高效。此外，在学生管理方面，班级群建立后，行政有权限查看全校学生家长的电话，紧急或重要问题可以直接联系家长，而不需要再通过班主任或学生事务科逐个查找。

（2）提升行政管理效率的整合工作平台

学校以往各事项的数据统计都是依靠行政部门的人员进行人工操作，效率很低且容易出现误差。在钉钉已有综合管理工作平台的基础上，学校信息技术教师可以利用钉钉平台整合"绩效管理""成绩查询""教师档案""健康打卡""财务查询"等行政功能。例如，教职工可以通过"绩效管理"模块解决期末奖励性绩效统计问题，教师有获奖证书等随时通过系统提交，行政审核后自动赋值，期末导出规定时间段的数据，个人获奖分数一目了然透明公开；学校利用钉钉文档的"在线填报"功能，可以让特定的各组成员在线填报各自信息，填报完成，平台自动汇总各类数据，还可以随时为学校各类评估检查、多种数据获取提供在线服务，并且进行有效的出勤管理；基于二次开发的"健康打卡"模块则为学校开展疫情防控提供了最为快捷有效准确的技术支撑。

（3）基于云平台的信息共享与文件传储

基于云平台，学校组织架构中的所有被授权的成员可以利用钉钉群聊、群邮件、钉盘进行资料传送和存储。通过文件传送模块，导师即可下发实习相关的文件，也可组织学生进行问题的讨论热点，尤其是对部分工作者出现的重点难点的学习讨论必不可少。由于钉钉支持多端多平台互动，手机版、电脑版、网页版等，个人用户在下载安装后即可使用。学院或者导师将相关学习材料传入钉盘，再通过钉钉群告知学生提前下载利用好，让学生即时掌握相关材料。学生通过钉盘下载相关资料，如果有什么问题或者难处，还可以通过钉钉邮件将意见反馈传回学院或者导师处。这样一个共享平台,大大提高了学生工作的效率,降低了成本,减少了学院管理的工作量,方便学生获取各种资源,加强实践与理论结合的学习。

(2)钉钉在学生党建平台建设上的应用

与微博、微信不同,钉钉在学生党建工作中具有得天独厚的优势。钉钉具有手机版和 PC 版双平台功能,可以实现公告、邮件、网盘、考勤请假、工作审批、工作报告、视频会议、投票、社区等一系列党建工作中需求的功能,能实现党组织、党员全覆盖。通过个性化设计,既涵盖所有党员,又能根据个体党员的需要创设不同的栏目和形式,获得最佳传播效果。建立全员群、党支部干部群、党员学习群、党建课题群、学生党员群、学生管理群等,实现既能分层管理,又能穿透式管理的交叉党建工作模式,利用后期开放功能实现党员同志既能获得培养,又能开展线上组织生活。(见图 1-3)

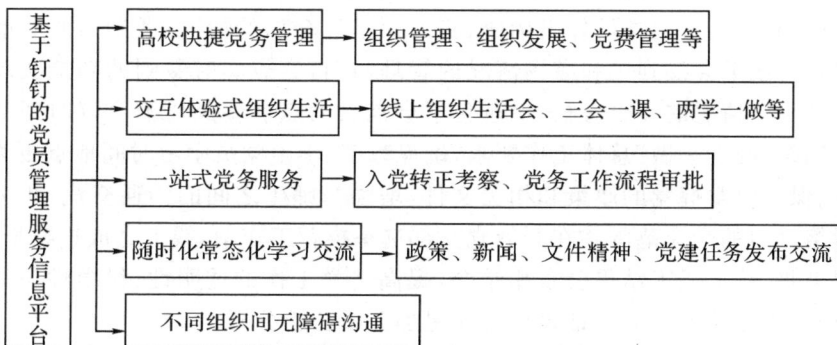

图 1-3　钉钉上的党员管理服务信息流程

将钉钉平台植入基层党组织日常工作的开展中,可以理解为"互联网+党建"工作模式。钉钉 App 结合通信和互联网的优势,借助强大的云技术,受益于新媒体的开放性和即时性,信息传递不受时空阻碍和控制,很大程度上克服了传统媒介的信息传递速度较慢、时效性差等缺点,提升了支部组织生活和线上学习效率。利用新媒体的多媒体性,在学习讨论、交流培养、上传下达的过程中运用音视频、文字、图表、动漫等多种工具,使得党建工作形式更鲜活,丰富组织活动形式,提高活动效果。增强党员接受理解知识的自主性,通过 App 发送信息给广大学生党员,方便他们及时获知有关方面的消息,了解党建工作新动向,将有力推动高校党建工作的形式转变为更加立体多面和动态化的新形式。其中"已读"标注功能和"Ding"功能可以实时掌握和追溯成员查看状态,有利于实现党员、基层支部规范管理。此外,钉钉App集组织开展支部活动、投票选举、加强党员间沟通交流等多种功能为一体,可贯通党员的发展、考核、培养全过程,推动党员线上线下学习相关理论,既能有效组织又能严格监督,提高了党建工作的科学性,呈现出更好的党建工作成果。

利用钉钉有效开展党务工作,加强党员教育管理,利用微社区等加强党员之间的交流与沟通,收集民意,反映民情,为民服务,促进民主决策与科学决策等,提高网络工作的科学化与系统化管理。钉钉的"微社区"是一个内部交流平台,相当于贴吧与微博的结合,可以让师生党员自由分享和浏览感兴趣的关于党的帖子,有利于师生党员自由交流和学习党的相关知识。所有的政策学习文件、制度文件等在上传过程中自动存入石墨文档和个人"钉盘",方便储存党员的各项文件材料。线上保存,一键整理归类,方便党员档案的管理。钉钉的会议功能相较于微信、QQ在人数上没有限制,可以实现党支部的线上会议与讨论,有效避免因党员外出调研、实习而错过会议的情况;考勤请假功能方便对党员线下会议到场和离场情况的管理,钉钉定点实时签到的功能实现了对党员出勤情况的实时考核,也避免了会前会后点名签到压缩会议时间的可能。围绕"两学一做"总体工作要求,确保教工、学生党员学习时间地点更为自由,确保及时掌握党的政策和相关文件,增强与师生之间的沟通交流,扩大党员联络学习的受众范围。在开展党支部选举推荐工作中,线上完成投票推选、结果上报,线上线下结果公布相结合,提高选举工作的透明性、科学性与高效性,匿名投票功能也能保证投票工作更加公平公正公开。

增强党组织形式的多样化,使党员活动载体更加新颖。通过"微社区"等栏目,创新活动内容与形式,吸引党员积极讨论、发表意见,强化党内监督和舆论监督作用。在理论学习、收集信息资料、组织形式等方面实现线上线下的同步进行、网络管理与考核,使钉钉App成为党加强学院的组织建设、畅通沟通交流机制、展示工作成果的有力载体。

钉钉App具有独特的办公优势,它不仅是一款移动办公软件,也是一个免费沟通和协同的多端平台系统。该平台管理效率高、功能强大,纪实管理碎片化的管理方式尤其适合当今这个高科技、快节奏的时代。它集即时消息、短信、语音、视频等沟通手段于一体,并根据党建业务属性及特殊要求而定制,可以为党政机关工作人员提供点对点的消息服务、提醒服务。本节主要围绕钉钉App虚实一体化党建平台实践模式构建的优势进行探讨。

①功能强大，实时高效，培养管理与宣传教育一体化

充分利用钉钉 App，探索线上线下虚实平台一体化党建新型组织模式，实现高校党建工作的 O2O，将党员的发展、教育、管理、服务等工作进行立体结构式整合。结合学院实际，对学生进行党建管理时，既突出传统党建重点，又根据信息碎片化时代信息的零星化、泛滥化、缺少系统化、缺乏深刻理解和记忆等特点，通过线上观看党课文件、学习交流等形式，弥补传统党建工作的不足，突出党建工作重点，强化主流价值观，增强理论学习的系统性、深刻性。网络与组织建设相结合，建立各式各样的党员群，如全员群、党支部干部群、党员学习群等，实现既分层管理又穿透式管理的交叉党建工作模式。推进高校党建工作数据化，在马克思主义思想传播中占据新阵地，引领新的舆论环境，提高研究院党建工作的针对性和时效性。

②管好碎片，虚实一体，构建健康"党建生态圈"

首先，帮助大家管理好碎片化时间和思维，积极为学院党建工作开辟新路径。传统的党建工作往往受时间和空间限制，如：理论讲座等需要所有党员到会学习，并且经常缺乏相关录音录像，使得部分因公请假的党员在错过讲座后无法重新学习。整合钉钉的虚实一体化平台，既有触手可及、随身而行以及无处不在的虚拟化党建平台，使得教育对象可以跨时空跨越地域获得信息，又有线下的党组织机构实际平台，可以充分发挥主观能动性，变被动为主动。其次，通过钉钉不仅可以使高校党建的内容充实，还可以提高高校党建工作的趣味性和生动性，发言的私密性，增强高校党建平台的感染力。总之，把党员和入党积极分子、发展对象等整合到一个平台管理，可以相互融合，相互监督，也可以分团队管理，互不干涉，有利于建设高效快捷、活跃、健康的"党建生态圈"，具有很强的推广性。

钉钉线上党建工作平台便捷化、视频化、互动化的优势，使党建工作在学习讨论、交流培养、上传下达的过程中可以运用音视频、文字、图表、动漫等多种工具，让党建工作形式更生动，方式更新颖，满足青年人喜欢追求多样化和个性化的心理，从而不断增强教育对年轻人的吸引力。通过"管理群"和"云平台"技术的配合，创建并完善线上虚拟平台和线下实际组织结构"虚实结合"的党建管理工作新模式，形成了以党总支为中心，教学科研团队、学生队伍、管理人员纵横交叉的网格化管理模式，大大提高了基层分支机构之间以及机构内部的协同互助作用，提升了党内部整体的工作效率，对于统一学生思想，促进学院中心工作完善起到了十分重要的作用。

③激发党员兴趣,线上线下结合管理

通过互联网改进传统党建模式,激发学生党员的兴趣与能动性。利用钉钉加强党员之间的交流与沟通,促使学生党员随时随地学习政策文件,方便交流讨论。利用互联网技术加强对党建工作的管理与考核,使单纯考核方式向综合化、信息化考核转变。网上推选上报和结果公示,创新组织工作,使党建组织工作公开透明。在线学习、讨论、发表意见,提高党员参与组织活动的积极性。利用钉钉收集民意,促进民主决策与科学决策等,提高网络工作的科学化与系统化管理。改善党员教育方式枯燥单一、学习效果不明显的状况,支部采取网络自学与线下教育互为补充的党建模式,党员由被动接受转变为主动参与,党员教育达到了"润物细无声"的良好效果,增强了党建工作的渗透力和持久力;身处"互联网+"高速发展的时代,顺势而为,主动依托"互联网+"平台,建设有学院特色的学生党支部,有效开展党务工作,加强党员教育管理。

结合互联网背景,利用钉钉对学生党员进行在线教育,普遍开展党建工作,利用"互联网+钉钉"传递"两学一做"新动态,有针对性地开展系列教育,使每位党员准确掌握学习要点,把握学习重点。网络技术的发展是现代社会文明发展的成果,也是校园党建工作的创新。校园新媒体在社会中起着不可替代的作用,也在不断地消除着社会媒体可能存在的不良影响,因此高校在发展党建工作的同时,也要积极改善发展所需的媒体条件,更新媒体设备。创新"互联网+党建"模式有助于提高党务工作效率。网络信息技术与党建工作融合后,能有效促进党组织结构扁平化,优化党建工作流程。同时将传统党建工作转移到网络阵地,更有利于信息化交流,以提升工作效率。

"互联网+"背景下高校党建平台的优化更新显得尤为紧迫,科学构建高校党建新平台,将新媒体技术应用于高校党建工作,是高校基层党组织切实提高党建工作的针对性、有效性的重要体现。但当下专门的"党建App",更多的是具有党的基本知识、党的政策理论等板块功能,在组织管理、日常培养尤其是交互性方面有很大的缺陷,而当代高校党建工作的主体们尤其是青年科研学术骨干平时工作任务繁重,外出交流频繁,更加注重体验式管理和学习,如何整合利用好科研工作者繁重业务外的碎片化的时间,帮助其整理碎片化思维,建立线上线下"虚实结合"的党建平台,是在学校"双一流"建设背景下,党建工作如何贴近并服务于党员,更好地激发和传递正能量,更有效地凝聚和培养人才队伍,整合和发挥传统党建工作突出点的重要环节。

以App为代表的互联网技术为党建工作面临的问题提供了具有参考性的解决方案,其意义在于其在党建服务载体上的创新,打破了空间和时间界限,丰富了党建服务形式,提高了组织和人员管理效率,顺应了时代发展的要求,用正确的理念和方法去发展党员及培养入党积极分子。用正确的理念和方法去开展党员及入党积极分子乐于接受的党建活动。我们应该发掘更多类似于钉钉的管理办公软件,利用其强大的交互性和融媒性,以及大数据云平台技术,把线下的实体机构和线上的虚拟平台有机结合起来,创新党建服务,丰富党建形式,提高组织和管理效率,充分发挥新媒体平台的各类模块功能。"改头换面"为党建服务,方便党员发展、培养和管理,让各项党建工作"接地气""关心用户体验",既能"落到实处"又能"走上云端"。

二、智能传播平台的构建——今日头条

在互联网和大数据技术的推动下,传播方式和格局被彻底颠覆,基于互联网和大数据技术的智能传播平台代表着传媒业的趋势和未来,以互联网和大数据技术为驱动的智能传播平台正在蓬勃发展,今日头条就是其中典范。

(一)传媒业变革呼唤智能传播平台

1.技术是传媒业变革的原动力

纵观人类传播史我们共经历了四次传播革命,而每一次传播革命的背后都是媒介技术革命所驱动的。互联网带来了继蒸汽机、电力广泛应用之后的第三次工业革命和文字发明、古登堡印刷术以及电报之后的第四次传播革命,成为传媒业变革的主要驱动力,正可谓未来媒体一定是技术媒体。无论是国外的 Google、Twitter、Facebook,还是国内的腾讯、新浪、百度等,无不是依靠技术驱动发展的。

随着互联网技术和大数据技术的发展,互联网和大数据已经成为整个社会的基础架构和社会操作系统。互联网是骨骼,大数据是血液,而在互联网＋大数据的推动下,人工智能在高速发展,智能传播平台应运而生。今日头条作为智能传播平台和新一代的技术公司,其技术基因更为鲜明:一是其创始人张一鸣是技术出身。他不仅深刻理解技术的趋势,而且对技术高度重视;二是主要团队以技术团队为主。正如今日头条所说,其本身并不生产内容,而是基于数据挖掘和推荐引擎技术,实现内容的更好传播;三是基于更为先进的大数据技术。目前绝大多数的互联网网站和互联网公司都朝着大数据应用和智能化方向发展。

2.互联网和大数据技术的发展使得智能传播平台成为可能

智能传播平台的基础是大数据,而衡量大数据基础是否扎实的三大标准

是大数据的数据存储能力、生产数据能力、数据分析能力。而从目前来看,这三大能力大数据都已具备。

①摩尔定律使得人类储存数据的能力大大增强

摩尔定律是由英特尔(Intel)创始人之一戈登·摩尔(Gordon Moore)提出来的。其内容为:当价格不变时,集成电路上可容纳的元器件的数目,约每隔18~24个月便会增加一倍,性能也将提升一倍。换言之,每一美元所能买到的电脑性能,将每隔18~24个月翻一倍以上。这一定律揭示了信息技术进步的速度。在摩尔定律的推动下,相对于性能的提升,价格以更快的速度下降,即在存储器的性能提高的同时大约每9个月存储容量的价格就下降一半,这一方面使得人们可以有更大更快的数据存储能力,另一方面使得人们能够承担起保存数据的成本。而KPCB的数据显示1990年到2013年期间计算成本平均每年下滑33%,存储成本平均每年下滑38%,带宽成本平均每年下滑27%。

②社交媒体的出现使得人类生产数据的能力增强

在社交媒体时代,人人都有麦克风,人人都可以是自媒体,Facebook、新浪微博、微信等社交类媒体以其及时互动的特点使得人们生产数据的能力大大增加。相关数据显示,Facebook的用户每分钟分享的内容超过450万条。YouTube的用户上传的数据超过300小时。

③数据分析和挖掘能力使得人类使用数据的能力大大增强

随着大数据的发展,传统的数据分析工具和手段已经不够用,研究人员开发出了新的数据分析和挖掘能力,目前主流的相关技术主要有以MapReduce和Hadoop为代表的非关系数据分析技术。

④智能终端的大范围普及使得人们随时在线

智能传播需要随时在线的大量数据,在之前的PC互联网时代,不可能提供智能传播所需要的在线数据,而随着2009年3G开始商用,我们进入移动互联网时代,智能手机等智能终端开始快速普及。智能手机体积小且作为人人必备的工具,不仅可随身携带且可以随时随地打开,这样就为智能传播平台提供了极其多的在线数据。相关数据显示,现在平均每人每天打开手机100多次,这就能够提供大量及时、在线用户位置的数据。今日头条就是基于手机智能终端的快速、大范围普及的大趋势而创立的。

3. 精准传播成为可能

首先,信息过载与用户个性化、定制化、精准化的信息需求之间存在重大悖论。当前,我们每日都陷于信息的汪洋大海中,除了传统媒体,还有微博、微信等各类新媒体信息源,但是每个人所能获取的满足自身个性化需求的有效信息不仅没有增多反而大大降低,正可谓"多就是少",而这种悖论难题依靠传统方法是不可能得到有效解决的,只能借助于智能传播平台予以解决。

其次,从大众传播到分众传播再到精准传播的发展趋势。传播发展到今天,从最早的大众传播,如一种内容面向所有受众的报纸、广播、电视等,再到此后的分众传播,例如广播、电视的分频道,专业性报刊的出现以及报刊的分叠化,而在信息过载的时代下,精准传播应运而生,基于互联网和大数据技术已经能够给用户提供满足个人信息需求的个性化、定制化的信息。

4. 传统媒体急需重建用户连接

近几年来,在互联网媒体的猛烈冲击下,传统媒体深陷困境,根源就在于用户连接失效,具体表现为:一是传统媒体用户已经转移到互联网。CNNIC的数据显示,截至 2020 年年底,我国的网民数突破 10 亿,占人口总数的 80%以上,手机网民达到 9.86 亿,尤其是年轻人获取信息的第一入口已经是互联网,不看电视、不看报、不听广播只用网络已经成为很多年轻人的生活方式。二是传统媒体广告收入大幅度下降。2020 年,互联网广告收入已经高达 4972亿元,远远超过传统媒体的广告收入之和,其中网络视频广告收入约 904 亿元,呈大幅增长趋势,而与此形成鲜明对比的是都市类报纸和地市级报社有多数陷入亏损困境。三是骨干大量流失,近几年,以央视为代表的中央级媒体和地方性媒体都有大量的骨干在流失。

面对用户连接失效的难题,传统媒体也采取了各种办法,但是成效不大,而智能传播平台将是一条有效途径。

5. 从精英编辑到个性化智能推荐

从传统媒体到社交媒体再到智能传播平台,信息数量在快速增加,信息的编辑和推荐的方式也在不断进化,以提供更好的信息服务。

首先,传统媒体时代由媒体推荐。传统媒体时代又可以分为大众传播和分众传播时代。一是大众传播时代。信息的数量相对较少,受众规模较小,在这种情况下采取的是一点对多点的大众传播方式,高度中心化,推荐方式靠传统媒体主导,这是一种精英主导式的推荐。如 20 世纪 80 年代的中央电视台和人民日报社等。二是分众传播时代。信息的数量大量增加但未到信息过载程度,受众规模大范围增大,采取的是一点对多点的传播方式,高度中心化,推荐方式依然是传统媒体主导,是一种精英主导式的推荐。但为了适应受众的分化趋势,一方面传统报刊创办都市类、财经类、时尚类、科技类、娱乐类报刊,厚报采取分叠方式;另一方面传统电视则开办财经、娱乐、体育、电影等频道。

其次，在社交媒体时代由社交关系推荐。随着微博、微信等社交媒体的兴起，我们进入泽字节时代，信息数量急剧增加，进入信息过载时代，用户覆盖了绝大多数的人群，采取的是多点对多点的传播方式，中心相对分散，推荐由居于分中心的意见领袖主导，是一种相对平民化的推荐方式。由于分中心的意见领袖远远超过传统媒体的数量，在信息过载程度不是很严重的情况下，能够较好地解决信息过载问题。但是随着信息过载程度的进一步加深以及微博、微信的信息传播频率越来越快，这种以意见领袖为主导的推荐方式也难以有效解决信息过载问题。在国际范围内，Facebook、Twitter、微信和微博是社交关系推荐的典范，自有其优势，但劣势也很明显，主要表现为信息过载的朋友圈也难以找到有价值的信息。

再次，在个性化推荐时代利用算法推荐。在当前信息严重过载的时代，用户覆盖了绝大多数的人群，采取的是点对点的传播方式，无中心推荐，完全由机器主导，是一种高度平民化的推荐方式。个性化推荐方式通过机器算法，根据用户的需求实现了信息和用户需求的智能化匹配，能够有效地解决信息过载难题。目前，在国际范围内，YouTube、今日头条是其中的典范，此后出现的印度的 Daily Hunt、日本的 Smart News、印尼的 Babe 等都采取的是今日头条的解决方式。

综上所述，媒体推荐社交关系推荐和算法推荐的区别见表 1-1。

表 1-1　三种推荐方式比较

时代		信息数量	用户数量	传播方式	中心程度	推荐方式	本质特征
传统媒体时代	大众传播时代	少	少	一点对多点	高度中心化	媒体推荐	精英主导
	分众传播时代	相对少	相对少	一点对多点	高度中心化	媒体推荐	精英主导
社交媒体时代		信息过载	多	多点对多点	分中心	社交关系推荐	相对平民化
个性化推荐		信息严重过载	很多	点对点	无中心	算法推荐	高度平民化

（二）智能传播平台的构建

1. 基本原理

智能传播平台的目标是解决信息过载情况下的信息与用户个性化、定制化、精准化的信息需求之间的智能化匹配，而智能传播平台构建的关键则是基于大数据的三大平台。

首先，打造内容丰富、形态多样的内容平台。在该平台上，云集着各式各样的信息，既有文字的，又有音频和视频的，并能实现信息的分类筛选摘编和深度加工。内容平台一方面是开放的，既能对接各种自媒体平台和小型机构媒体，又能通过各类媒介进行传播，另一方面能够利用大数据技术对内容贴标签，以更准确地定义内容。

其次，打造技术先进的大数据信息资源平台，在该平台上能够利用数据挖掘和分析等技术和方式，通过对用户在互联网中的行为进行长期的跟踪和分析，实现对读者和受众个性化需求的准确定位和把握，其核心在于用户画像。

再次，能够通过技术手段低成本地在信息和受众个性化、定制化的需求之间实现智能化匹配，并能通过各种支付手段，实现智能化信息的收费。

2. 三大平台的构建

首先，大数据技术平台。大数据技术平台是硬件、软件、数据、云存储和平台服务的组合，具体包括大数据资源中心、大数据智能分析中心、大数据组件服务虚拟化云平台、大数据运营系统安全管理体系等方面的建设内容。

其次，智能生产和传播平台。智能生产和传播平台是立足于媒体大数据平台，以大数据智能分析工具作为技术支撑，将媒体旗下媒体资源融合共享使用，实现"一次采集，多元加工，多次发布"的智能生产和传播平台。包括新闻线索智能决策系统融媒体、智能创作系统、融媒体智能发布系统、传播效果分析系统、中央厨房报道指挥系统、内容创作社区、PC互联网改造升级等方面的建设内容。

再次，用户沉淀平台。用户沉淀平台是将传媒集团通过优质内容资源、线下活动、经营行为沉淀下来的优质用户数据进行整合、清洗、认证、管理、记录以及深入挖掘、分析并通过智能化、个性化的信息、数据服务，提高用户的参与度和满意度。用户沉淀平台包括用户数据采集及处理、用户数据存储与管理、跨媒用户统一管理、用户行为分析、用户肖像刻画、互动应用管理等方面的建设内容。

3. 今日头条智能传播平台的构建

今日头条的智能传播平台除了上述三大平台之外，核心在于根据用户特征、场景和文章特征做个性化推荐，每一个用户的推荐内容都不同，实现了真正的千人千面。需要指出的是今日头条自身不生产内容，是数据创作平台和分发平台，一方面，作为个性化推荐引擎，重点在于实现内容和用户需求的更好匹配和分发；另一方面，作为数据创作平台，今日头条每天有75%以上的内容来自今日头条的创作平台。

首先,在用户画像方面,可以根据用户短期的点击、转发和评论行为来按照兴趣、职业、年龄、终端、地域分布、情感倾向等特征对用户进行画像,进而分析出用户喜欢什么类型的文章,最喜欢文章里的什么关键词,关注你的人还喜欢什么内容等。

其次,分析场景特征。个性化推荐除了考虑用户的个人特征以外,也要考虑用户所处的场景。例如,早上应该多推送与工作相关的信息,中午可以多推荐一些餐饮信息,晚饭后则可以推荐幽默、搞笑视频。当然在进行个性化推荐时,也应该分析用户是否在 Wi-Fi 环境下,如果没有 Wi-Fi,则应多推荐耗费流量不大的图文,而如果有 Wi-Fi,则可以多推荐耗费流量大的音视频。

再次,分析文章的特征。重点分析文章中有什么主题词,有什么重要标签,文章的热度、时效性和相似性如何等。

通过分析用户的个性化特征,结合特定的场景,给每一个用户推荐满足其需求的文章,这样就能够吸引用户留下来,并提升用户的忠诚度。

4. 今日头条智能传播平台搭建的几个重点

首先,灵活交叉应用数据思维的三大工具,即归纳总结、A/B 测试、双盲交叉验证。一是归纳总结,即按照特定的维度进行排序,分析对象特性,并在此基础上找出内在规律,为决策做服务。二是 A/B 测试,即把实验对象随机分组,把一个或多个测试组的表现与对照组比较,以测试效果。三是双盲交叉验证,即在评估一项数据的时候,把一部分样本抽样,让其他人再评估一下,进而根据抽样数据评估的一致性来判断该评估的可靠性。

其次,推荐算法分为推荐模型和推荐召回模型两层。一是在推荐模型方面,尽可能地丰富决策的维度,包括性别、年龄、兴趣等。今日头条至今已经有数百亿维度,目前还在增加。推荐模型的优点是功能很强大,但其缺点是需要的计算资源很多,成本大,并不是所有的事情都适合该模型。二是在推荐召回模型方面,各个策略独立地负责判断哪些内容有资格进入排序候选。通过推荐召回模型可以过滤掉 90% 的无效信息,有效降低了推荐模型的负担。

再次,实现数据部和业务部的有效混通。在混的方面,数据部要和业务部混在一起,唯有混在一起,才有可能通;在通的方面,带着业务问题看数据或者带着数据来看业务。业务问题和数据问题之间的"通",需要部门数据之间的交叉。今日头条有专业的内容运营团队,其中不少人有传统媒体的工作经验,他们会帮助算法去发现判断内容的价值。今日头条通过数据部、业务部之间互联互通,在发挥人的智慧和品位的基础上,寻找算法和人工之间的最佳结合点。

（三）智能传播平台的运作——以今日头条为例

2012年8月今日头条智能传播平台推出后，迅速获得市场认可长期占据苹果应用商店新闻类榜首。

1. 今日头条具有技术基因

随着互联网技术和大数据技术的发展，互联网和大数据已经成为整个社会的底层架构和社会操作系统，其中互联网是骨骼，大数据则是血液，而在"互联网＋""大数据"的推动下，人工智能在高速发展。今日头条作为新一代的高技术公司，其技术基因更为鲜明：一是其创始人张一鸣是技术出身，他不仅深刻理解技术的趋势，而且对技术高度重视。二是主要团队以技术团队为主，正如今日头条所说其本身并不生产内容，而是基于数据挖掘和推荐引擎技术实现内容的更好分发和传播。三是基于更为先进的大数据技术。目前，绝大多数的互联网网站都是基于传统的互联网技术而不是大数据技术，导致难以实现有效的信息智能匹配和个性化推荐。需要指出的是，今日头条认为机器比人更靠谱，一方面是机器不求回报，另一方面是机器更加稳定。

2. 今日头条能够帮助传统媒体重建用户连接

今日头条以用户体验为王，充分利用互联网和大数据技术来搭建智能传播平台。通过分析用户的个性化特征，结合特定的场景，给每一个用户推荐满足其需求的文章，这样就能够吸引用户留存下来，并提升用户的忠诚度。截至2020年，今日头条累计激活用户数超过60亿，仅App的月活跃用户就超过3亿，内容阅读量超过10亿篇，头条号账号总数为7万＋。

截至2017年4月，已有最高人民检察院、最高人民法院、中国政府网、公安部、教育部以及北京发布、上海发布、广东发布等近5500家各级单位开通头条号，平均每周发文3万余篇，每周推荐人群超过4.7亿。可以看出，今日头条这样的智能传播平台不仅聚集了4.7亿的巨量用户，而且帮助传统媒体进行了更好的传播，帮助传统媒体重建了用户连接。

3. 今日头条有效避免了"广场效应"

所谓"广场效应"，是指人们在聚集的公共场所，由于从众效应，往往会表现出与平时大相径庭的言行，其结果就是多数时候群体道德水平比个人道德水平低下。互联网不仅构成了一个虚拟和现实交织的社会，而且作为公共舆论平台，以其多点对多点、病毒式、及时、互动的传播特点更容易形成"广场效应"，且"广场效应"的波及面更大、影响更深远。互联网时代下，热点事件层出不穷且更难以进行舆论引导的根源就在于此。例如某明星价值 2 亿元的婚礼占据了各大门户网站的显著位置,成为街巷谈资。互联网媒体聚焦于价值 2 亿元的奢侈场面,评论区里一片羡慕的口水现象就造成了拜金等不良导向,"广场效应"无疑造成了舆论的混乱和社会的失序,危害很大。

有效避免"广场效应"的良法就是利用今日头条等智能传播平台来进行精准化传播,从源头上避免"广场效应"的形成。今日头条根据用户特征、场景和文章特征为用户做个性化推荐,每一个用户的推荐内容都不同,实现了真正的千人千面。具体说来,在分析用户的个性化特征和文章关键词的基础上,结合特定的场景,给每一个用户推荐满足其需求的文章。例如,针对官员群体会多推送《人民日报》和央视的时政、财经内容,而针对年轻用户则会多推送芒果 TV 的娱乐内容。今日头条这类智能传播平台由于是针对每一个用户进行的个性化推荐,就避免了大众聚集的广场存在,就能在实现传播效果的同时避免形成"广场效应"。例如在某明星大婚事件中,今日头条发表的相关文章有 3378 篇,阅读数高达 1.74 亿次,但是并未形成拜金的不良导向。

4. 今日头条助力公益事业

通过开辟头条寻人,今日头条平台已经帮助 8 位老人成功回家。其主要运作方式如下。

第一,对推送范围进行精准定位。当今日头条接到用户寻人求助时,就进行"定向地域推送",即将寻人启事发送至当事人走失地点的相关范围内。例如,当一位老人在鸟巢走失时,今日头条就可以把此信息推送给周围的用户,所有此区域的头条用户都会收到相关弹窗。由于今日头条的用户数量庞大,即使细化到某一细分区域,用户量依然很大,能够充分保证寻人信息的深覆盖。

第二,走安全、绿色通道,快速发布。"头条寻人"平台有专门的便捷、有效又安全的信息发布规则:在家属提供寻人必需的相关信息后,头条寻人将及时联系警方核实,经确认后立即推送。这样既能保证信息的真实性又能实现寻人信息的快速推送。

第三,及时更新推送范围。"头条寻人"会根据最新的详实线索,及时将寻人启事追加推送给新线索地点。还是以上文为例,当北京南站出现在鸟巢失踪老人的新线索时,"头条寻人"就及时在北京南站进行补推寻人信息。

第四,严格的信息保护。当当事人亲属反映当事人已经找到时,"头条寻人"会及时对相关文章进行处理,在将好消息告知关心此事的好心人的同时,还会将涉及当事人隐私的信息撤下。

可以看出,基于智能新技术用户量庞大的智能传播平台,在寻找老人等公益事件中发挥了越来越大的作用,而未来会在网络打拐等更广阔的民生领域发挥更大的作用。

5. 今日头条帮助传统媒体和头条客实现更好的商业变现

2015 年以来,今日头条除了大幅度提升版权费外,还更好地利用大数据技术,为传统媒体和头条客探索更好的商业变现途径。

首先,今日头条为传统媒体的头条号开通了广告功能。而在个性化相关文章推荐下,媒体可以通过应用下载和头条广告实现商业收益。

其次,今日头条尝试媒体电商导流方案,媒体头条号可直接在发表文章时插入商品链接及图片,用户可以通过点击链接进入电商平台完成购买。

此外,今日头条的商业价值已经得到充分的显现,数据显示,2020 年其广告收入在 30 亿元左右。尤其需要指出的是,今日头条的生态系统正在日益完善,未来其营业收入会更加多元化,其商业价值也必将会更大。

(四)今日头条迅猛发展带给地市级媒体的启示

现象级产品今日头条的迅猛发展引发传统媒体纷纷推出自己的新闻客户端,推进信息技术与媒体深度融合。这一时期也是传统媒体营收下滑明显的几年,对地市级卫视和广播、电视、报纸传统媒体带来影响和冲击,移动互联网时代内容产业变革和媒体分工,让业界看到了媒体发展的巨大潜力,也为传统媒体提供了可以借鉴的融合思路。

1. 今日头条的迅猛崛起对省级和地市级卫视和广播、电视、报纸传统媒体的影响冲击

移动客户端技术的创新发展,迅速崛起的移动智能终端,数字化媒体的兴起,令信息传播发生了变革,为受众提供了更多信息消费途径。今日头条的出现冲击着传统媒体的商业生态。

(1)今日头条加速地市级媒体格局变化

10 年前,电视依靠收视和品牌优势广告创收稳坐霸主地位,"互联网＋"的裂变式成长,令媒体格局出现变化,省级和地市级媒体先后遭遇各种瓶颈、困难和挑战,电视广播纸媒等媒体广告经营收入大幅下滑。今日头条作为聚合新闻客户端变革用户连接方式,成为媒体融合的典范,为地市级媒体发展带来启示和新机遇。

信息创造价值,今日头条聚合多家传统媒体的新闻内容,媒体机构或自媒体在今日头条平台上开设账号,传统媒体和新媒体联动,加速重构了媒体格局。

互联网思维成就了今日头条,今日头条和头条号深谙传播之道借势营销,靠"搬运"传统媒体内容盈利而广受关注,把广告这个最大盈利点做得风生水起。2012年3月,张一鸣创建今日头条,归属方为北京字节跳动科技公司。今日头条极速版开启了阅读赚钱攻略,丰厚的广告分成,圈住了大批头条号作者和机构在此生产内容。2018年今日头条估值750亿美元,营收达到500亿元,超过全国排名前5名的湖南卫视、东方卫视、浙江卫视、江苏卫视、北京卫视等。

今日头条成功的原因在于轻资产、高科技,针对年轻族群在融媒环境下的媒介消费行为,孵化出系列现象级产品,凸显马太效应,采用财富虹吸营销法,流量带来火爆生意,迅速进行商业变现。

(2)地市级媒体如何占据受众心中的头条位置

今日头条把握大趋势做互联网下沉。随着智能手机广泛普及,三四线城市和农村用户涌入互联网和移动客户端,受众业余休闲时间被今日头条牢牢占据,以抖音为代表的短视频产品则逐渐成为今日头条的拳头产品,成为很多互联网公司的威胁。从一二线城市到三四五线城市,覆盖广泛地域的移动互联网用户,消费向移动端集中,短短不到10年的火热发展,形成了鲜明的品牌认知。

地市级媒体可以借鉴今日头条经验,利用传统模式+新媒体技术,媒体端+手机端等新传播方式,抓住受众碎片化阅读习惯,实行分众化传播。线上汇聚数据,线下促销,以全面"头条化"应对今日头条的冲击,提升商业竞争力。

2. 信息消费市场升级,传统媒体与一二三产业融合搭配,扩大城市影响力

智能化时代媒体生产和运营模式变革,推动构建"产业生态圈"。消息消费市场升级,技术创新,模式创新,整合社会资源资本运作,低门槛进入,高端运作,头条系的经营模式让传统媒体思考如何与本地商业企业创收深度融合。地市级媒体打造原创首发新闻,与一二三产业和新文创产业搭配融合,打造新兴产业生力军,扩大地市级媒体影响力。

3. 今日头条迅猛发展为地市级媒体带来的启发

今日头条引发媒介变革,为地市级媒体面临挑战和重大机遇,媒介融合不仅是信息生产方式、传播方式的变革,也是对传媒内部机制和体制的创新,带来三点启示:

(1)借船出海,把好的新闻视频发布出去

今日头条颠覆渠道分发旧模式,创新成功之道,把别人的成果快速转化,通过搜索转发产生流量。今日头条的运营实现了从产业链低端到高端延伸，为媒体升级转型期提供了借鉴。搜狐、网易等也在不断调整，改写媒体格局，为品牌营销开启新空间。

（2）为本地特色农业工业旅游文化创造新商机，增加地市级媒体经营收入，改变目前逐渐边缘化的趋势

财富不在于有多少固定资产，而在于转化调整和整合社会资源的能力。腾讯、阿里巴巴作为互联网行业巨头创造了更多的物质财富，成为未来躺着赚钱的企业。今日头条的成功和有些媒体影响力的相对衰落日益明显。1848年马克思《莱茵报》上说到报纸和读者之间的联系，如果联系逐渐消失弱化，报纸就失去了生命力。如今电视广告霸主地位有所变化，媒体行业人才流失，培育自媒体传播人才就尤其重要。

（3）媒体深度融合，报纸和广播电视融合，"互联网+"时代加快相关产业联系

转变观念，主动服务地方经济，注重泛文化娱乐产业和其他相关产业联系合作，让更多品牌在风口找到营销新形式，迅速实现价值变现和商业变现。不要让今日头条变成昨日头条，有情怀的传统媒体努力成为新型媒体，规避今日头条的内容风险，才能迎来媒体第二春。

习近平总书记强调坚持传统媒体和新兴媒体优势互补、一体发展。加快推动媒体融合发展，借助新媒体传播优势，着力打造新型主流媒体。在探索新商业模式和内容技术变革的同时，地市级媒体积极转型寻找新的出路，新的传播体系和媒体格局正在形成。

21世纪地球村，媒体智能化进入快速发展阶段，今日头条是媒体创造财富的神话和创新发展的最好见证。今天，传统媒体的从业者在感到危机与紧迫性的同时，更要考虑在这个大背景下如何转型融合发展。传统媒体和新媒体融合发展是大势所趋，把握对用户的吸引力，坚守舆论阵地，让传统媒体和新媒体之间实现良性互动、相得益彰。

地市级媒体掀起"互联网+"风暴，资讯类 App 进入独家与海量之争的新阶段，内容和渠道如何吸引受众，市场竞争更加激烈。在媒体大变革的时代，内容为王，渠道制胜，传统媒体赢在转型。打开创新思维，才能迎来媒体整合传播营销的新时代。

案例七：牡丹江地市级媒体的新媒体转型

牡丹江地市级媒体和今日头条紧密协作，依靠原创稿切入新闻客户端红海，充分利用短视频、公众号、现场云等平台，打造新型主流媒体。镜泊湖冬季冰瀑布和冬捕的新闻搭配文字图片视频、牡丹江举办网络文学高峰论坛、东安区文化创意产业园新闻发布会等新闻，通过今日头条、新华社"现场云"、人民号等新媒体发布，地市级媒体与全国知名媒体紧密关联，加大域外宣传和创收，促进媒体和地方的深度合作，扩大了牡丹江影响力。

2019年4月1日，牡丹江日报运营的官方账号正式入驻"今日头条"，用户可以通过"今日头条"浏览牡丹江最权威、最重大、最有温度的新闻资讯。牡丹江晨报开通运动公众号"想动侯"，利用媒体优势，吸引特定喜好粉丝人群，开设相亲、运动、健康等各类公众号。打造全新的"一体策划、一次采集、多种生成、多元传播"的全媒体矩阵和传播格局，为推动地方经济社会发展营造良好的舆论环境。

哈牡高铁开通后，哈尔滨至牡丹江的运行时间缩短，促进了对俄贸易的发展，时间长了传统商业、内贸都会受到冲击，资源向核心城市聚集，加剧了周边城市人口的流出，对地市级媒体也会产生影响。牡丹江媒体围绕新文创产业发展和中心工作，借助"自带流量"的春节到来，开办"崛起的牡丹江民营经济"和"追梦乡村行"专栏，聚焦改革开放40年来牡丹江市民营经济取得的瞩目成就，在牡丹江新闻网、今日头条上发布，为优化营商环境提供了参考，收到了良好的社会反馈。

第三节　新媒体环境下社区公共文化服务与应用

公共文化服务是政府公共服务的重要内容之一。它是指以政府部门为主的公共部门提供的、以保障公民的基本文化生活权益为目的、向公民提供公共文化产品与服务的制度和系统的总称，包括公共文化服务设施、资源和服务内容，以及人才、资金、技术和政策保障机制等方面内容。

　　党的第十八届中央委员会第三次会议通过了《中共中央关于全面深化改革若干重大问题的决定》,其中提到了"建立公共文化服务体系建设协调机制,统筹服务设施网络建设,促进基本公共文化服务标准化、均等化,推动文化惠民项目与群众文化需求有效对接"。不难看出,政府正在致力于突出并运用好信息服务手段来推动公共文化传播的深入化。

　　O2O 模式为"Online to Offline"的英语缩写,即"线上到线下"。这最初是一个商业概念,由 Trial Pay 创始人 Alex Rampell 提出,旨在将线上线下的商务机会通过互联网连接起来。在公共文化服务过程中引入 O2O 模式,主要是把公共文化服务资源进行线上与线下的结合:一方面利用线上平台互动性强、跨越时间与空间等优势扩大公共文化的传播辐射面和影响力,另一方面通过整合政府、社会团体、企业等各方的线下资源进一步推动公共文化服务在人民群众中的普及与深化。

一、公共文化与"互联网＋"

　　2015 年 1 月,中共中央办公厅、国务院办公厅印发《关于加快构建现代公共文化服务体系的意见》(中办发〔2015〕2 号),并配套出台《国家基本公共文化服务指导标准(2015—2020 年)》,提出加强公共文化产品和服务供给,增强公共文化服务发展动力,同时强调要开展菜单式、订单式服务,"推进公共文化服务与科技融合发展"。这一政策作为公共文化服务领域的纲领性文件,指出了现代公共文化服务的转型升级方向。"互联网＋"就是利用现代信息技术以及互联网平台,让互联网与传统行业进行深度融合,创造出新的经济和社会发展形态,满足公共文化服务与科技融合发展的现实需求。与"互联网＋"和国家构建现代公共文化服务体系的政策要求相适应,当前我国公共文化服务供给领域呈现出新的特点。"互联网＋"在创新公共文化服务手段、延伸公共文化服务半径、丰富公共文化服务产品和提升公共文化服务效率等方面起到了积极的作用。

　　随着网络带宽的升级、新媒体载具功能和软件 App 的不断完善,公共文化的可利用范畴和可应用前景也变得更加广阔。受众对于公共文化服务的需求,也随着全民文化热和网络技术手段的成熟而变得更大。而公共文化跨平台服务,例如手机、平板电脑、PC 终端以及"可穿戴式载具"等,都从多个角度利用各自的传播内容特色、传播方式特点、传播受众区块来进行有目的的公共文化服务传播行为。同时,新媒体的交互式传播也带动了公共文化的虚拟社交属性的生成。

　　"互联网＋"改变了公共文化服务的供给手段。一是通过搭建各类互联网平台,拓宽了居民获取公共文化服务的渠道,增加了各类公共文化服务的可知性和可选择性;二是为居民提供了可以通过电脑或手机等移动终端获取公共文化服务资源的可能性。如杭州市上城区打造的"宋韵小镇"项目,将现代互联网科学技术与南宋历史文化相融合,人们可以通过智能手机、互联网、虚拟现实和地理信息系统等技术手段来以直观、动态、可互动的方式欣赏南宋150年历史场景。

二、公共文化服务的 O2O 互动传播

　　当下,随着电子产品和互联网的普及,越来越多的人习惯使用手机、电脑、平板等电子设备获取知识新闻等一系列内容,互联网已经融入了广大人民的生活。在这种环境下,O2O 模式(见图 1-4)的广泛使用也使人们越来越熟悉这种方便的运营管理模式。将公共文化线上和线下的传播与互联网相结合,

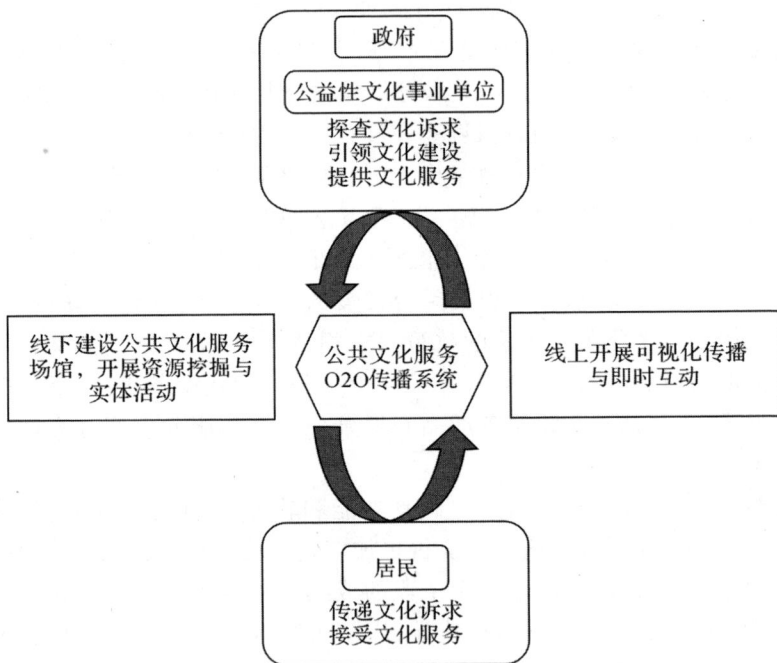

图 1-4　公共文化服务 O2O 传播系统

让互联网成为公共文化线下服务的平台。政府等公共文化服务的提供主体可以利用O2O模式，把公共文化的各类传播平台、文化商业平台、社交媒体等与具有公共文化服务需求的居民进行在线连接与互动，然后将他们带到现实的公共文化服务场所中，进一步接收公共文化服务。

可以说，通过O2O模式，公共文化服务被带到了每个人的身边。通过各类线上平台（如网页、App、微信公众号、微博等），把剪纸、昆曲、苏绣等传统文化以及图书馆、博物馆、科技馆等公共文化资源带到线上平台，利用互联网对其进行宣传和推广，使越来越多的人接触和关注公共文化，同时通过进一步建设公共文化服务场所、组织公共文化服务相关活动等方式，实现居民对公共文化服务的线下体验。

案例八：公共文化服务的O2O互动传播应用
——以杭州智慧文化服务平台为例

作为由杭州市文广新局牵头、杭州图书馆负责建设的2016年"为民办实事"城乡智慧文化工程之一，杭州智慧文化服务平台经试运行后于2016年12月20日正式上线。这是一个整合了杭州各区、县（市）图书馆、文化馆、非物质文化遗产保护中心、乡镇综合文化站、农家书屋等公共文化服务资源的一站式服务平台。在线上线下互动传播方面，该平台整合各区、县（市）图书馆、文化馆、非物质文化遗产保护中心、乡镇综合文化站、农家书屋等线下公共文化服务资源，通过各类新媒体，实现公共文化服务资源的线上互动传播。

作为公共文化服务资源的提供者，杭州各区县（市）、乡镇、农村的文化机构可以利用这一综合性的服务平台，通过不同渠道与终端，如手机、平板电脑等免费获取信息资源，并可以授权开通机构账户，自助上传各类文化动态、活动信息、特色资源等，经后台评审后对外发布。

而对于公共文化服务的使用者，杭州各区县（市）、乡镇、农村的居民则可以通过手机、电脑等终端获取文娱资讯、图书资源、活动报名、在线学习、咨询解答等多元公共文化服务。该系统同时面向居民推出了"智慧文化一点通"App，在该手机应用上，杭州居民可以用市民卡、身份证或读者证登录后进行在线学习交流，体验图书分享、互动问答等功能。

基于公共文化服务的O2O模式,杭州智慧文化服务平台体现了集群化、社会化、智能化、便捷化的特色。

集群化:将杭州地区公共图书馆、文化馆、非物质遗产保护中心等机构的活动、动态、资源等进行集群发布,通过各地文娱信息、地方活动、优秀作品等平台展示,便于市民及时了解区域内的文化动态。

社会化:开展社会化合作,融合出版社、电视台、社区大学等资源,实现共建共享,市民可通过市民卡、身份证或读者证登录后进行在线学习交流,体验图书分享、互动问答等功能;通过与国家图书馆、中国图书馆学会等机构合作,还将推出"中国阅读排行榜",树立"中国阅读杭州发布"形象,推动杭州成为中国阅读高地。

智能化:与阿里巴巴旗下的"蚂蚁金服"达成合作,引进智能机器人咨询项目,共同开发人工智能服务平台,探索图书馆智慧服务新形态,利用大数据技术采取自动采集与人工录入相结合的方式,让智能机器人能自助学习各类知识点,实现全天候实时在线智能咨询。

便捷化:打破传统的服务方式,借助互联网与物联网技术打造借阅O2O平台,市民可在线完成图书借阅,同时通过与邮政合作,提供图书快递上门。杭州市民可以像网上购物一样随时随地借书,此外还将"悦读"和"悦借"相结合,从而打造悦借、悦读、悦购、悦享为一体的服务平台。

目前,杭州智慧文化服务平台正在逐步启动村村相接、镇镇相连、城乡互通的智慧文化建设,旨在利用O2O模式,有效统筹开发各级公共文化服务机构资源,实现各类公共文化资源的联动共享,全面助推学习型城市建设。

案例九:公共服务体系建设
——以浙江特色"智慧广电+"为例

2017年以来,我国加快推进"智慧广电"建设,从"功能广电"向"智慧广电"升级,广电系统迈出实质步伐,在技术保障与突破,媒体融合平台建设,深度参与智慧城市和智慧社区等公共服务体系建设,丰富"智慧家庭"终端应用和涉足新领域布局新业态等方面取得一定成效。下一步应重点围绕管理创新、平台建设、主体建设、机制建设和监管体系建设等方面发力。

　　"智慧社会"被正式写进党的十九大报告当中。"智慧城市"是"智慧社会"的主要实践之一,"十三五"规划纲要提出,将推出 100 个新型"智慧城市"试点,并从大数据、智能建设、平安城市、智能交通、智慧旅游、智慧政务等领域全面推动新型"智慧城市"建设。据此广电行业大有可为,在新兴技术驱动下的"智慧城市、智慧社区"也正成为现下城市发展的新理念、新模式。

　　浙江华数以政策为背书,以多重角色作驱动,将广电的内容优势、网络优势、用户优势、管理优势嫁接在融合业务之中,走出了一条极具浙江特色的智慧广电发展之路。

　　近年来,浙江华数夯实发展"智慧广电＋政务"、深度挖掘"智慧广电＋民生"、快速推进"智慧广电＋教育"、持续提升"智慧广电＋安防",通过搭建全方位的信息化服务平台,将业务延伸到千家万户。(前文已详细介绍,此处不再赘述。)

　　浙江华数"智慧广电＋"的提出,重新定义了广电网络业务模式,通过平台、生产、传播的智能化升级,形成无处不在、无缝切换、可管可控的全流程数字网络。

　　新形势下,广播影视全面贯彻落实党的十九大精神,将加快实施"智慧广电"战略,在新的起点上推动广电转型升级,使得广播影视成为社会生活的中心枢纽之一,这是坚持党对新闻舆论工作的领导,不断巩固扩大新时代舆论阵地的重要保障和使命要求。为此我们提出如下建议:

　　加快设计出台智慧广电建设的分类指导意见。整理中央关于数字文化和信息产业发展的政策清单,结合智慧广电新型主体建设、技术研发标准、融合发展、制度保障等需求,拟定推进智慧广电发展的政策,指导进一步提升广播影视平台建设、内容生产、分发传播、技术支撑、协同覆盖、智能终端、优质服务和监测监管全流程智能化水平。总结汇编智慧广电新业态发展的典型个案和经验,为全国广电媒体提供参考借鉴。

　　组建示范基地,注重大数据研发,创新发展政策。规划以智慧广电为基础的"广电＋"具体路线,推动在有条件的地区建立带有智慧特征、不同类型的新业态发展基地。组建大数据研发基地,实现数据挖掘、整合、匹配的技术突破。明确支持具备条件的基地市场化运作,并允许其在一定范围内突破条块分割限制,向全国发展。在人才、技术、平台上共享,形成以强带弱、合作共赢的发展格局。

以"智慧广电"为重点,以新型服务为核心,构建广电媒体服务与信息服务的双轨运营格局。依托"智慧广电"战略,引导行业开拓创新型战略业务,打造"媒体＋广电智能＋信息服务"模式,挖掘家庭客厅文化和个人市场潜力,同时积极开拓行业用户。引导全面面向家庭、政府、行业、企业的商业及公益性智慧广电服务,参与智慧城市、智慧社区、智能家居、美丽乡村等业务,实现信息发布、数据统计、舆情分析、电子支付等全终端覆盖,引导广电行业成为社会各行业和用户生活不可缺少的智慧助手。

引导行业跨部门、跨地域合作研发,孵化国有控股人型广电新型产业主体。推进智慧广电建设必然需要新型行业主体去落实,智慧广电需要具备跨行业"融合业务"运营能力的新型主体。可扶持已在布局智慧型业务方面取得突破的广电机构跨部门、跨地区多领域合作,联合研发新技术,探索新路径,壮大智慧型广电新业态产业板块。建议依托互联互通平台建设,首批引导和孵化 3～5 家智能化媒介生产平台,注重"内容"与"技术"双驱动,组建新业态产业旗舰。支持其在开展人事、分配、个人持股、资本运作和混合所有制等方面创新探索,充分利用市场机制集聚资源、激发活力,增强自身输血和造血动能。

加快制定适合智慧广电建设的融合管理体系。广电终端的智能化已势不可挡,智能化、个性化、精准化的服务将是广电智慧型业务的基本元素。目前电视用户诉求存在综合性、公开性、重叠性、复杂性,智能化过程中如何保持稳定与更好的适配,需要产业链与行业各方共同解决,如果运行出现安全问题,责任界定和相关法律依据是运营者规模化发展的保障。因此,以平台化、开放化、共享化、智能化为特征的智慧广电系统的运作,需要多部门之间建立开放化、协同化的融合监管体系,尤其是对融合业务、跨领域业务的监管问题,要健全多个行业主管部门的联动机制,维护新业态新生态、受众权益和文化安全。

【思考题】

1. 请简述新媒体从哪几个方面改变了以往的媒介生态。

2．请分享你对新媒体技术应用于高校教学实践的思考。

3．新媒体技术在社区公共文化服务方面还有哪些应用前景？请举例说明。

第二篇　新媒体与社会事业发展

20 世纪原创媒介理论家马歇尔·麦克卢汉曾说"媒介即信息",强调媒介形式能够对人类社会产生决定性的影响。从口语传播时代到印刷时代再到如今的信息传播时代,新媒体决定了一个时代的特征,影响着社会的发展方向。那么,新媒体究竟会给社会事业带来什么变化呢? 接下来,本文将从几个不同方面,解析新媒体给社会、给我们的生活所带来的影响。

第一节　新媒体环境下的智慧健康卫生事业发展

随着中国人口老龄化的趋势来越明显,各类慢性疾病的发病率越来越高,并呈现出慢病年轻化的快速发展趋势,这给人民健康及生活质量带来极大的威胁,相关的医疗开支也日益增长,给个人和社会都带来极大的经济压力。目前,随着"互联网＋医疗"技术的日益发展,健康卫生事业的信息化、移动化、智能化越来越得到人们的重视。

一、健康卫生事业发展要求

当今世界随着 5G 技术和人工智能技术的快速发展,以移动智能技术为核心的新一轮科技革命和产业革命正在蓬勃兴起,互联网等新媒体环境与包括医疗、健康服务在内的相关行业紧密结合,深刻地改变着健康卫生事业的理念和模式,不断创造新的业态。

（一）国家政策

2016 年国务院办公厅印发《关于促进和规范健康医疗大数据应用发展的指导意见》(国办发〔2016〕47 号)[①],提出要顺应新兴信息技术发展趋势,规范

---

① 关于促进和规范健康医疗大数据应用发展的指导意见[EB/OL]. [2016-06-21]. http://www.gov.cn/zhengce/content/2016-06/24/content_5085091.htm.

和推动健康医疗大数据融合共享、开放应用。

2017 年国务院发布《中国健康事业的发展与人权进步》白皮书[①]，提出全力全方位、全周期保障人民健康，奋力推动卫生与健康事业全面发展。中国正在加紧推进健康中国建设，已制定实施《"健康中国 2030"规划纲要》《全民健身计划（2016—2020 年）》《"十三五"卫生与健康规划》《"十三五"深化医药卫生体制改革规划》等一系列规划纲要，并提出"三步走"的目标，即到 2020 年，建立覆盖城乡居民的中国特色基本医疗卫生制度，主要健康指标居于中高收入国家前列；到 2030 年，促进全民健康的制度体系更加完善，主要健康指标进入高收入国家行列；到 2050 年，建成与社会主义现代化国家相适应的健康国家。

2018 年国务院办公厅发布《关于促进"互联网＋医疗健康"发展的意见》（国办发〔2018〕26 号）[②]，提出健全"互联网＋医疗健康"服务体系，完善"互联网＋医疗健康"支撑体系，强化医疗监管和安全保证等一共十四点意见，旨在提升医疗卫生现代化管理水平，满足人们群众日益增长的医疗卫生健康需求。

2021 年，国家发改委、国家卫生健康委发布《"十四五"优质高效医疗卫生服务体系建设实施方案》，提出了支持开展"互联网＋医疗健康"服务，提高中医特色医疗资源可及性和整体效率，深度运用 5G、人工智能等技术，打造国际先进水平的智慧医院，建设重大疾病数据中心等总体要求和目标。[③]

2020 年 2 月 6 日，国家卫生健康委办公厅印发了《关于在疫情防控中做好互联网诊疗咨询服务工作的通知》（国卫办医函〔2020〕112 号）[④]，在疫情这一特殊时刻明确各级卫生健康行政部门要充分发挥互联网诊疗咨询服务在疫情防控中的作用，让人民群众获得及时的健康评估和专业指导，精准指导患者有序就诊，有效缓解医院救治压力，减少人员集聚，降低交叉感染风险。

（二）卫生健康事业发展统计

2020 年 6 月，国家卫生健康委发布《2019 年我国卫生健康事业发展统计

---

① 《中国健康事业的发展与人权进步》白皮书［EB/OL］.［2017-09-29］. http://www.scio.gov.cn/ztk/dtzt/36048/37159/37161/Document/1565175/1565175.htm.

② 关于促进"互联网＋医疗健康"发展的意见［EB/OL］.［2018-04-28］. http://www.gov.cn/zhengce/content/2018-04/28/content_5286645.htm.

③ https://www.ndrc.gov.cn/tzgg/202107/t20210701_1285213.html? code＝&state＝123.

④ 关于在疫情防控中做好互联网诊疗咨询服务工作的通知［EB/OL］.［2019-09-07］. http://www.nhc.gov.cn/yzygj/s7653p/202002/ec5e345814e744398c2adef17b657fb8.shtml.

公报》①,显示我国居民人均预期寿命由 2018 年的 77.0 岁提高到 2019 年的 77.3 岁。孕产妇死亡率从 18.3/10 万下降到 17.8/10 万,婴儿死亡率从 6.1‰下降到 5.6‰。

医疗卫生资源总量逐步增加,卫生人力构成进一步优化。2019 年末,全国医疗卫生机构总数达 1007545 个,床位 880.7 万张,每千人口医疗卫生机构床位数由 2018 年的 6.03 张增加到 2019 年的 6.30 张。2019 年末,全国卫生人员总数达 1292.8 万人,每千人口执业(助理)医师 2.77 人,每千人口注册护士 3.18 人。

医疗服务能力稳步提高。统计数据显示,2019 年全国医疗卫生机构总诊疗人次达 87.2 亿人次,比上年增加 4.1 亿人次,增长 4.9%。全国医疗卫生机构入院人数 26596 万人,比上年增加 1143 万人(增长 4.5%),年住院率为 19.0%。截至 2019 年底,二级及以上公立医院中,46.1%开展了预约诊疗,91.6%开展临床路径管理,59.1%开展远程医疗服务,86.1%参与同级检查结果互认,93.9%开展优质护理服务。

基层卫生服务水平提升。2019 年底,全国 1881 个县(县级市)共设有县级医院 16175 所、县级妇幼保健机构 1903 所、县级疾病预防控制中心 2053 所、县级卫生监督所 1724 所,四类县级卫生机构共有卫生人员 322.9 万人。全国已设立社区卫生服务中心(站)35013 个,其中与上年相比,社区卫生服务中心增加 209 个,社区卫生服务站减少 193 个。社区卫生服务中心人员 48.8 万人,人员数比上年增加 2.7 万人,增长 4.7%。

中医类机构、床位及人员数增加。2019 年,全国中医类医疗卫生机构总诊疗人次达 11.6 亿人次,比上年增加 0.9 亿人次(增长 8.6%)。全国中医类医疗卫生机构出院人数 3858.9 万人,比上年增加 274.2 万人(增长 7.6%)。

妇幼卫生与健康老龄化管理提升。2019 年,孕产妇产前检查率 96.8%,产后访视率 94.1%。与上年比较,产前检查率和产后访视率均有提高。2019 年,3 岁以下儿童系统管理率达 91.9%,比上年提高 0.7 个百分点;孕产妇系统管理率达 90.3%,比上年提高 0.4 个百分点。截至 2019 年底,全国设有国家老年疾病临床医学研究中心 6 个,设有老年医学科的医疗卫生机构 3459 个。其中,设有老年医学科的二级及以上综合性医院 2175 个,设有临终关怀(安宁疗护)科的医疗卫生机构 354 个。

---

① 2019 年我国卫生健康事业发展统计公报[EB/OL]. [2020-06-06]. http://www.nhc.gov.cn/guihuaxxs/s10748/202006/ebfe31f24cc145b198dd730603ec4442.shtml.

（三）区域卫生信息化

区域卫生信息化[①]由基于健康档案（Electronic Health Record，EHR）的区域卫生信息平台、区域卫生信息门户、综合管理系统、公共卫生系统、医疗协作系统等组成。区域卫生信息平台是连接区域内的医疗卫生机构基本业务信息系统的数据交换和共享平台，是不同系统间进行信息整合的基础和载体，它将分散在不同机构的、以人为核心的健康数据整合为一个逻辑完整的信息整体，满足与其相关的各种机构和人员的需要。

我国医疗服务的刚性需求在不断扩大，而医疗资源相对不足，供需失衡为互联网与医疗行业的结合提供了切入点。为此，政府各部门积极研究出台相关政策，鼓励医疗机构和互联网企业合作，探索运用大数据、人工智能等技术手段，推动互联网在公共卫生服务领域的发展。近年来，国内涌现出多个地区通过互联网提供在线预约诊疗、候诊提醒、划价缴费、诊疗报告查询、药品配送等便捷服务，积极探索互联网延伸医嘱、电子处方等网络医疗健康服务应用。全面加强以居民健康档案、电子病历数据为核心，以卫生信息网络为基础的区域卫生信息平台建设。旨在提高信息应用水平，服务人民群众，加强医疗健康大数据集成应用。

二、智慧医院

随着互联网、云计算、大数据、人工智能和 5G 等新信息技术的发展，为了满足现代医疗的发展需要，加快与医疗的融合步伐，医院信息化建设进入新阶段。智慧医院是实现以患者为中心，全面整合医疗资源，不断提升公共医疗服务普惠化和便捷化水平，促进医院朝着可持续方向发展。现在智慧医院的界定范围主要包括三大领域：第一个领域，面向医务人员的"智慧医疗"；第二个领域，面向患者的"智慧服务"；第三个领域，面向医院管理的"智慧管理"[②]。

（一）面向医务人员的智慧医疗

智慧医疗的概念源于 2008 年美国 IBM 公司提出的"智慧地球（Smart Planet）"战略，其中包含了智慧医疗，旨在实现患者、医务人员和医疗机构之间的信息交互高效性，提高医疗资源利用率，为患者提供更便捷的医疗服务。

---

① 梁凤玲.区域医疗卫生信息化建设存在的问题及对策探讨[J].中国新通信，2020，22(8)：99-100

② 陈家驹，刘阳，陈加宜，刘谦.基于"互联网＋"的综合医院智慧自助服务平台的设计与实现[J].中国医学教育技术，2020，34(5)：646-650.

2019 年 3 月，国家卫健委首提"面向医务人员的智慧医疗"，具体是指以电子病历为中心开展的信息化建设，并利用医院的局域网，保证电子病历的互联互通。[①] 电子病历是医院信息化建设的核心。为了指导医疗机构科学合理地发展电子病历同时引导电子病历系统朝着功能实用、信息共享、智能化发展，目前我国将电子病历系统应用水平划分为 9 个等级[②]，包括：

（1）0 级：未形成电子病历系统。

（2）1 级：独立医疗信息系统建立。

（3）2 级：医疗信息部门内部交换。

（4）3 级：部门间数据交换。

（5）4 级：全院信息共享，初级医疗决策支持。

（6）5 级：统一数据管理，中级医疗决策支持。

（7）6 级：全流程医疗数据闭环管理，高级医疗决策支持。

（8）7 级：医疗安全质量管控，区域医疗信息共享。

（9）8 级：健康信息整合，医疗安全质量持续提升。

目前，在新媒体环境的推动下，我国以打造个人电子病历和电子健康档案为核心，综合运用大数据、云计算、物联网、人工智能、区块链、5G、传感技术等现代先进信息技术，整合医疗卫生资源，医院各部门各系统实现互联互通，形成新型医疗健康管理和医疗服务体系。可穿戴设备、人脸识别设备、音视频传输设备等设备的更新升级，改变着医疗卫生服务方式，减少了医疗服务的限制，大幅提升了医务人员的工作效率。[③]

在技术的支撑下，智慧医疗具有互联互通、医疗协同、疾病预防和远程治疗等特点，能够突破原有系统的时空限制，有助于构建面向价值导向的医疗卫生服务和管理体系，随着需求的增大，智慧医疗从临床向区域医疗信息化转变、从疾病中心理念到病人中心理念的转变，并从治已病向治未病、从基本医疗管理到个性化方案制定的医疗管理发展。

（二）面向患者的智慧服务

2019 年，国家卫生健康委办公厅发布《医院智慧服务分级评估标准体系

① 叶东蕃,陈木子.5G 时代的智慧医院建设[J].中国医学装备,2019,16(8):150-153.

② 关于印发电子病历系统应用水平分级评价管理办法(试行)及评价标准(试行)的通知[EB/OL].[2018-12-07]. http://www.nhc.gov.cn/yzygj/s7659/201812/3cae6834a65d48e9bfd783f3c7d54745.shtml.

③ 司俊霄,柯雄.智慧医疗环境下的健康扶贫模式创新:实践、影响与方向[J].卫生软科学,2020,34(9):3-8.

（试行）》（国卫办医函〔2019〕236号）①，明确将对医院应用信息化为患者提供智慧服务的功能和患者感受到的效果进行分级评估，引导医院以问题和需求为导向科学合理有序地开发和应用智慧服务信息系统，把医院各个智慧的部分都能够互联互通，使之成为改善患者就医体验、开展有效全周期健康管理的工具，从而进一步促进智慧医院的建设。评估标准共分为六个等级，从零级的无应用信息化手段为患者提供服务到五级基于医院的智慧医疗健康服务系统基本建立，具体如下。

（1）0级：医院没有或极少应用信息化手段为患者提供服务。医院未建立患者服务信息系统；或者在挂号、收费、检查、检验、入出院、药事服务等环节中，面向患者提供信息化服务少于3个。患者能够通过信息化手段获取的医疗服务信息较少。

（2）1级：医院应用信息化手段为门急诊或住院患者提供部分服务。医院建立服务患者的信息系统，应用信息化手段对医疗服务流程进行部分优化，在挂号、收费、检查、检验、入出院、药事服务等环节中，至少有3个以上的环节能够面向患者提供信息化服务，患者就医体验有所提升。

（3）2级：医院内部的智慧服务初步建立。医院应用信息系统进一步优化医疗服务流程，能够为患者提供智慧导医分诊、分时段预约、检查检验集中预约和结果推送、在线支付、床旁结算、生活保障等智慧服务，患者能够便捷地获取医疗服务相关信息。

（4）3级：联通医院内外的智慧服务初步建立。电子病历的部分信息通过互联网在医院内外进行实时共享，部分诊疗信息可以在院外进行处理，并与院内电子病历信息系统实时交互。初步建立院内院外、线上线下一体化的医疗服务流程。

（5）4级：医院智慧服务基本建立。患者医疗信息在一定区域内实现互联互通，医院能够为患者提供全流程的个性化、智能化服务，患者就诊更加便利。

（6）5级：基于医院的智慧医疗健康服务基本建立。患者在一定区域内的医院、基层医疗机构以及居家产生的医疗健康信息能够互联互通，医院能够联合其他医疗机构，为患者提供全生命周期、精准化的智慧医疗健康服务。

评估项目按照患者诊前、诊中、诊后各环节应涵盖的基本服务内容，结合

---

① 医院智慧服务分级评估标准体系（试行）[EB/OL].[2019-03-05]. http://www.nhc.gov.cn/yzygj/s3593g/201903/9fd8590dc00f4feeb66d70e3972ede84.shtml.

医院信息化建设和互联网环境,确定了诊前服务、诊中服务、诊后服务、全程服务、基础与安全的 5 个类别。

将互联网、人工智能、大数据等技术应用于医疗卫生领域,有效便捷了就诊者就医程序、节约人力资源、提高医疗的效率。如今面向患者的智慧服务在医院里面的发展非常迅速,如现在医院的便捷式一体机、自助机,包括手机的结算、预约挂号、预约诊疗、床位预约、信息的提醒等,大大方便了患者的就诊流程,减少了在时间和精力上的不必要浪费,其他服务应用比如医院新闻动态、健康知识普及以及停车信息的推送提示,这些是面向患者的智慧服务,让患者感受更加方便和快捷。

（二）面向医院的智慧管理

最早医院管理的系统是医院信息系统(Hospital Information System,HIS),是利用电子计算机通信设备为医院所属各部门提供患者诊疗信息和管理信息的收集、整理、存储、提取和交互等功能,为医院各部门提供信息服务,满足用户需求,提高医院管理水平。HIS 包括以医院信息管理、临床信息管理和医院分析决策支持以及办公自动化系统。[①]

医院的信息管理系统,能完成包括财务结算、物资管理、后勤管理、药品管理等精细化的管理。采用科学高效的管理方式,减轻工作人员的工作强度,提高医院运作效率。医院内部后勤的工作人员,可通过手机、电脑等设备看到全院整个运转的效果。

临床信息管理系统,帮助医护人员提供临床技术支持和辅助临床决策,包括电子病历系统、医学影像系统、医护工作站等。

决策支持和办公系统,通过大数据、人工智能、互联网等技术,分析系统中存储的大量数据并通过可视化技术展示给医护人员和工作者,同时为医院提供个性化的决策支持。办公自动化促进了医院之间系统的传输和运作,帮助了医院各部门的协作和管理。

5G 技术在管理系统中的应用,不仅能提高办公速率和便捷度,提升信息管理的效率,还能将办公系统从电脑转移到手机或智能手表等便捷终端,用户能在任何事件、地点,安全、轻松、高效地完成办公和医疗业务。

（四）智慧医院应用

随着新媒体技术的快速发展,基于医院、医生和患者的智慧医院有了广泛的应用,把智慧医疗 App 作为医院信息化建设的工作,提高医护人员和医院

---

① 童良.基于 B/S 的医院信息管理系统的设计与实现[D].成都:电子科技大学,2020.

工作人员工作效率的同时也优化了患者的就医体验,促进了万物互联的新时代建设。

1. 微医

微医[①]是国家卫生健康委员会批准的全国就医指导及健康咨询平台,是以"微医院"、"微医生"和"微支付"为主要内容的移动医疗服务集合,是覆盖"互联网＋医疗健康"全产业链的数字健康平台(见图 2-1)。致力于以信息技术推动中国医疗健康产业的变革,通过互联网连接医院、医生和患者,促进三者间信息的高效共享,打造互联网全国分级诊疗平台和良性互动的医疗服务与健康产业生态圈。

图 2-1　微医官网首页

微医,即微医用户版,可为用户提供专家问诊、智能分诊、即时挂号、院外候诊、检查检验报告查询、处方查询、医疗支付及动态电子病历等各项服务。

微医生,即微医医生版,是专门为医生量身打造的移动医疗服务平台。从医生的需求出发,为医生提供患者咨询、就医申请、诊后随访、患者预约管理、同行交流、内容发布等功能,让医生轻松出诊。

民康卡,是微医的医院入口,是按照国家居民健康卡标准发行的患者健康档案的随身载体、便捷的医疗支付工具和全国居民健康卡开通医院通行的就诊卡。

---

① 微医[EB/OL]. https://www.guahao.com/.

2. 平安好医生

平安好医生，原名平安健康管家，是以医生资源为核心，为用户提供实时的健康咨询及健康管理服务，包括家庭医生、名医问诊、健康社区、健康评测、健康习惯、健康档案等。[①]（见图 2-2）

图 2-2　平安好医生 App 部分页面

平安好医生包括以下特色：

---

①　程潇，刘与齐.以平安好医生 App 为例分析移动医疗 App 的现状和未来发展趋势[J].中国医药导报，2017，14(26):157-160.

（1）智慧服务

提供求医问诊、在线购药和健康管理一站式服务。服务包括专科咨询、名医问诊、在线药房、健康测评、健康计划、预约挂号、女性健康、健康档案等。

（2）家庭医生

一对一的私人专属服务，专业医生维护用户健康档案，用户能实时图文、语音咨询，汇集全科、内科、儿科、妇产科、中医等常见科室，家庭医生实时解答疾病、用药、营养及运动等问题。目前针对个人和家庭推出多层次会员体系。

（3）健康社区

参与健康计划、健康互动、运动打卡、看话题、玩圈子，定习惯，结识健康专家等。

三、阿里健康

阿里健康[①]是阿里巴巴集团在大健康领域的旗舰平台（见图 2-3）。凭借阿里巴巴集团在电子商务、互联网金融、物流、大数据和云计算等领域的优势，阿里健康以用户为核心，全渠道推进医药电商及新零售业务，并为大健康行业提供线上线下一体化的全面解决方案，以期对现有社会医药健康资源实现跨区域的共享配置，同时在保障专业安全的基础上，大幅提高患者就医购药的便捷性，满足消费者对健康生活方式的追求。

目前，阿里健康开展的业务主要集中在医药电商及新零售、医疗服务和会员业务等领域。

（一）医药电商服务

主要市场定位是为用户提供药品、保健品、私人用品以及医疗器械的购买服务，包括为天猫医药相关业务提供的代运营服务、阿里健康大药房和医药O2O 服务。

（二）医疗服务

包括互联网医疗、消费医疗和智慧医疗。医疗服务是基于互联网云计算的云上医院和医疗大数据。其中云上医院是基于实体医疗机构，通过互联网、云计算等技术手段打造的区域一体化医疗生态系统。为医院和医生搭建有序协同和资源共享的网络，同时为患者提供便捷、高效、个性化的服务。

---

① 阿里健康［EB/OL］. https：//baike. baidu. com/item/％E9％98％BF％E9％87％8C％E5％81％A5％E5％BA％B7/16935599？fr＝aladdin.

图 2-3　阿里健康官网首页

（三）会员服务

包括家庭医生、个人健康档案、商业健康险、健康产品与服务电商平台等。

四、智慧家医

智慧家医，是一种医疗服务新模式，以人工智能、电子数据、互联网等技术为支撑，利用"互联网＋"赋能全科医生，将健康管理服务延伸到居民个人以及家庭。[1]

（一）家庭医生制度

2016 年国务院医改办等七部门印发《关于推进家庭医生签约服务的指导意见》[2]，提出优先覆盖老年人、孕妇、儿童、残疾人等人群，到 2020 年力争将家庭医生签约服务扩大到全人群，基本实现家庭医生签约服务制度的全覆盖。家庭医生，别称"居民健康守门员"，扎根于基层医疗卫生服务系统，是对服务对象实行全面的、连续的、有效的、及时的和个性化医疗保健服务和照顾的新型医生。家庭医生也叫全科大夫，其以家庭医疗保健服务为主要任务，提供个性化的预防、保健、治疗、康复、健康教育服务和指导，使用户足不出户就能解

---

[1]　张向东.深化内涵全面推进家庭医生签约服务[J].中国卫生人才,2019(7):14-7.

[2]　卫生计生委关于印发推进家庭医生签约服务指导意见的通知[EB/OL].[2016-06-06].http://www.gov.cn/xinwen/2016-06/06/content_5079984.htm.

决日常健康问题和保健需求、得到家庭治疗和家庭康复护理等服务。[①] 家庭
医生基本工作如下：

　　(1)建立并能利用个人、家庭健康档案；

　　(2)能对社区常见病和多发病实行医疗；

　　(3)急、危、重病人的院前急救与转诊；

　　(4)急、危、重病人的院前急救与转诊；

　　(5)社区健康人群与高危人群的健康管理；

　　(6)社区慢性病人的系统管理；

　　(7)根据需要提供家庭病床及其他家庭服务；

　　(8)社区儿童、老人、妇女、残疾人等重点人群保健；

　　(9)个人与家庭健康教育；

　　(10)提供基本的精神卫生服务(包括初步的心理咨询与治疗)；

　　(11)开展医疗与伤残的社区康复；

　　(12)计划生育技术指导；

　　(13)通过团队合作执行家庭护理、卫生防疫、社区初级卫生保健任务等。

　　(二)智慧家医内容

　　智慧家医采用网上签约服务，提供在线咨询、就诊预约、定向分诊、诊前服
务、诊疗服务、健康管理、慢性病随访等特色的签约预约诊疗服务，个性化建立
用户健康档案、优化家庭医生团队的组织结构、运行机制，统筹考虑基本医疗
和公共卫生服务，充分发挥家庭医生团队规范诊疗、合理转诊、健康管理的优
势，建立以信息化为支撑的新型家医模式。[②][③]

　　建立居民健康档案。建档人群：0 至 6 岁儿童、孕产妇、老年人、慢性病等
为建档重点人群，常住居民和社区卫生服务居民为普通建档人群。居民健康
档案内容包括个人基本信息、健康体检结果和其他医疗服务记录等，并能根据
居民情况动态更新健康档案。健康档案在保护居民个人隐私安全的基础上，
应用于社区居民就诊、重点对象服务、患者追踪随访、家庭健康管理等。

　　个性化服务，实时互动。用户利用手机 App、网页，可通过打字、语音、视
频等方式在线向家庭医生咨询健康信息，家庭医生与用户一对一交流，为用户
答疑解惑，提供针对性的建议。

①　张雪,田文华.家庭医生及相关概念的界定和比较[J].海军医学杂志,2013,34(4):283-284.

②　马晴.智慧家庭医生模式创新生态系统的构建与仿真研究[D].南京:南京中医药大学,2020.

③　张向东.深化内涵全面推进家庭医生签约服务[J].中国卫生人才,2019(7):14-17.

医医互联,精准转诊。医疗服务机构之间互联互通,提供家庭医生与医联体内上级医院的互动平台,实现各级各类医疗卫生机构间信息共享、远程预约就诊、双向转诊、远程会诊、在线咨询等服务,从而实现全科与专科的合理整合。

整合社会资源,优化配置。各社区卫生服务中心在具体落实时,要以大基层的理念,充分挖掘辖区已有的、可调动的、可引进的各类医疗资源和社会资源,优化资源配置,提供综合服务。

智慧诊疗,提升服务质量。其主要方式为实现用户健康精细化管理。系统知识库中集成各类疾病管理规范和指南,针对不同疾病和患者制定精细化方案,提供个性指导,如在慢性病患者管理上,将我国慢性病防治指南或管理规范作为知识库嵌入系统中,实现对慢性病的智能和精细化管理,通过系统监测评价和后台数据实时分析,形成个性化慢性病评估报告。针对不同健康问题自动发出预警提示,针对不同管理级别注明色标图示,对慢性病患者提供个性化健康指导,提高对慢性病的科学管理和服务效率。

人工智能合理规范诊疗。其主要方式为应用临床决策辅助诊断系统等方法将临床诊疗思维路径嵌入系统中,根据症状描述,对于疑似常见情况,提供疾病诊断、检查、合理用药等方面的提示或建议,针对疑似的危重情况,提示医生重点问诊和查体以利于早期识别诊断,避免误诊和漏诊的发生。同时提供针对性健康教育内容提示,便于医生在诊疗时向患者提供健康指导。同时开展慢病随访,针对慢性病用户进行长期的跟踪管理,紧密结合医生、社区和居民,实现对慢性病患者的主动、个性化和连续性干预。

智慧上门,便捷就诊。一是便捷服务。为患者提供药品配送一体化服务,直接将药物配送到家,用户在手机应用程序上可实时查看配送流程、全程追溯,通过手机对患者进行用药指导服务和日常服药提醒,实现互联网与物联网的融合,做到协同服务一体化。二是健康监测服务。根据需要,签约患者可借用远程健康可穿戴设备,自主完成血压、血糖等测量,数据实时传输至健康档案,签约医生根据监测数据为患者提供健康管理服务,逐步强化患者自我健康管理意识。

智慧绩效,加强信息化管理。在持续推进当量系数法绩效考核管理的基础上,进一步提高信息化水平,实现线上绩效管理和考核。建立家庭医生服务管理平台,通过实时监测统计家庭医生服务的工作数量和管控服务质量,开展居民线上满意度评价,加强绩效管理。

（三）智慧家医应用

随着"互联网＋医疗健康"的大力推进，全国多地纷纷探索"智慧家医"，各种家医平台层出不穷，并将健康管理服务从个人延伸到家庭，努力促进健康服务的高质量发展。

1. 好大夫在线

好大夫在线[①]创立于 2006 年，包含医院/医生信息查询、网上问诊、电话问诊、远程视频门诊、门诊精准预约、诊后疾病管理、家庭医生、私人医生、疾病知识科普等功能。（见图 2-4）

图 2-4　好大夫在线官网首页

（1）在线问诊

好大夫在线收录全国 1 万多家正规医院的近 76 万名医生信息，用户能根据疾病种类、医院、科室等来找到所需的大夫，进行在线图文、电话或视频问诊。此外还包含了众多专家团队，全国知名专家在线视频门诊，由专家为患者出具诊疗方案，并由当地医生在线实施治疗。

（2）家庭医生

家庭医生是由多个专科专家支撑下的县乡村一体化家医服务团队。帮助

---

① 好大夫在线[EB/OL]. https://www.haodf.com/.

专科医生和基层全科医生建立慢病管理的协作关系,组成"专科+全科"的团队,向基层患者提供规范、专业的慢病全程管理服务。

(3)疾病科普知识

由全国正规医院的医生撰写疾病科普文章,为患者提供科学的知识内容。

(4)预约转诊

大量的全国顶级专家在好大夫在线平台上开通了预约转诊服务,病情符合要求的患者可以预约医生的门诊。

(5)诊后疾病管理和线上复诊

在患者离开医院以后,还能通过好大夫在线的平台,接受自己主治医生的长期管理。在病情允许的情况下,医生可以为患者复诊开药,并配送到家。

2. 医护到家

医护到家①是由北京千医健康管理有限公司推出的全国性专业居家护理平台,为用户提供上门、居家养老、在线问诊、健康体检、健康管理等服务。(见图 2-5)

图 2-5　医护到家官网首页

用户通过医护到家 App、微信公众号或客服电话便捷下单预约,选择服务时间、地点、项目后,护士会上门提供打针、换药服务。专业医生能在线上提供在线问诊服务,此外还有 24 小时送药到家服务和健康体检服务。在 2017

---

① 医护到家[EB/OL]. http://www.yihu365.com/.

年医护到家建设了互联网＋居家养老护理站——芝麻（北京）护理站，通过连接网络的智能硬件及多种检查检验设备，为辖区内的人群提供康复护理、健康管理、慢病管理等多种服务项目，同时满足多类型人群的个性化需求。

五、智慧中医

中医中药在中国古老的大地上已经拥有几千年的历史，经过几千年的临床实践，证实了中国的中医和中药无论是在治病、防病还是健康养生上，都是有效可行的。如今中医药的国际认同度持续提升，中医药已传播到全球 183 个国家和地区，成为中国与世界各地和卫生组织合作的重要内容。"中医针灸"被列入联合国教科文组织人类非物质文化遗产代表作名录，《黄帝内经》《本草纲目》入选世界记忆名录。据世界卫生组织统计，已有 103 个会员认可使用针灸，其中 29 个设立了传统医学的法律法规，18 个将针灸纳入医疗保险体系。

然而，中医同样面临着很大的挑战。首先，中医知识有赖于经验积累，许多中医知名专家年事较高，精力比较有限，在教授学生和坐诊方面有一定的困难。其次，中医适宜技术缺乏一定的标准规范，基于何种临床症状应当采用何种技术，此类标准的缺失使得医务人员难以快速和准确地学习。再次，中药的种类繁多，药材的搭配和熬制过程繁琐，病人需要掌握正确的熬制方法，以确保中药效果。

国务院发布的《中医药发展战略规划纲要（2016—2030 年）的通知》（国发〔2016〕15）[①]中明确提出要推动"互联网＋中医医疗"。大力发展中医远程医疗、移动医疗、智慧医疗等新型医疗服务模式以及实现中医药服务的互联网化是大势所趋。

（一）智能中医诊疗

传统中医诊察患者的基本方法是望、闻、问、切，通过中医与患者面对面进行四诊，收集患者信息，判断患者情况，然后对症施治。四诊是中医诊疗的纲领，其中"望"指的是观察病人的发育情况、面色五官和舌象等，以判断五脏健康状况；"闻"包括听声音和嗅气味两个方面，主要是听病人的说话声音、气息，并且闻口腔和身体等气味，以判断病情虚实寒热；"问"指的是"问诊"，询问病人所存在症状表现，发病经过、既往病史、家族病史和饮食情况等；"切"指的是

---

① 中医药发展战略规划纲要（2016—2030 年）的通知［EB/OL］．［2016-02-22］．http://www.gov.cn/zhengce/content/2016-02/26/content_5046678.htm.

诊脉、切脉,用手诊脉体察脉象变化,辨别肺腑情况。[①]

通过整合互联网技术和大数据技术,遵循国家标准规范和相关行业规范标准的统一数据格式建立智慧中医数据库,同时引入人工智能技术对数据进行分析,分别从中医领域挖掘出名医特色诊疗方案,从患者角度进行精准化健康指导,为智慧化中医诊疗及健康管理打开了新的视角。同时依托中医智能采集设备,采用先进的精密仪器采集手段,实现中医的数字化和精准化分析。

智慧中医诊疗平台集成中医脉象诊断、耳诊断、舌面相诊断、闻诊诊断、体质辨识系统、养生调理系统、经典处方等功能,创新采用"互联网+健康医疗"的模式和相关中医院或中医专家联网,实现中医的远程综合诊治和医生间的互联互通。建立中医标准化诊疗流程,利用辅助决策系统,提高其对于常见病的诊断及处方能力和对于高危因素的预警能力。

(二)智能中药管理

我国中医药文化源远流长,种类繁多,中药资源种类达1万多种,其中药用植物占全部的87%,数据显示,2019年我国中成药及饮片市场规模达2700亿元,中药行业在飞速发展。

中药的质量是中医临床疗效的基础,中医药标准化是中医现代化的重中之重,高效准确识别中药材的品种和质量十分关键。传统的识别靠人工的看、摸、闻和尝等方式。在互联网、人工智能技术、大数据平台的帮助下,通过对中药质量标记物的定量分析,快速简便地提供中药检测方法,将药材的样本通过大数据图像识别分析,能快速准确辨识中药。

传统的中药的配药方式采用手抓称秤,考验医生的细致和耐心且影响工作效率。随着新技术的不断发展,各种类型和功能的中药智能配药系统不断推出,实现了自动配药、智能配药,大大提高了抓药配药的效率,同时确保了配药的精确率。此外综合利用移动互联网、物联网和大数据技术,并结合自动控制技术,整合线上线下资源,创新就医取药模式,实现中药配药、中药代煎、中药配送、咨询等的全流程在线信息化管理的药事服务平台,切实推进中医和中药的现代化建设。

(三)智慧中医应用

在国家和各地政策支持下,智慧中医的应用越来越广泛,中医和中药的人工智能应用普及已经明显提速。

---

① 杨良俊,严艳,李嘉丽,樊湘珍,梁绮婷,周恒立,潘华峰.基于互联网+医疗健康背景下的智慧中医诊疗新模式探讨[J].卫生软科学,2020,34(8):26-29.

1. 中医体质辨识仪

中医体质辨识仪（见图 2-6）能根据体质状态，制定防治原则，从而选择对应的治疗、预防和养生办法，进行个性化干预。使用者根据自身情况回答相对

图 2-6　中医体质辨识仪

应的题目即可获知自身体质类型；提供体质辨识，实现体征信息自动采集更新，并支持数据后台管理功能，对数据进行整合、统计分析。

2. 中医四诊仪器

利用计算机技术、网络通信技术等现代化手段，对中医舌象、面色、脉象、问诊数据进行记录、保存、查阅、对比、导出、备份，生成客观化、定量化信息，为中医教学与科研、临床等提供便利的数据管理功能。（见图 2-7）

3. AI 中药识别仪

多模态 AI 中药识别仪[①]是在 2019 年健康"一带一路"暨中医药科技创新高峰论坛上新亮相的一款集数字化、智能化、集成化于一体的仪器（见图 2-8）。其结合人工智能技术和影像技术多模态融合，极大地提高了中药光

_____

① 中国自主研发多模态 AI 中药识别仪，助推中药走向世界［EB/OL］.［2019-06-27］. https:// baijiahao. baidu. com/s? id＝1637454653753917604&.wfr＝spider&.for＝pc.

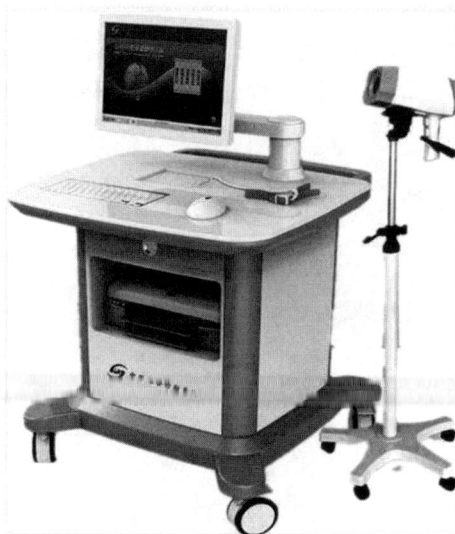

图 2-7　中医四诊仪

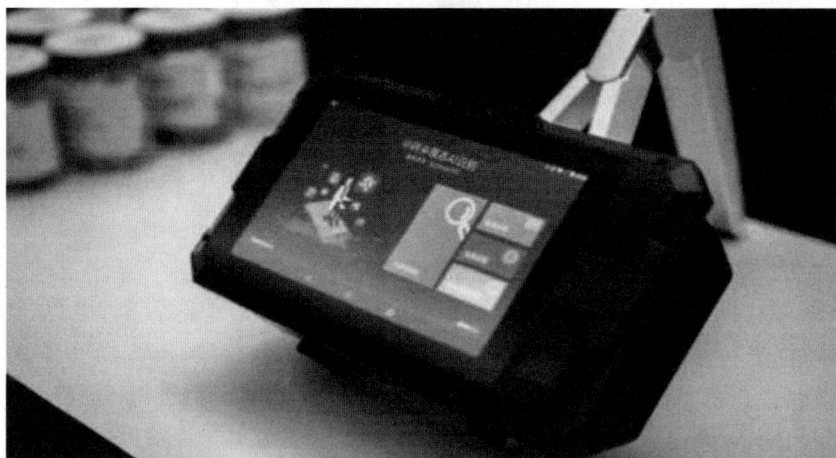

图 2-8　AI中药识别仪

学指纹图鉴的鉴别精度,能快速地识别和检测中药以及成分。另外,该仪器通过搭建中药材 AI 可视化追溯平台,能够利用中药材跟踪系统、质量产量能源实时检测和预测系统、紧急召回系统,实现农田到终端的追踪。

六、智慧养老

我国已进入老龄化阶段,随着医疗水平的提高和人均预期寿命的提升,慢性病成为老龄化社会的一大挑战。新媒体环境下,信息技术与传统健康养老的不断融合,促使我国智慧养老产业规模持续快速增长。

(一)老龄化现状

按照国际规定,65 周岁以上的人确定为老年人;我国《中华人民共和国老年人权益保障法(2018 修正)》[①]第 2 条规定老年人的年龄起点标准是 60 周岁,即凡年满 60 周岁的中华人民共和国公民都属于老年人。近年来我国老年人口数量逐年增多,预计 2025 年我国老年人口数量增至 3 亿人。按照国际通行划分标准,当一个国家或地区 65 岁及以上人口占比超过 7‰时,意味着进入老龄化;达到 14‰,为深度老龄化;超过 20‰,则进入超老龄化社会。

目前我国已进入老龄化阶段,2020 年我国 65 岁及以上老年人口比例达11.70‰,正在走向深度老龄化,预计 2040 年我国 65 岁及以上老年人口比例超过 20‰,进入超老龄化社会。同时,老年人口高龄化趋势日益明显:80 岁及以上高龄老人正以每年 5‰的速度增加,到 2040 年将增加到 7400 多万人。

根据出生率排行榜我们可知,与 2017 年相比,全国人口出生率仅为10.94‰,下降 1.49‰,2018 年各省新生儿出生率也均呈下降趋势,这在一定程度上促使老年人口占比增加,人口老龄化程度加重。另外,我国推行计划生育以后,人口增长幅度减弱,独生子女家庭数量增加,家庭规模趋于小型化。这在加速社会老龄化的同时也带来了养老困境。

医疗水平的改善也是社会人口老龄化的原因之一。自 1978 年改革开放以来,我国经济迅猛发展,人民生活水平不断提升,社会医疗水平也在逐步改善,国民健康水平得到了稳步提升,国民人均预期寿命从 1981 年的 67.77 岁上升到 2019 年的 77.3 岁。

(二)养老困境

据世卫组织估计,中国近 80%的老年人的死亡归因于饮食风险(营养过剩或营养不良)、高血压、吸烟、空腹血糖升高、空气污染(室内及室外)和缺乏锻炼。中国 60 岁以上老年人的死亡中,超过 50%可归因于饮食风险和高血压。而这些不良行为或环境都是引发慢性病等非传染性疾病的危险因素。为

---

① 中华人民共和国老年人权益保障法[EB/OL].[2019-01-08]. http://www.mca.gov.cn/article/gk/fg/ylfw/202002/20200200024078.shtml.

了提升老年人生命质量、实现健康老龄化，了解中国城乡老年人的医疗保健行为现状至关重要。

随着社会经济的不断发展和新型城镇化的快速推进，农村越来越多的青年人进城务工，加之农村老龄人口的急剧增加，使得农村空巢老人的养老问题日益凸显。农村空巢老人普遍年龄偏大，教育程度偏低，身体素质较差，娱乐项目少，这导致了老人经济能力差、患病率高、精神孤独等问题，因此增加老人医疗保障，建立老人精神依托极为重要。[1]

老年人记忆力和身体素质各方面都有所衰退，严重的会导致生活无法自理，必须由家人或者专人照顾，这给空巢老人、一些独生子女或一些生活压力大的家庭带来很大的困扰。[2]

(三)健康标准

世界卫生组织(WHO)2000年公布的健康标准主要包括：有足够充沛的精力，能从容不迫地应付日常生活和工作的压力而不感到过分紧张；处事乐观，态度积极，乐于承担责任，事无巨细不挑剔；善于休息，睡眠良好；应变能力强，能适应环境的各种变化；能抵抗一般性感冒和传染病；体重得当，身体匀称，站立时头、肩、臂位置协调；眼睛明亮，反应敏感，眼睑不发炎；牙齿清洁，无空洞，无痛感，牙龈颜色正常，无出血现象；头发有光泽，无头屑；肌肉、皮肤有弹性，走路轻松。

中华医学会老年医学分会基于国内外健康概念新进展，并结合我国老人的具体情况进行了修订，制订出《中国健康老年人标准2013版》[3]，具体的标准包括以下五点。

第一条：大病没有，小病稳定

"大病没有"是指心脑肾等重要脏器因年龄增加有所退化，但并未导致功能异常，没有得过恶性肿瘤、心脑血管疾病(如心肌梗死、脑卒中)等。"小病稳定"是指一些相关的高危因素能控制在与年龄相适应的达标范围内，比如虽然有高血压、糖尿病等，但经过吃药和改变生活方式，能将指标控制在合理范围内，没有引起心脏、肾脏等并发症。

第二条：智力正常

认知变化在老年人的健康中非常重要，自我满意或自我评价良好是国际

---

① 许良.农村空巢老人的养老困境及其对策[J].办公自动化,2020,25(16):58-60.
② 苏征宇.独生子女父母养老保障困境及对策[J].合作经济与科技,2020(15):168-169.
③ 苏征宇.独生子女父母养老保障困境及对策[J].合作经济与科技,2020(15):168-169.

106

上较新的老年人健康概念。老年人可在家人协助下应用《老年人简易智能量表》(MMSE)进行简单评估,每题 1 分,满分 30 分。初中以上文化水平的老年人≥27 分为正常,高龄老年人≥25 分为正常。

第三条:心态健康

老年人要充分意识到在整个生命过程中,自身体力、精神状态及社会参与的潜力。即使是高龄老年人,也能作出对家庭、社会及国家的贡献,增加幸福感和归属感。像做饭、打扫卫生等,都是对家庭作出了贡献,是心态健康的表现。老年人心理状态可通过《老年抑郁量表》(GDS)进行评估。

第四条:生活能自理

老人的活动能力评估非常重要,是否能维持基本生活,可应用《老年人日常生活活动量表》(ADL)进行评估。达到满分 100 分为正常,高龄老人达到95 分为正常。

第五条:生活方式良好

良好规律的生活方式是老年人健康的基础,应做到起居有常,饮食有节,不妄作劳,情绪平和,戒烟慎酒。主要从食疗、戒烟、运动、慎酒、心理健康五个方面综合衡量。

(四)国家政策

2015 年,国务院印发的《全国医疗卫生服务体系纲要(2015—2020 年)》[①]明确提出开展健康中国云服务计划,积极应用移动互联网、物联网、云计算、可穿戴设备等新技术,推动惠及全民的健康信息服务和智慧医疗服务,推动健康大数据的应用。全面建成互联互通的人口健康信息平台,积极推动移动互联网、远程医疗服务等发展,普及应用居民健康卡。

2016 年中共中央国务院印发的《"健康中国 2030"规划纲要》指出,积极促进健康与养老、旅游、互联网、健身休闲、食品融合,催生健康新产业、新业态、新模式。发展基于互联网的健康服务,鼓励发展健康体检、咨询等健康服务,促进个性化健康管理服务发展,培育一批有特色的健康管理服务产业,探索推进可穿戴设备、智能健康电子产品和健康医疗移动应用服务等发展。

2017 年中共中央国务院发布的《关于印发"十三五"国家老龄事业发展和养老体系建设规划的通知》指出,居家为基础、社区为依托、机构为补充、医养相结合的养老服务体系更加健全。养老服务供给能力大幅提高、质量明显改

---

① 全国医疗卫生服务体系规划纲要(2015—2020 年)[EB/OL].[2019-06-27].http://www.gov.cn/zhengce/content/2015-03/30/content_9560.htm.

善、结构更加合理,多层次、多样化的养老服务更加方便可及,政府运营的养老床位数占当地养老床位总数的比例不超过50%,护理型床位占当地养老床位总数的比例不低于30%,65岁以上老年人健康管理率达到70%。

依托城乡社区公共服务综合信息平台,以失能、独居、空巢老年人为重点,整合建立居家社区养老服务信息平台、呼叫服务系统和应急救援服务机制,方便养老服务机构和组织向居家老年人提供助餐、助洁、助行、助浴、助医、日间照料等服务。同时,大力推广实施"互联网+"养老工程。支持社区、养老服务机构、社会组织和企业利用物联网、移动互联网和云计算、大数据等信息技术,开发应用智能终端和居家社区养老服务智慧平台、信息系统、App应用、微信公众号等,重点拓展远程提醒和控制、自动报警和处置、动态监测和记录等功能,规范数据接口,建设虚拟养老院。

(五)慢病现状

新华社2019年12月报道,随着人均预期寿命的提升,慢性病高发也成为老龄化社会的一大挑战。国家卫生健康委员会31日提供的最新数据显示,我国超过1.8亿老年人患有慢性病,患有一种及以上慢性病的比例高达75%。

国家卫健委老龄健康司司长王海东说,我国人均预期寿命已达77岁,这反映了我国主要健康指标总体已优于中高收入国家平均水平。但老年人整体健康状况还存在着患病比例高、患病时间比较早、"带病生存"时间较长等问题。

国家卫健委、全国老龄办日前在京宣布,启动老年健康促进行动。这一行动是健康中国行动为实现健康老龄化作出的部署,是未来十余年老年健康工作的重要指导。针对老年人慢性病防控和健康促进,该行动提出要强化基层医疗卫生服务网络功能,发挥家庭医生作用,为老年人提供综合、连续、协同、规范的基本医疗和公共卫生服务。

据悉,国家卫健委下一步将全面推进老年健康管理工作,包括为65岁及以上老年人免费建立健康档案,每年免费提供健康体检;研究制定上门巡诊、家庭病床的服务标准和操作规范;持续提高基层慢性病综合干预管理效果;开展失能老人的评估和综合服务试点等。

老年健康促进行动也提倡老年人自身做好慢病管理,延缓病情,减少并发症,同时鼓励和支持企业利用"互联网+"等信息技术,研发可穿戴老年人健康支持技术和设备等。

(六)智慧养老

随着科技进步,智能软硬件、移动互联网、大数据、云计算、人工智能以及5G技术等新一代信息技术带来了新型养老方式。社会上也涌现出一系列如只为父母设计的电视盒子等高科技产品、老人专属的智能老人健康医疗平台[①]、互联网＋智慧社区居家养老模式[②]、智慧老人机器人陪护系统、智慧机构养老服务等,提升老人的晚年生活质量,满足老人养老需求,最大程度地解决空巢老人寂寞的问题,是智慧养老、候鸟式养老、信息化养老、中国式养老的新形式。

智慧养老是面向居家老人、社区以及养老机构的提升老人晚年生活质量,最大程度解决空巢老人孤独问题,让老人充分享受信息时代带来的便利和舒适的信息平台。智慧养老系统[③]具备实时检测生命体征、远程健康监测、紧急求救、实时定位、安防报警、日常提醒、一键呼叫、主动关怀等智能看护的功能,代替家人和护工照看老人的基本生活状态。通过机构、社区与智慧养老系统的互联互通,将系统中检测到的异常状态及时发送给社区相关部门,社区可及时上门给老人提供帮助。同时智慧养老中的智慧家医服务,可为行动不便的老人提供上门基本医疗服务,为慢性病老人提供慢性病随访等功能。智慧养老经过良好运营与快速成长,获得了政府、行业、公众及媒体的广泛关注与认可。

七、智慧妇幼

2020 年是全面建成小康社会和"十三五"规划的收官之年。妇女儿童健康是全民健康的重要基石,妇幼的健康状况将极大影响一个家庭和社会。随着云计算、大数据、物联网、移动端、人工智能、5G 等技术的蓬勃发展,"智慧妇幼"也逐渐进入大众的视野,智慧妇幼是指利用新信息技术,为妇女和儿童提供高效、便捷、智能的管理和服务,保障妇幼身心健康。

(一)妇幼现状

妇幼卫生是指通过社会、家庭和个人的共同努力来保障和促进妇女和儿童身心健康的科学和艺术,实现妇女和儿童生存和健康的权利。

2020 年 6 月,国家卫生健康委权威发布的《2019 年我国卫生健康事业发展统计公报》显示,2019 年,我国孕产妇产前检查率 96.8％,产后访视率 94.1％。与上年比较,产前检查率和产后访视率均有提高。住院分娩率为

---

① 任国征,徐晓娜.构建智慧养老服务体系的建议[J].中国国情国力,2020(10):13-17.

② 张健.高质量的新型养老模式——智慧居家养老服务[J].农村·农业·农民(B 版),2020(9):34-35.

③ 刘灿.智慧养老系统健康监护软件的设计与实现[D].重庆:重庆邮电大学,2019.

99.9％。3岁以下儿童系统管理率达91.9％,比上年提高0.7个百分点;孕产妇系统管理率达90.3％,比上年提高0.4个百分点。

据妇幼卫生监测,2019年5岁以下儿童死亡率7.8‰,婴儿死亡率5.6‰。与上年相比,5岁以下儿童死亡率、婴儿死亡率均有不同程度的下降。国家开设了免费孕前优生检查项目。全国所有县(市、区)普遍开展免费孕前优生健康检查,2019年全国共为1020万名计划怀孕夫妇提供免费检查,目标人群覆盖率平均达95.1％。筛查出的风险人群全部获得针对性咨询指导和治疗转诊等服务,落实了孕前预防措施,有效降低了出生缺陷发生风险。

(二)面临的挑战

医疗资源不足,设施薄弱。一些村级乡级或者贫困地区医院的基础设施建设落后、卫生技术人员不足,妇幼机构数量和规模无法满足大规模的孕妇健康需求。医疗设备、床位、妇幼健康意识、健康管理等得不到保障。应对经济欠发达地区的妇幼健康问题,是亟待解决的问题。

妇女儿童健康问题依然突出。妇女儿童健康状况极大影响着家庭和社会,一个有出生缺陷的儿童会拖垮一个家庭,甚至产生严重的社会问题。随着"二胎政策"的放开,我国高龄孕产妇急剧增多,进而带来一系列高危妊娠风险和疾病,新生儿的出生健康问题更是极大的挑战,婴儿出生缺陷是导致儿童死亡和残疾的重要原因。

(三)国家政策

2011年国务院颁布的《中国儿童发展纲要(2011—2020)》提出了儿童健康方面的主要目标和策略措施。明确提出要减少出生缺陷发生率,加强儿童疾病防治和儿童保健服务管理,加强妇幼卫生服务体系建设,降低婴儿、儿童和孕产妇死亡率。

2016年国家卫生和计划生育委员会发布了卫生行业标准WS/T 526-2016《妇幼健康服务信息系统基本功能规范》,规定了妇幼健康服务信息系统的基本功能、系统安全要求,信息系统各功能间的相互关系,规范妇幼保健机构信息化工作的管理,指导妇幼保健信息化建设,提高妇幼保健服务工作效率和信息管理水平,实现妇幼保健信息的互联互通。

2016年中共中央、国务院印发的《"健康中国2030"规划纲要》要求:到2030年,婴儿死亡率控制在5‰及以下,5岁以下儿童死亡率控制在6‰及以下;孕产妇死亡率控制在12/10万及以下。构建覆盖城乡居民,涵盖孕前、孕期、新生儿各阶段的出生缺陷防治体系。加强儿童早期发展,加强儿科建设,加大儿童重点疾病防治力度,扩大新生儿疾病筛查。提高妇女常见病筛查率和早诊早治率。实施妇幼健康和计划生育服务保障工程,提升孕产妇和新生儿危急重症救治能力。

2018 年国家卫生健康委员会印发了《母婴安全行动计划(2018—2020)》和《健康儿童行动计划(2018—2020)》,并全国实施。《母婴安全行动计划(2018—2020)》行动内容包括妊娠风险防范、危急重症救治、质量安全提升、专科能力建设以及便民优质服务等。《健康儿童行动计划(2018—2020)》重点行动包括儿童健康促进、新生儿安全、出生缺陷综合防治、儿童早期发展、儿童营养改善、儿童重点疾病防治、儿童医疗卫生服务改善和儿童健康科技创新行动。

(四)智慧妇幼应用

智慧妇幼以标准化的临床数据为基础,结构化的妇幼电子病历为总线,基于互联网和人工智能等技术,通过与妇幼相关医疗机构实现数据共享和项目互联互通,结合智能化知识引擎辅助医生进行临床决策,专为保障妇幼群体的健康服务。[①](见图 2-9)

图 2-9　2020 年中国移动母婴应用平台知识图谱

随着二孩政策的全面放开、移动互联网技术的发展以及年轻一代对消费品质的追求,智慧妇幼应用平台层出不穷,极大保障了广大妇女儿童的健康,

---

① 戴芊.互联网+智慧医疗模式下的妇幼保健院信息化建设[J].电子技术与软件工程,2019(21):193-194.

为妇幼健康提供了全程、规范、智能的服务。来自 iiMedia Research(艾媒咨询)的 2020 中国移动母婴应用平台知识图谱①显示,目前我国的母婴应用平台伴随着需求细分,朝着多元化服务的方向发展。

1. 妈妈网孕育

根据 iiMedia Research(艾媒咨询)显示的数据,2020 年中国妈妈群体移动母婴平台偏好调研中,妈妈网孕育排行首位。(见图 2-10)

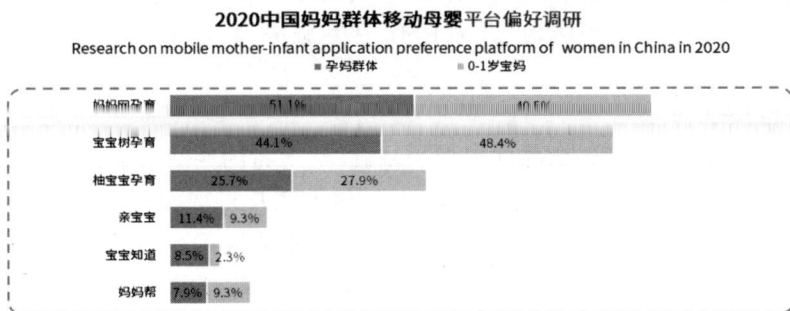

2020中国妈妈群体移动母婴平台偏好调研
Research on mobile mother-infant application preference platform of women in China in 2020

■ 孕妈群体　　■ 0-1岁宝妈

平台	孕妈群体	0-1岁宝妈
妈妈网孕育	51.1%	40.5%
宝宝树孕育	44.1%	48.4%
柚宝宝孕育	25.7%	27.9%
亲宝宝	11.4%	9.3%
宝宝知道	8.5%	2.3%
妈妈帮	7.9%	9.3%

数据来源:艾媒数据中心 (data.iimedia.cn)

样本来源:草莓派数据调研与计算系统 (Strawberry Pie)
样本量: N= 1685; 调研时间: 2020 年 03月
艾媒报告中心: report.iimedia.cn ©2020 iiMedia Research Inc

图 2-10　2020 年中国妈妈群体移动母婴平台偏好调研

妈妈网②是以妈妈群体为核心,服务于妈妈群体的各类需求,提供一点多元的综合妇幼健康服务平台,并延伸和打通了家庭市场(见图 2-11)。包含了备孕期、怀孕期、分娩期、新生儿期以及 0～6 岁儿童期等全流程的健康服务,服务内容囊括了备孕怀孕育儿健康知识百科、提供权威专家内容、实用妇幼健康工具以及母婴话题互动等,并针对不同的用户需求提供个性化服务内容。

2. 美柚

美柚③是一家移动互联网行业的高新科技企业,创办于 2013 年,专注于为女性提供线上智能服务(见图 2-12)。公司已经形成"美柚""柚宝宝""柚子街""宝宝记"等 App 产品矩阵,作为纯女性互联网平台,全方位服务于女性经

---

①　2020 中国移动母婴应用平台图谱、月活量排名分析[EB/OL]. [2020-03-28]. https://www.iimedia.cn/c1020/70439.html.

②　妈妈网[EB/OL]. http://www.mama.cn/.

③　美柚官网[EB/OL]. https://www.meiyou.com/.

图 2-11　妈妈网官网首页

图 2-12　美柚官网首页

期、备孕、孕期和育儿等整个生命周期,全面提供健康管理、孕育科普、社区交流和垂直电商等线上服务。

(1)美柚 App

美柚是一款记录经期的 App,同时能切换备孕、怀孕、育儿等模式,产品特色包括智能预测分析和身份切换。

智能预测分析能记录、提醒和预测生理期时间,同时能记录心情、习惯、健康等细节,促进用户良好习惯的养成。同时能根据用户的健康状况生成个性化健康分析可视化报告,帮助用户随时了解自己的生理状况。

身份切换功能可以让用户根据需要开启经期、备孕、怀孕和育儿四大模式,给不同时期的用户提供个性化的服务。备孕模式下用户能随时查询排卵日,以做好科学备孕;怀孕模式包括预产期记录、新生儿体重、产检助手、B超单解读、专家咨询、健康知识推送等功能,并能根据不同孕期孕妇的特点给予不同的健康服务;育儿模式下包括了宝宝疫苗、宝妈话题圈、成长刻度等模块,促进宝宝健康成长。

(2)柚宝宝 App

柚宝宝也属于美柚出品,是针对女性备孕、怀孕和育儿三个阶段的不同需求提供的妇幼健康服务工具。其中包含了妈妈变化、宝宝发育、孕期工具、每日建议、妈妈圈子和知识百科六大核心功能。备孕阶段记录孕妇基本信息,提供孕前保健、健康食谱、备孕知识、健康监测等;怀孕阶段,记录和管理孕妇电子健康档案,提供产检提醒、健康推送、孕期监测、分娩预测、产检数据解释、产后康复、待产管理、B超图像模拟等;育儿阶段建立儿童健康档案,提供育儿教程、疫苗接种、发育评估、健康指导等。

第二节　新媒体发展应用与教育传播

现代远程教育,大有取代从英文 Distance Education 翻译过来的"远程教育"一词的发展趋势。有一些学者认为,两者并无实质性区别,都是与传统面授教育相对的,教与学在时空上分离,通过技术媒体来实现教学的新的教育形态。许多权威对其的定义也呈百家争鸣,C.多曼认为远程教育是一种有系统组织的自学形式,借用媒体的手段可以覆盖很长的一段距离;①奥托·彼得斯定义为其是一种传授知识、技能和态度的方法,这是一种工业化的教与学的形式;在教育部已出台的一些文件中,也称现代远程教育为网络教育。这些对现代远程教育的定义各有其侧重,都从各自的角度、不同的方面解释了现代远程教育的内涵,笔者认为现代远程教育是现代信息技术应用于教育后所产生的新概念,即运用网络技术与环境开展的教育,以面授、函授、广播视听教学为辅助,建立在现代电子信息通信技术基础上的网络教育。

---

① 祝智庭,张浩等.微型学习——非正式学习的实用模式[J].中国电化教育,2018(2):10-13.

2019年8月30日,中国互联网络信息中心在京发布第44次《中国互联网络发展状况统计报告》。数据显示,截至2019年6月,我国在线教育用户规模达2.32亿,较2018年底增长3122万,占网民整体的27.20%。手机在线教育用户规模达1.99亿,较2018年底增长530万,占手机网民的23.6%。通过互联网手段弥补乡村教育短板,为偏远地区青少年通过教育改变命运提供了可能,为我国各地区教育均衡发展提供了条件。

一、远程教育发展历史

一位名为萨尔曼·可汗的孟加拉裔美国人在美国创办了可汗学院。可汗一个人制作了有关数学、物理、化学、生物、天文学等科目2300多部教学视频,利用视频技术改革传统教学手段,向全世界提供免费的高品质教育,创造了一名教师、一台电脑便可招揽上千万学生的"教育神话"。全球有5600万中小学生观看他的教学视频,每月600万学生登录网站。

可汗的教学视频突出"学习"的过程,引发"翻转课堂式"教学模式。传统的教学模式是老师在课堂上讲课,布置作业,让学生回家练习、做家庭作业。"翻转课堂"是学生在家完成可汗教学视频的学习,而课堂变成了老师与学生之间和学生与学生之间互动的场所,包括答疑解惑、知识的运用和团队合作等,从而达到更好的教育效果。

二、微课

微型学习这一概念于2004年提出。伴随着这些年深入地对有关的理论和实践进行研究,Micro Learning的说法已经被普遍地认同,对其内涵的界定达到一致的共识。奥地利学者林德纳则是将微课定义为"借助于一定的媒介,将课堂内容进行简化并以微视频的形式加以呈现,以供学生学习的过程"。欧洲学者布鲁克(Bruck)则是对此指出:"微课学习实际就是教师借助新媒体来展开教学,并引导学生进行知识点的建构。"林德纳从微型学习中发现了微视频教学背后的深层内涵,就是微视频能够帮助学生更快地实现对知识点的汇总和整合,并理清知识点的脉络。

微型学习最为显著的特点包括以下几种:

(1)学习时间较为随意。学生能够根据需要随时随地地学习而不受时间、地点的限制进行学习。

(2)学习内容的版块化。学习者借助媒介所学到的知识是经过加工的。

这些知识点被剖析成许多简短的知识块,这些学习模块彼此之间并不是被割裂开来的,他们既有联系又相互独立。

(3)学习方式更加灵活。学生既能够进行自主学习和对知识点加以巩固,也能够和他人进行沟通交流与合作,同时还可以借助数字化的学习资源和电子通信设备辅助学习。微课充分利用现代化的互联网技术以及信息技术,学生只需要借助一定的平台就能够实现对零散知识点的整合。微课可以短时间让学习者凝聚注意力到攻读的知识点上,提高学习的针对性,进而激发学生主动参与学习的热情,令他们在这种愉悦的学习氛围中提高学习的成效。

(一)微课的定义

"微课"是由胡铁生先生于2010年率先提出的。2011年,胡先生又在其所著的文章当中提出"微课"将是未来区域教育资源的主要发展方向,并且还写了关于我国微课技术的使用概况的研究性文章——《中小学微课建设与应用难点问题透析》。在该文章当中,其主要从五个方面(资源组成、课堂载体、使用模式、学习空间及方法)对微课堂、教案以及课例等微概念进行区分,并以此为基础对微课的相关概念进行了确定,作者提出了"微课主要含有多元化的资源组成,并通过视频及其相关的表现形式,以互联网以及不受时空约束的方式进行微课资源的教学"。微课是老师针对某个知识点录制的网络视频课程,它的学习内容是零散的、片段性的,学习内容是一个个独立的知识点与技能点。把图片、音频、视频等多种资源整合起来使用,主题突出,指向明确,类型多样,充分揭示了微课的特征。

"微课"的核心组成内容是课堂教学视频(课例片段),同时还包含与该教学主题相关的教学设计、素材课件、教学反思、练习测试及学生反馈、教师点评等辅助性教学资源,它们以一定的组织关系和呈现方式共同"营造"了一个半结构化、主题式的资源单元应用"小环境"。因此,"微课"既有别于传统单一资源类型的教学课例、教学课件、教学设计、教学反思等教学资源,又是在其基础上继承和发展起来的一种新型教学资源。

(二)微课的特点

(1)教学时间较短。教学视频是微课的核心组成内容。根据中小学生的认知特点和学习规律,"微课"的时长一般为5~8分钟左右,最长不宜超过10分钟。因此,相对于传统的40或45分钟的一节课的教学课例来说,"微课"可以称之为"课例片段"或"微课例"。

(2)教学内容较少。相对于较宽泛的传统课堂,"微课"的问题聚集,主题突出,更适合教师的需要:"微课"主要是为了突出课堂教学中某个学科知识点

（如教学中重点、难点、疑点内容）的教学，或是反映课堂中某个教学环节、教学主题的教与学活动，相对于传统一节课要完成的复杂众多的教学内容，"微课"的内容更加精简，因此又可以称为"微课堂"。

（3）资源容量较小。从大小上来说，"微课"视频及配套辅助资源的总容量一般在几十兆左右，视频格式须是支持网络在线播放的流媒体格式（如 rm、wmv、flv 等），师生可流畅地在线观摩课例，查看教案、课件等辅助资源；也可灵活方便地将其下载保存到终端设备（如笔记本电脑、手机、MP4 等）上实现移动学习、"泛在学习"，非常适合于教师的观摩、评课、反思和研究。

（4）资源组成/结构/构成"情景化"。资源使用方便。"微课"选取的教学内容一般要求主题突出、指向明确、相对完整。它以教学视频片段为主线"统整"教学设计（包括教案或学案）、课堂教学时使用到的多媒体素材和课件、教师课后的教学反思、学生的反馈意见及学科专家的文字点评等相关教学资源，构成了一个主题鲜明、类型多样、结构紧凑的"主题单元资源包"，营造了一个真实的"微教学资源环境"。这使得"微课"资源具有视频教学案例的特征。广大教师和学生在这种真实的、具体的、典型案例化的教与学情景中可易于实现"隐性知识""默会知识"等高阶思维能力的学习并实现教学观念、技能、风格的模仿、迁移和提升，从而迅速提升教师的课堂教学水平、促进教师的专业成长，提高学生学业水平。就学校教育而言，"微课"不仅成为教师和学生的重要教育资源，而且也构成了学校教育教学模式改革的基础。

（5）主题突出、内容具体。一个课程就一个主题，或者说一个课程一个事；研究的问题来源于教育教学具体实践中的具体问题：或是生活思考，或是教学反思，或是难点突破，或是重点强调，或是学习策略、教学方法、教育教学观点等具体的、真实的、自己或与同伴可以解决的问题。

（6）草根研究、趣味创作。正因为课程内容的微小，所以人人都可以成为课程的研发者；正因为课程的使用对象是教师和学生，课程研发的目的是将教学内容、教学目标、教学手段紧密地联系起来，是"为了教学、在教学中、通过教学"，而不是去验证理论、推演理论。所以决定了研发内容一定是教师自己熟悉的、感兴趣的、有能力解决的问题。

（7）成果简化、多样传播。因为内容具体、主题突出，所以研究内容容易表达、研究成果容易转化；因为课程容量微小、用时简短，所以传播形式多样（网上视频、手机传播、微博讨论）。

（8）反馈及时、针对性强。由于在较短的时间内集中开展"无生上课"活动，参加者能及时听到他人对自己教学行为的评价，获得反馈信息。较之常态的听课、评课活动,"现炒现卖",具有即时性。由于是课前的组内"预演",人人参与,互相学习,互相帮助,共同提高,在一定程度上减轻了教师的心理压力,不会担心教学的"失败",不会顾虑评价的"得罪人",较之常态的评课就会更加客观。

(三)微课的分类

微课可以按照不同的分类标准进行划分。

1. 拍摄类型

教师运用手机、摄像机等对教学活动、演示过程等进行拍摄。拍摄完成后,再利用视频剪辑软件进行编辑,最后形成内容精简的微课视频课程。

对于拍摄视频这种类型,通常也可以通过虚拟抠像式来将教师授课场景和背景进行组合,以便营建一个更加真实的场景,提升师生交流互动氛围。虚拟抠像技术,在电视广播、电影制作中也称作虚拟演播技术,目前已经得到大量广泛的应用。虚拟演播技术是利用色键抠像技术更换视频背景,再用由计算机制作的二、三维场景替换被色键抠除的蓝箱背景,利用计算机三维图形技术和视频合成技术,根据前景摄像机的位置焦距等参数,使三维虚拟场景的关系与前景保持一致,通过色键器合成,使前景中的人物、道具看起来完全处于计算机生成的虚拟场景中,从而创造出逼真、立体的演播室效果。

2. 屏幕录制类型

通过一些录屏软件,通常会通过 PPT 幻灯片、软件的操作演示过程等进行记录,录制过程中可以进行同步配音,或者录制完成之后通过视频编辑软件再进行配音和配乐,以便提供更好的效果。录制完成之后,可以以多种常见的视频格式如 avi、mp4 等方式进行保存,提供给学生进行学习。

3. 动画制作类型

通过常用的多媒体制作软件进行动画制作,常用的软件包括 Adobe Flash、AutoDesk Animator Pro、3DS MAX、Maya 等软件,其中 3DS MAX、Maya 等专业的动画软件其应用难度相对来说比较高,需要一定的专业培训过程,但其制作的动画其生动性、真实感更强。动画制作完成后,可以通过视频编辑软件再进行配音、插入文字解说等方式进一步完善,进而制作成画面生动形象的微视频。

4. 混合型微课

主要是将多种微课制作形式进行有效融汇,紧紧围绕授课内容,而不拘泥于具体的形式。这种方式有时可能显得稍微不正式或者观感相对来说会差一些,但是在解决特定的问题时,可以综合利用各种素材,降低实施制作成本。

下面分别围绕课堂教学中的几个环节进行系统的阐述。

(1)课前预习类:在授课前先把上一堂课的内容重难点在这一堂课的开始呈现出来,相当于巩固温习旧知识。

(2)新课导入类:这在老师看来是必需要有的,新课微视频的创作成效以及内容的生动性,直接关乎学生对新课的学习兴趣。

(3)课文知识类:主要是对课堂重要内容的提取以及关键知识点的讲解。

(4)课后复习类:巩固本堂课的课堂知识点,对所学的知识温故知新。

根据不同教学内容一般可以将微课分为以下几种,下面对其进行一一分析:

(1)创设情境的阅读微课

这一种主要用在课前的导入环节。老师将制定好的教学目标和重难点制成微课,主要在授课正式开始前组织学习者观看。使学习者能够对本节课堂的重难点知识点有一个大致的了解,使得后面的学习更加具有针对性。教师应当引导学生构建重难点知识点的架构,切实提高学习的成效。

(2)教学重难点的阅读微课

教师在上课之前总结出课堂中所要讲解的关键知识点以及难点,拟定大纲并将其以微视频的形式加以呈现,用以加深学生对知识点的理解,提高学习者的学习效率。

(3)阅读能力训练的微课

主要就是为学生提供演练的机会或者制定一些针对阅读的训练视频,提升学习者阅读理解能力。训练篇幅的选取不可以过长,或者可以制作一些测试知识点掌握程度的视频。

(四)微课的国外应用

微课在国外的起源较早,发展也非常迅速,目前国外的许多国家在关于微课的具体应用方面有着较为完整且别具特色的表现,如最具代表性的可汗学院和 TED-Ed。

1. 可汗学院

可汗学院(Khan Academy)是美国最知名的在线教育网站之一(见图 2-13),是由孟加拉裔美国人萨尔曼·可汗创立的一家教育性非营利组织,其主旨在于利用网络影片进行授课。主要涉及的学科有数学、物理、化学、生物、医学、EE、CS、艺术、音乐、历史、经济、SAT 等,其通过在线图书馆形式收藏了数千部自制教学视频,用以向世界各地的人们提供免费的高品质教育。

该项目最初是用于萨尔曼·可汗给他亲戚家的孩子讲授在线视频课程，但自项目创建开始就迅速向周围蔓延，并最终从家庭走进了学校。创始人萨尔曼·可汗自小成绩优异，大学就读于美国麻省理工学院，双修数学和电机电脑工程，工作后又进修了哈佛大学的 MBA 课程，可算是文理全才。这也让他可以教授数学、物理、化学、管理学，甚至对理财和人生哲学等课程也能完全胜任。

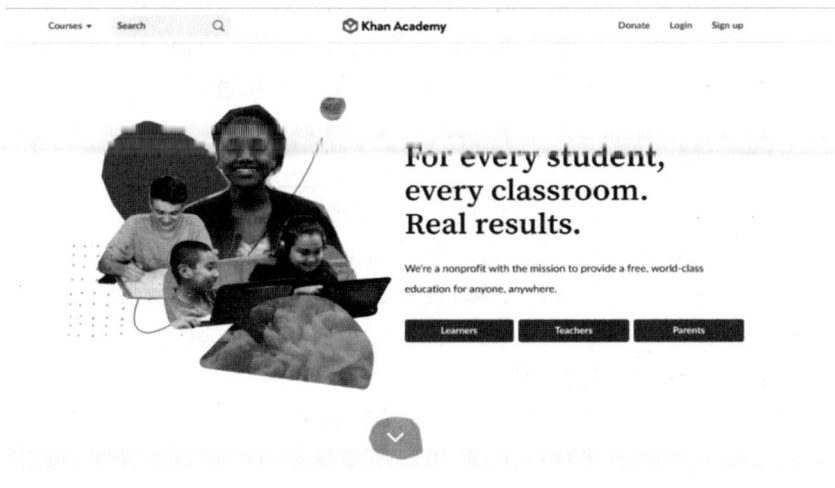

图 2-13　可汗学院首页

可汗学院是第一个知名的在线微视频教育网站，并因为课程生动有趣，覆盖面广又完全免费，收获了来自世界各地的无数粉丝。可汗学院如此享誉世界的原因主要取决于它的以下几个特点。

（1）课程完全免费

现在市面上大部分英文学习网站都是进行收费教学，而可汗学院里面的数千个教学视频，无数个教学游戏，所有的一切都是完全免费的。可汗学院网站上有这么一句话："You only have to know one thing：You can learn anything for free. For everyone. Forever."意为"你只需要知道一件事，任何人都可以永远免费学任何东西！"这是可汗学院永远不变的理念与承诺！

（2）系统全面的课程体系

系统全面的课程体系正是早期可汗学院能够从众多慕课网站脱颖而出的关键所在。据了解，可汗学院开设的课程涉及的学科有数学、物理、化学、生物、医学、电子工程、计算机科学、艺术、音乐、历史、经济、SAT 等，不但有各学

科的初级理论知识还包括学科的高级应用技术,几乎囊括了学术教育的所有
领域和所有阶段,使得各个年龄层次和知识水平的学员都可以在这里找到适
合自己的课程。

(3)高质量的课程内容和有趣的教学方式

可汗学院的课程质量极高,趣味性强且课程持续时间短。其每个视频时
间都控制在 10 分钟以内,使学员更容易消化所学内容。授课过程结合趣味游
戏与奖励的模式使原本枯燥无味的课程变得像在做游戏任务一般轻松有趣。

国内外名人如微软董事长比尔·盖茨、新东方董事长俞敏洪均是可汗学
院的超级粉丝。俞敏洪曾亲口表示自己的儿子每天用可汗学院学习。

2. TED-Ed

TED-Ed 是 TED(Technology Entertainment Design)成员在 2011 年的
大会上专门针对教育而提出的。[①] TED 大会于 2012 年推出了具有视频编辑
功能的微课程在线教育平台(ed. ted. com),目的是为用户提供丰富的可分享
的在线教育课程视频。TED-Ed 网站提供了专属的编辑功能,教师可以任意
编辑网站上的学习视频,学生也可以不受时间和空间的限制进行自主学习。[②]
(见图 2-14)

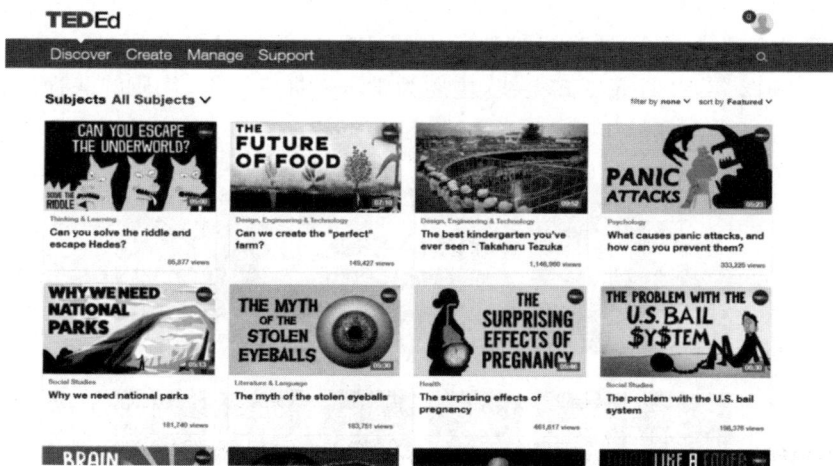

图 2-14　TED-Ed 首页

---

① 韦新平. TED-Ed 微课的教学价值及其对中学化学教学的启示[J]. 化学教学,2017(3):17-20.
② 程诚. 基于 TED-Ed 的微课设计与实现[J]. 信息与电脑,2020(7):208-209.

TED-Ed 有以下几个特点。

第一，TED-Ed 的微课视频时长短、内容精简，通常通过聚焦一个核心问题来集中学生的注意力，能有效提高学生的学习效率。

第二，TED-Ed 的微课视频是由生动、有趣的卡通动画制成的，这种视频更容易使学生理解知识点，激发学生对知识的探索欲望。

第三，TED-Ed 是一种全新的视频学习组织形式，是一个集视频、字幕、交互式问答为一体的开放式课堂视频网站。[①] 大量的用户在网站上分享并交流自己的学习经验，实现了教育模式的创新，将教育理论与教学实践有机地结合起来，充分调动了学习者的学习积极性。

第四，教师可以根据自己对知识的理解编辑网站上的视频，制定个性化课程，十分符合"翻转课堂"的教学模式。教师通过发布相关的练习题，可以直观地反映学生的知识掌握情况。

（五）国内应用

随着可汗学院等一众国外微课网站的快速兴起，越来越多的人被其短小精悍、有趣味生动的课程所吸引，纷纷参与到微课的传播和创建中。伴随着这波浪潮，国内也涌现出了如网易云课堂、中国微课网等优秀微课网站。

1. 网易云课堂

网易云课堂，是网易公司打造的在线实用技能学习平台（见图 2-15），该平台于 2012 年 12 月底正式上线，主要为学习者提供海量、优质的课程。除了

图 2-15 网易云课堂首页

---

① 侯琰琪.微课模式下初中生物学教学设计的研究[D].桂林：广西师范大学，2016:21.

在线学习已有的系列录播课程,网易云课堂也时常邀请各个领域的专家以网络直播的方式传授相关专业知识。

网易云课堂一经推出就广受国内用户的好评,接下来介绍其众多功能中最被用户喜爱的几个特色功能。

(1)在线笔记功能:学习者添加笔记时会自动保存视频的当前时间点,回顾笔记时就可观看当时视频。学习者还可以对视频截图或上传本地图片保存到笔记当中,使得保存老师的板书、重要信息更快捷。

(2)进度管理与监督功能:在学习者学习过程中,网易云课堂支持自动/手动标记课时完成状态,或标记为"重要/有疑问"等,以便用户回顾和把控学习进度。另外,用户可设置课程的学习时间安排,云课堂会定期发送提醒通知用户。

(3)在线问答功能:学习者在学习过程中可随时提问。云课堂会根据问题内容将问题呈现给相关学习者或讲师,帮助用户快速获得答案。

近年来,网易云课堂与国外的在线教学网站积极开展合作,引进了一批国外优质的课程资源,并提供了中文翻译和中文课件,为一直想尝试学习国外高校课程却又受限于英语水平的人开启了一扇方便之门。正如同网易老总丁磊所说的一样"我们做在线教育的目的不是赚钱。是希望能够通过互联网这个渠道和手段,打破各种壁垒,让每个人都可以平等地进行教育"。

2. 中国微课网

中国微课网是北京微课创景教育科技公司下的收费教学网站(见图 2-16),采用商业运营模式。它有自己专业的运营团队,包括设计、制作和各个学科的教师,课程平台较成熟。

中国微课网是主要面向国内中小学生的在线微课网站,也是教育部指定合作的微课大赛指定承办单位,每年都有来自全国各地众多的教师团队携带优秀的微课作品参加比赛,对促进国内微课教学模式的普及和发展有很大的贡献。

中国微课网主要由各个学科教学名师为中小学生提供专业化、个性化的在线教学辅导,课程基本涵盖了中小学全学段与全学科,内容丰富且趣味性强。每个教学微视频的持续时间为 20 分钟左右,不会让学生因观看视频而产生视觉疲劳和乏味感觉。课程内容紧密结合各学科教学大纲、考试大纲与考试重难点,直接指向考试内容,同时重在传授各学科学习思路与方法,培养学生独立思考与解题能力。

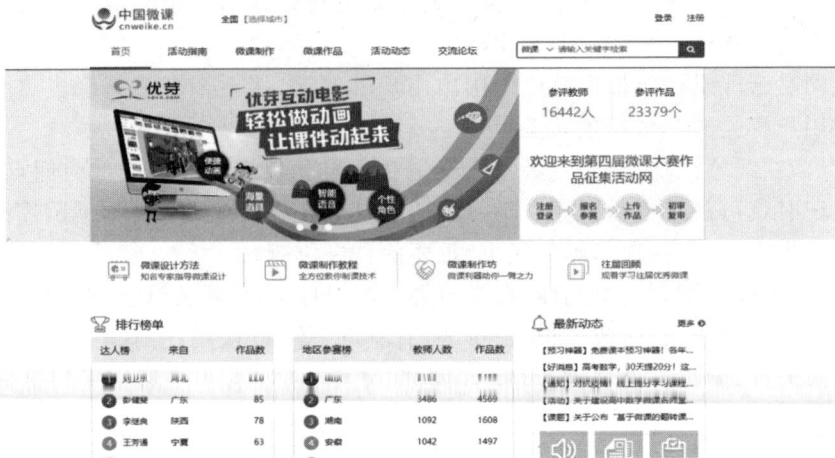

图 2-16　中国微课网首页

（六）产权保护

当前国内微课创新不够，教学设计雷同现象较严重。在微课制作过程中，有的开发者奉行"拿来主义"，原封不动地套用他人的创作思想，随意复制粘贴互联网上的资源、素材，导致制作出的微课创新性不强，或者内容似曾相识。从微课发展上来说，这无异于饮鸩止渴、断绝生路，对微课的推广应用危害很大。微课制作者应该大胆创新，不断探索各种先进理念、教法、技术，开发原创资源，制作一手素材，如此才能极大提升微课的吸引力和趣味性，这也是对微课发展最有力的推动。① 开展制度设计，保护知识产权，在微课制作过程中形成鼓励创新的长效机制和良性循环不仅对微课制作领域形成良好的氛围风气大有裨益，也是促进优秀微课不断涌现的重大生态问题。

（七）微课在实践过程中的困难

（1）形式单一，表现单调

目前国内很多微课形式比较单一，大部分微课内容以课堂教学片断为主，制作的方法主要采用摄像机进行课堂拍摄，由教师讲授。授课内容也多受限于课堂学习内容，很少注重微课在课前预习与课后进一步深入辅导中的作用，使得微课应有的教育辅导功能大打折扣。

---

① 洪进，谈少盈等.当前国内微课发展存在的问题及建议[J].武汉船舶职业技术学院学报，2020,(2):22.

（2）开发微课的目的不明确

这几年国内很多省市学校都开展了微课制作比赛，这本该是有利于提高教学质量，提升教师教学能力的有益活动，但却导致了很多基层学校的教师工作者制作微课只为应付比赛而不是为了将其具体应用到实际的教学场景中。对于究竟为什么要设计、开发微课，设计出的微课应该如何使用，在哪些教学场合使用，用哪些方法去使用都缺少清晰的认识。

（3）实际应用较弱，缺乏创新性

许多微课作品的设计、开发与制作并不主要以应用为目标，导致现在仍有很多微课作品在实际应用上普遍较弱，微课内容及运用微课进行的教学创新普遍贫乏。因此在微课的设计、创新及资源共建共享等方面还有较大的发展空间。

三、MOOC

MOOC 有短暂的历史，但是却有一个不短的孕育发展历程。准确地说，它可追溯到 20 世纪 60 年代。1962 年，美国发明家和知识创新者道格拉斯·卡尔·恩格尔巴特（Douglas Carl Engelbart）提出一项研究计划，题目叫《增进人类智慧：斯坦福研究院的一个概念框架》。在这个研究计划中，道格拉斯·卡尔·恩格尔巴特强调了将计算机作为一种增进智慧的协作工具来加以应用的可能性。也正是在这个研究计划中，他提倡个人计算机的广泛传播，并解释了如何将个人计算机与"互联的计算机网络"结合起来，从而形成一种大规模的、世界性的信息分享的效应。自那时起，许多热衷计算机的认识和教育变革家们发表了大量的学术期刊文章、白皮书和研究报告，在这些文献中，极力推进教育过程的开放，号召人们将计算机技术作为一种改革"破碎的教育系统"的手段应用于学习过程之中。[①]

于是，从 2008 年开始，一大批教育工作者提议将各个高校的课程资源通过互联网的力量进行传播，MOOC 就此诞生。我们今天看到的哈佛、耶鲁大学等名校的网络公开课其实就是慕课形式的一种。慕课在国外已经有了十几年的发展，进入国内并大规模发展则是近几年的事情。

（一）MOOC 的定义

慕课（MOOC）是一种针对于公众的在线课堂，人们可以通过网络来学习

---

① 百度百科：慕课[EB/OL]. https://baike.baidu.com/item/慕课/4855871? fr=aladdin.

在线课程,慕课是远程开放教育的最新发展,但更强调教育资源的免费开放,实现全球知识共享,是知识共享的一种表现形式。此外 MOOC 的课程安排类似于学院和大学课堂,每周都会安排一定时长的课程,需要参与课程讨论,完成课程作业,还有课程测试,以及参加期中考和期末考,但 MOOC 一般不会像在校付费的学生那样要求学分。对于完成学习计划的,可以通过证书来证明其业绩。

(二)MOOC 的主要特点

(1)规模庞大:慕课不是个人发布的一两门课程,而是指那些由众多参与者发布的课程系列,只有这些课程是大量的、系统的且成一定规模的,它才是典型的 MOOC。

(2)课程开放:慕课尊崇创用共享协议,即只有当课程是完全开放性的,它才可以称之为 MOOC。

(3)网络课程:慕课不是面对面形式的授课,这些课程发布于互联网上。无论你身在何处,只需要一台电脑和网络连接即可学到国内外著名高校的课程,而不再受到上课地点的限制。

(三)MOOC 的教学模式

1. MOOC 的课程范围

MOOC 是以连通主义理论和网络化学习的开放教育学为基础的。这些课程跟传统的大学课程一样循序渐进地让学生从初学者成长为高级人才。课程的范围不仅覆盖了广泛的科技学科,比如数学、统计、计算机科学等自然科学和工程学科目,也包括了社会科学和人文学科。

慕课的课程不提供具体学分,也不算在本科或研究生学位里,且绝大多数课程都是免费的。学生用户可以免费学习大部分的课程,并得到证书。

2. 授课形式

MOOC 将分布于世界各地的授课者和学习者通过某一个共同的话题或主题联系起来。这些课程通常对学习者并没有特别的要求,但是所有的慕课会以每周研讨话题这样的形式,提供一种大体的时间表,其余的课程结构也是最小的,通常会包括每周一次的讲授、研讨问题,以及阅读建议等。

3. 测验形式

MOOC 上的许多课程也设有具体的随堂小测验来帮助学生巩固所学的知识,有时还有期中和期末考试。这些考试有的由同学互相评分(比如一门课的每份试卷由同班的五位同学评分,最后分数为平均数)。

4．MOOC 在国外的应用

提起国外的慕课网站，大部分人的第一反应都是美国的慕课三巨头，即著名的在线教育网站 Coursera、Udacity、edx。此三者作为国内外受众最广且最受欢迎的 MOOC 网站，其教学模式和课程体系一直被全世界各个国家的学员们津津乐道。接下来为大家简单介绍一下这几个知名的慕课平台。

（1）Udacity

Udacity 是斯坦福大学教授、Google 无人驾驶之父 Sebastian Thrun 在 2012 年推出的计算机科学领域的 MOOC 课程平台，其与 Google、Facebook、Amazon 等全球顶尖技术公司联合开发了一系列的专业认证项目，为前沿技术领域培育了数万名顶尖专业人才，已与百度、腾讯等中国互联网前沿技术企业合作开发了一系列的课程项目。目前，它提供 40 个项目，共涵盖 5 个类别：计算机科学、数学、商业、物理和心理学。（见图 2-17）

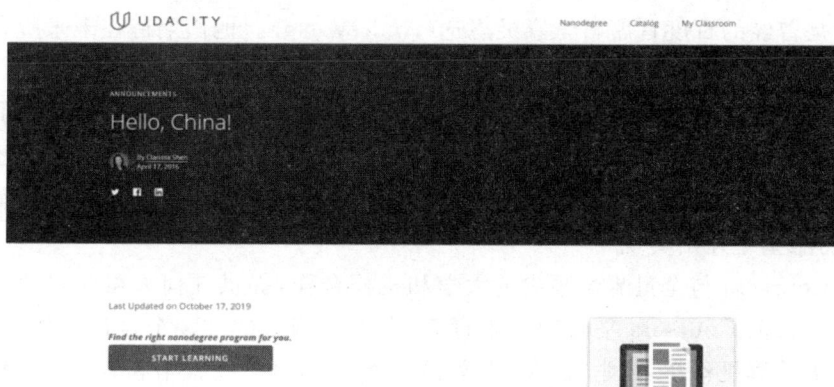

图 2-17　Udacity 首页图

Udacity 课程的一个显著特点就是"实用"性非常强。相比各大高校以理论和学术研究为导向的课程，Udacity 的课程更偏向于技术与理论的直接应用，并邀请专家级工程师来进行授课。学生也可花费一定费用进修 Udacity 的 Nanodegree（纳米学位），通过考试后可获得有一定行业认可度的实体证书。

（2）Coursera

就在 Udacity 诞生之后的两个月，Coursera（意为"课程的时代"）诞生了

图 2-18　Coursera 首页

（见图 2-18），两位创始人依然来自斯坦福大学，依然是两个计算机系的教授。[①] 一位是美籍以色列裔女科学家达芙妮·科勒（Daphne Koller），而另一位就是曾经的百度首席科学家吴恩达（Andrew Ng）。他们期待在未来所有人都可以获得世界最高水平教育。希望教育能够改善人们及其家人的生活，以及他们所在地区的状况。[②] 其实，吴恩达早在 2008 年，就发起了 Standford Engineering Everywhere 项目，把很多斯坦福的课程资料放在网上，但这还构不成 MOOC，直到 Cousera 的出现，他想"让世界上更多人得到更好的免费教育"的愿望才开始实现。

　　Coursera 与全世界最顶尖的大学和机构合作，提供任何人可学习的在线课程。目前 Coursera 平台拥有来自 54 个不同国家的 222 个合作伙伴，并提供涵盖计算机科学、数学、商务、人文、社会科学、医学、工程学和教育等学科的 5000 多个课程。你几乎能在 Coursera 里找到世界上所有顶级大学开设的课程，从南美的圣保罗大学，到中国的清华北大，再到欧洲的伦敦大学。其合作的名校几乎涵盖了各大洲，也切合了 Cousera 想把大学知识带给全世界各个角落的初衷。[③] 这些课程由世界顶尖名校的教授录制，并提供配套的测验和作业，学习者完成课程之后可以拿到结业证书。

---

　　① MOOC 网站：Coursera、Udacity、edX，哪个更适合中国人［EB/OL］. https://www.zhihu.com/question/21095181/answer/371528859.

　　② Coursera：免费获得世界最高水平的教育［EB/OL］. https://kuaibao.qq.com/s/20180117G0G2BU00? refer＝spider.

　　③ MOOC 网站：Coursera、Udacity、edX，哪个更适合中国人［EB/OL］. https://www.zhihu.com/question/21095181/answer/371528859.

　　Coursera 的创办人吴恩达教授非常有中国情结,自平台创办后一直积极与中国的在线教育网站合作,目前在国内的在线教育平台如网易云课堂中也能观看到由 Coursera 官方授权的中文版课程,其中最受欢迎的课程便是由吴恩达教授亲自开设的 Machine Learning 系列课程,被广大网友称为人工智能领域必看的良心入门课。

　　(3)edX

　　edX 是哈佛大学和麻省理工学院共同创立的非营利网络教育项目,旨在为全球提供来自哈佛大学、麻省理工学院、加州大学伯克利分校、清华大学、北京大学、香港大学、香港科技大学等全球顶尖高校及组织的慕课。

　　edX 是一个综合学科类的慕课平台(见图 2-19),邀请了国内外很多知名的大学入驻。课程涵盖了几乎所有的学科领域包括生物、数学、统计、物理、化学、电子、工程、计算机、经济、金融、文学、历史、音乐、哲学、法学、人类学、商业、医学、营养学等众多学科。[①] 课程的种类和数量要比 Coursera 更加丰富,你几乎可以在这里找到所有你感兴趣的学科。

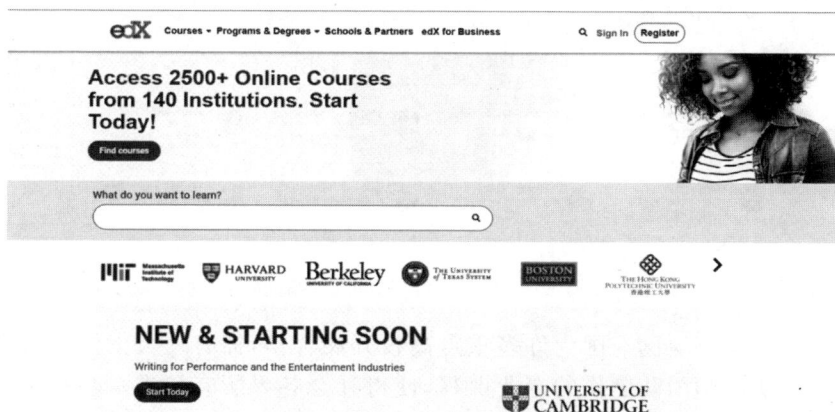

图 2-19　edX 首页

　　edX 是一个非营利的教育网站,所有课程全部都是免费的,学完课程之后也可以获得证书,但是从 2015 年 12 月开始 edX 不再提供免费的纸质证书服务,现在如果想获得纸质证书,需要缴纳约 39 美元的费用。

---

　　① 　eDX China 官网简介[EB/OL]. https://www.edx.org/edxchina.

5. MOOC 在国内的应用

近年来,随着慕课理念与国外慕课网站的兴起,国内的慕课平台也开始蓬勃发展,逐渐涌现出一批优秀的慕课网站,比较知名的有中国大学 MOOC 网、imooc 网以及学堂在线等。

(1)中国大学 MOOC 网

中国大学 MOOC 网是由网易公司与高等教育出版社携手推出的在线教育平台,承接教育部国家精品开放课程任务,旨在向大众提供中国知名高校的MOOC 课程。[①](见图 2-20)

图 2-20　中国大学 MOOC 网首页

中国大学慕课网与国内许多重点高校开展合作,拥有一大批国内各高校各学科顶尖教师团队制作的专业课程,使得社会各界所有想进一步提高自己的人都可以在平台内学到全面且优质的大学课程。近年来也积极和国外的知名慕课网站合作,引进了一批国外高校优秀的课程资源并提供了中文翻译字幕及课件。

中国大学 MOOC 网拥有完整的在线教学模式,和在大学中上课一样,学生需要按时完成作业甚至是通过规定的考核,当学生的最终成绩达到老师的考核分数标准,即可免费获取由学校授课老师署名的电子证书,也可付费申请纸质版认证证书。二者拥有相同的认可度。

---

① 中国大学 MOOC 网[EB/OL]. https://www.icourse163.org/about/aboutus.htm#/about.

（2）慕课网（imooc）

慕课网是由北京慕课科技中心成立的致力于互联网在线教学的互联网科技类慕课网站（见图 2-21），也是国内慕课领域的先驱者之一，被广大网友赞为程序员的梦工厂。其内讲师多为互联网一线的技术大牛，课程以纯干货、短视频、实用性强为主要特色，旨在为在校学生、职场白领提供一个迅速提升技能、共同分享进步的学习平台。

慕课网课程涵盖前后端开发、Python、PHP、Html5、Android、iOS、Swift等 IT 技术语言，也包括人工智能、区块链云计算大数据等互联网前沿领域，整体设计系统全面，且针对不同阶段不同技术的学员，设计了基础课程、实用案例、高级分享三大类型课程，完全适合不同阶段的学习人群。

图 2-21　慕课网首页

（3）学堂在线

学堂在线是由清华大学研发出的中文 MOOC 平台，是教育部在线教育研究中心的研究交流和成果应用平台①（见图 2-22），致力于通过来自国内外一流名校开设的免费网络学习课程，为公众提供系统的高等教育，让每一个中国人都有机会享受优质教育资源。

目前平台收录了来自清华大学、北京大学、麻省理工学院、斯坦福大学等

---

① 清华"学堂在线"与快手达成战略合作向社会开放更多教育资源［EB/OL］. https://baijiahao.baidu.com/s? id＝1658140428460447079＆wfr＝spider＆for＝pc.

图 2-22　学堂在线首页

国内外一流大学的超过 3000 门优质课程[1]，覆盖 13 大学科门类，获得包括清华大学等高校和 edX 等平台的慕课在中国大陆地区的独家授权。截至 2020 年 3 月 31 日，学堂在线主站用户数超过 5800 万，总选课人次超过 1.6 亿。学堂在线还不断探索和实践慕课应用新模式，构建慕课应用新场景。针对职业教育及终身学习需求，学堂在线打造出训练营、名校认证、企业认证、国际在线 MBA 项目等在线教育新模式，为高校、企业和学习者服务。[2]

6. 慕课发展存在的问题

(1)教师对于慕课的建设积极性不高

目前高校教育主要是采用以教师与学生面对面的教育模式为主，相应的教育制度规范也是根据该种模式而制定，比如教师考核要求是以面对面授课为考核基准的。而慕课建设在大多数高校中并未纳入相应的教育制度中，对教师的约束力不大，导致很多课程的建设仅仅是敷衍了事。[3] 教师对于慕课教学模式的不适应和积极性不高一定程度上阻碍了国内慕课的普及和发展。

(2)课程缺乏特色

"慕课"的大规模这一特点，打破了大家以往对于大学课程小班化教学的

---

① 苏季.学堂在线与快手线上签约,促进大学资源向社会开放[N].新京报,2020-02-09.
② 清华大学慕课平台"学堂在线"完成过亿元 B 轮融资 选课人次超 7800 万[EB/OL]. https://xw.qq.com/cmsid/20191212A0IO5T00? f=newdc.
③ 卫志民."慕课"本土化开发面临的问题及对策[J].西北师大学报:社会科学版,2015(1):78-84.

传统认识。庞大的学习群体会影响教学效果和学习质量,课程受众过多也会影响课程考评。[①] 目前引进的许多精品的慕课课程多为英语授课,导致许多国内英语水平不好的学习者很难适应,学习体验较差。国内的一些知名慕课平台的课程内容学科覆盖面不全且缺乏特色内容。

（3）课程完成率低

据统计,很多慕课网站的课程在开设出去,注册报名的人数很多,但随着教学进度的推进,坚持学习的人数不断减少,最终能完成全部课程的人数比例很低。例如,Course 平台的注册用户数曾高达 400 多万,但其完成率却不足10%。在国内,上海交通大学的《数学之旅》作为本校首批上线的"慕课"课程之一,其完成率仅有 3%。[②] 这是由于慕课与传统课堂不同,它是一个定式的程序,授课者根据设定的内容进行讲解而不能根据学生的听课反应做出相应调整。[③] 导致了许多学生在遇到难题和困惑的时候,容易失去学习兴趣和上课动力。

（4）学生难以适应

传统的面对面教学模式在学生心中已根深蒂固,短期内学生无法完全适应慕课全新的教学模式,学习积极性不高,效果较差。

四、教学直播

尽管在线直播授课的形式已在我国发展多年,但真正让教学直播登上全国舞台的还是 2020 年年初的新冠肺炎疫情暴发期间。为了疫情的有效防控和全国广大教师与学生的身体健康与生命安全,避免由于聚众上课引起新冠病毒的传染和散布,教育部出台相关政策推迟了全国各大高校及中小学的开课时间。为了不耽误广大学子的学习进度,响应教育部"停课不停教,停课不停学"的号召,很多学校倡导教师借助相关在线直播平台,开展在线教学,以直播的方式进行授课。网络教学直播也就此替代了传统教学模式被广泛应用。

（一）教学直播的定义

教学直播即远程直播教学,指使用如电脑手机等相关设备借助互联网与

---

① 陈丽萍,任永奎.我国高校"慕课"开发中存在的问题及对策[J].辽宁师专学报,2017,19(4):41.

② 本土化下中国慕课学习者困境及改进措施[EB/OL]. http://media. people. com. cn/n1/2016/0628/c405364-28504161. html.

③ 刘晓燕,徐颖,马川."慕课"在高校中的发展及其面临的问题[J].教育现代化,2018,5(12):175-176.

学生进行远程互动的教学模式。远程直播教学的兴起,改变了师生之间传统的面对面课堂教学活动方式[①],打破了传统教学模式在教学条件上的局限性,让学生可以不受地域、时间的限制,逐渐培养学习者利用碎片化的时间利用优质的网络资源进行知识的获取。

(二)教学直播的优势

(1)课后可回放

在线教育直播可以实时录屏供学生课后反复听讲,避免学生走神遗忘知识点,也避免学生因请假误课。观看课程回播时,学生可以根据个人具体情况自行调节视频到合适的速度,以适应老师讲课的节奏,方便学生课下复习和总结,这是线下教学很难做到的。

(2)节约时间和成本

在线教育直播能够打破时空限制,让学生实现"在家上课",节省了一系列生活琐事所消耗的时间,提高了教学效率。同时,无纸化的在线授课也省去了部分教学成本和资源,更加环保。

(3)有利于疫情防控

随着新冠肺炎疫情的暴发,所有单位和个人都有责任和义务加强疫情的防范工作。在全国学校停课的情况下,教师采用远程在线教育直播的形式进行授课,既可保证学生的学习进度,又避免了因学生在校聚集学习而引发的新冠病毒传播风险,有利于疫情防控和保持师生身体健康。

(三)教学直播的缺陷

(1)师生交流不便

教育最重要的是人与人的交流,老师可以通过观察学生的表情反应等判断学生的掌握情况、听课认真程度等,但是通过直播这个效果很难实现。老师对着显示屏讲课,有些效果和速度很难掌握。

(2)缺乏实时监督

在线教育需要学生有较好的自觉性,没有自觉性的学生很难通过直播掌握知识,老师也无法了解学生在上课时候的情况。虽然可以调动家长来协助,但是有些学科家长也不掌握,需要自己学习,其实学习效率是被降低了。

(3)部分课程无法采用线上直播

一些课程在直播上其实还是无法实现,比如体育,需要设备的实验课程,

---

① 张丽. 新冠病毒背景下延安市高中化学网络直播教学的应用调查研究[D]. 延安:延安大学,2020.

美术等。所以对课程设计、教师的讲解能力等,以及直播软件等都提出了不同的要求,并不是所有的学科都适合直播教学,需要因课程、因人而异。

（四）教学直播的分类

目前国内网络教学直播的种类主要有语音直播、在线一对一直播和公开课直播四大类。接下来对这三种教育直播类型做简单介绍。

1. 公开课直播

直播公开课使用范围极广,除了用于学校线上教学还可用于企业员工的职业技能培训、教育讲座等多种场景。一方面是因为成本相对较低,一次课程能吸引相对较多的学生家长来报名。另一方面,公开课因为参与人较多,可同时面对多数人进行,省时省力。①

2. 在线一对一直播

一对一在线教学直播,属于为学员个人量身打造的专属服务,主要适用于在校学生的课业辅导、语言培训或在职人员的职业教育等。授课方可根据学员的个人情况制订具体的教学计划,讲课的时候更能够抓住重点因材施教。学员在上课时有不懂之处也可随时与老师进行在线沟通,不受他人的影响。

3. 语音直播

语音直播适合聊天式的活动场景,使直播人能够专注于知识和观点的表达。它适用于简单、快捷、方便的线上问答、线上培训等,降低了直播人在面对镜头时的不适感,也让学生能够把注意力集中在授课的内容上,避免注意力分散。

（五）在线教学直播平台介绍

1. 钉钉（Ding Talk）

钉钉是阿里巴巴集团专为中国企业打造的工作商务沟通协同平台,用以帮助中国企业降低沟通与管理成本和提升办公效率,由阿里巴巴于 2014 年 1月筹划启动。自 2020 年新冠肺炎疫情暴发以来,钉钉作为直播平台被全国的大中小学广泛用于教学直播。其钉钉在线课堂功能支持直播、视频录播等链接观看课程及群内直播多种形式,颇具特色的教学功能获广泛好评。

钉钉可在移动端和电脑端双平台应用,且二者之间可无缝切换。由于授课教师主要选择电脑端进行远程教学直播,接下来着重介绍电脑端钉钉教学

---

① 教培机构在线互动直播招生:一天引流 300＋学员,实战案例解析［EB/OL］. https://www.sohu.com/a/408136422_120753902? _trans_＝000019_hao123.

直播平台的几个特色功能。

(1)在线课堂

百人之内的小班授课,直播时师生双方都可以通过屏幕看到对方,像在教室实地教学一样身临其境,加强了沉浸感,方便教师通过观察学生上课神态,了解学生对知识的理解情况,进而调整授课节奏和方式(见图2-23)。系统提供了在线黑板功能,支持外接手绘板,打开图片、PPT和PDF等格式的教案文件,使教师可以采用更丰富的教学手段为学生直播授课。直播过程中支持全程录像,方便学生课下对课上内容进行回访,重现重难知识点的讲解,让学生轻松复习。

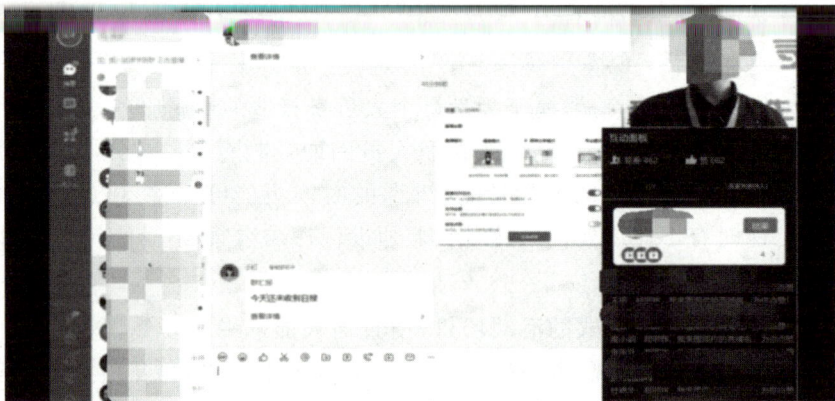

图2-23 钉钉教学直播图

(2)在线智能作业系统

远程教学直播时,由于不能实地收到学生上交的作业,教师无法对上课布置的作业仔细批改,间接导致了教师无法进一步了解学生对已上过课程内知识的掌握情况。针对这一问题,钉钉平台的在线智能作业功能很好地解决了这一问题。教师不但可以在线布置课后功课、作业,平台内部也有全学段多学科的海量题库供教师选择,学生可在线上完成教师布置的课后作业。

学生提交后教师也可在系统中进行在线批改甚至可以借助系统帮助教师进行自动批改,同时分析班级整体的数据、错题及学生个人数据。可以将优秀作业分享到班级群,以激励全班同学。不理想的作业还可以打回让学生在线修改,再次提交。此功能减少了教师的工作量,使教师能把工作重心放在备课、授课上而无需额外抽出时间进行课后作业批改即可掌握学生对知识的掌握程度,提高了教学效率,一经推出就广受好评。

（3）钉钉班级群

在钉钉中教师可通过邀请学生组建钉钉班级群对学生进行统一线上管理，可直接通过班级群众的在线课堂，邀请班级学生线上学习，课后也可直接在群里布置功课作业。

班级群内的打卡任务可供教师定期设置任务，如设置运动类打卡，学生可以提交当天完成任务的情况，所有提交的数据会自动汇总统计，一键导出，降低老师的工作负担，也有利于帮助学生养成良好习惯。班级群文件、班级圈照片也可长期保存，随时查看，教师上传的课件和回放视频，学生也可以直接从班级群中下载。同时，教师也邀请家长入群，对学生进行实时监督，保证授课质量。

（4）智能备课系统

钉钉直播平台提供在线智能备课系统供教师尽心线上备课，同时提供了多学科多知识点的优质教学素材库供授课教师免费试用。教师可任意组合编辑相关学科知识点，一键生成教学资源。同时，智能备课系统还支持动态可见、交互式动画等丰富的交互式教学素材，使课件更加生动有趣。使教师的备课过程更灵活、效率更高，让他们能有更多时间去关注每个学生个体的成长，因材施教，保证每个学生课堂的学习效果。

2. 腾讯课堂

腾讯课堂是由腾讯公司推出的一种可以实时互动交流的在线教育直播平台（见图 2-24），具有丰富实用的教学辅助功能，最大程度还原了真实教学场景并且可借助 QQ 和 QQ 群进行辅助教学与管理。作为在线教学直播平台，腾讯课堂主要有如下几个特点。

（1）可与 QQ 配合使用，方便管理

腾讯 QQ 作为中国最普遍使用的社交软件之一，拥有庞大的用户群体。同为腾讯公司产品，腾讯课堂可以和 QQ 配合使用。通过腾讯课堂与 QQ 和 QQ 群的整合，利用 QQ 内置的音视频功能，教师在开启直播时可直接分享链接到 QQ 群中，学生点击链接后即可加入直播间中观看直播而不需要特意下载相应的腾讯课堂客户端，方便快捷。

（2）模拟真实课堂

为了增强教师与学生的使用体验，最大程度地还原现场教学模式，腾讯课堂在直播界面设置了教师提问与学生举手回答等功能。当课件中设置问题后，教师还可下发答题板让学生在线答题，师生之间可以实现如传统课堂一样的实时交流反馈。

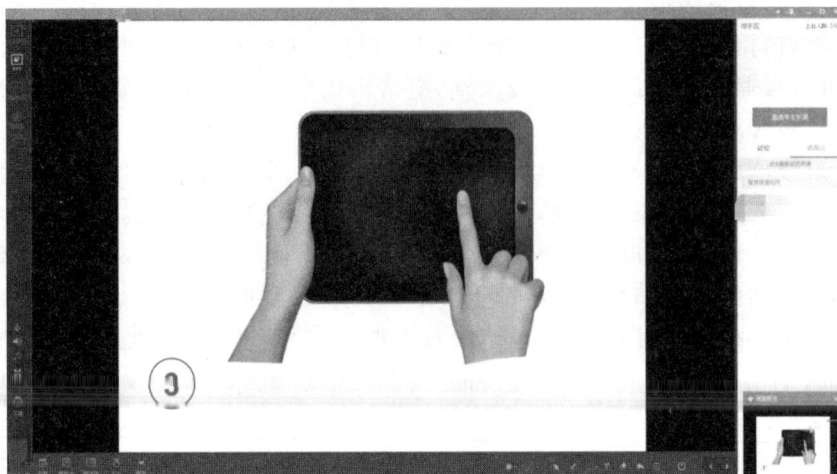

图 2-24　腾讯课堂直播界面图

（3）实用的教学辅助功能

腾讯课堂支持教师直播时在 PPT、共享屏幕窗口、教学视频之间无缝隙地随意切换，并提供了书写板，教师直播时可随时进行板书。还提供了在线签到、查看学生观看时长功能，方便教师监督学生上课情况。同时，每次教师进行直播时的授课视频都会被自动录下来，供学生课后通过观看回访来查缺补漏，巩固所学知识点。

（4）音视频清晰度和流畅度有保障

对于在线教学直播来说，直播时声音的流畅度和视频画面的清晰度以及音视频的同步是非常重要的。腾讯课堂的相关技术比较成熟，使得平台在高峰期多用户量访问的情况下依旧能保证音视频的清晰度、稳定性，教师和学生能够在直播期间无延迟地进行实时沟通与互动。

习总书记曾强调，教育事业对于中华民族伟大复兴而言有相当重要的意义。目前，存在教育不公平现象，广大人民群众对于教育不公平现象都存在着强烈的不满情绪。[1] 但随着互联网与新媒体技术的发展与应用，跨地域跨时空的开放在线教育平台逐渐兴起，有效地打破了传统教学模式的限制，使不同地域不同层次的人们都有平等的机会在互联网上接受相同的高水平教育，这有效地促进了教育事业向公平化发展，对我国教育事业的影响十分深远。

---

① 常广泽.面向 K12 教育的双师直播平台的设计与实现[D].北京:北京交通大学,2019.

第三节　电子政务与政务公开

　　进入 21 世纪以来,随着云计算、大数据、移动互联网和物联网等技术的日臻成熟与广泛应用,人类正进入一个前所未有的信息化时代。在信息化时代,互联网无所不在,深深地嵌入各个国家经济社会的发展进程中,从根本上改变着人类的生产和生活方式,成为整合各种资源、优化资源配置的有效手段。它是当前各国竞相发展的重要技术,也是一个国家综合国力的重要体现。在2015 年的政府工作报告中,李克强总理提出了"互联网+"的概念,同年 7 月,国务院出台了《关于积极推进"互联网+"行动的指导意见》,要求进一步深化互联网在经济社会各个领域的智慧型应用。这标志着"互联网+"行动作为国家战略正式启动,也标志着"互联网+"时代的到来。

　　根据国务院所发布的有关文件定义,"互联网+"行动就是"把互联网的创新成果与经济社会各领域深度融合,推动技术进步、效率提升和组织变革,提升实体经济创新力和生产力,形成更广泛的以互联网为基础设施和创新要素的经济社会发展新形态"。[①] 也就是说,在创新的基础上,以创新为灵魂,实现互联网与传统行业的融合,从而释放发展潜力和活力,提升各行业的竞争水平,推动经济社会平稳发展和产业的转型升级。在理论层面,"互联网+"可以与任何行业融合;在实践层面,互联网与金融、医疗、教育、商业等迅速融合。它覆盖了社会生产、生活的各个领域,形成了便利、快捷的共享生态网络。

　　"互联网+"在促进产业融合,激发大众创业、万众创新的同时,也促进了政府治理创新与治理角色的转变。互联网与政府治理相融合,推动"互联网+政务服务"的治理创新,是达到政府治理现代化的重要途径。在此背景下,作为互联网较为发达的中国,从中央到地方,各级政府纷纷利用互联网技术来打造更加透明、更加高效、更具回应性的现代政府,以实现政府治理现代化,达到简政放权、放管结合、优化服务的行政体制改革目的。其中,浙江省于 2016 年底推出的"最多跑一次"改革最令人瞩目,被中央电视台播过专题新闻,为其改革点赞。

---

① www.gov.cn/zhengce/content/2015-07/04/content-10002.htm.

一、"最多跑一次"改革是对政府治理角色的塑造

"最多跑一次"改革是落实习近平总书记以人民为中心的发展思想的具体体现,是"放管服"改革的重要内容,是"四张清单一张网"改革的继续和深化,也是服务供给侧结构性改革的重要举措。所谓"最多跑一次",是指群众和企业到政府机关办理行政审批和政府公共服务等涉民涉企事项,在申请材料齐全、符合法定要求时,能够少跑、最多跑一次甚至不跑,实现特定事项或环节一次性办成事。它以"互联网＋政务服务"为主要实现方式,借助公共数据的整合与共享,优化服务流程,创新服务方式,形成网上服务与线下服务相结合的一体化政务服务系统,提升政府治理水平,增加了企业和人民群众的获得感。

时任浙江省长车俊在2017年全国两会答记者问时表示,"最多跑一次"让老百姓和企业有更多的获得感。"最多跑一次"改革的意义并不仅限于此,其实质是政府权力边界的再界定图,即:通过继续减少行政许可事项来倒逼各级行政部门简政放权,明确权力与责任;通过行政服务中心将原本分散在各政府部门的行政审批权力归集到一个服务窗口;通过信息公开、程序规范、监管全面来压缩权力寻租空间,最终从制度环境、政策以及服务等多方面优化政府供给,推动政府治理体制变革,从多方面塑造全新的政府治理角色。

"最多跑一次"改革为服务型政府的治理角色塑造打下了坚实的基础。服务型政府必须朝着流程优化、权责明确、手段先进的目标迈进,革除传统政府管理中的机构臃肿、职责混淆、审批繁复、效率低下等弊端。"最多跑一次"改革使政府服务从各自为政向综合、整体服务转变,打破部门、地域、时空隔阂,把部门审批服务贯穿于政府内部流程,实现部门之间的互联互通,共享数据,提高政府的整体效能。"最多跑一次"改革坚持从群众和企业的角度来界定政府提供服务的质量,从能否办成一件事、完成一项投资的角度来评价改革的成败,坚守了"方便让给公众,麻烦留给政府"的服务型政府治理的价值导向,顺势而为,积极面对,利用"互联网＋政务服务"方式打造全天候在线的智慧政府,构建网上服务与线下服务相结合的一体化新型政务服务体系,从管理本位向服务本位转变,最终实现服务型政府治理角色的塑造。

"最多跑一次"改革将"四张清单一张网"改革不断深化,也将"互联网＋政务服务"的政府治理不断推进,优化了政府职责体系,划清了政府与市场的界限,使政府对微观事务的管理和对资源的直接配置大幅度减少,把应该由企业决策的权力交还给企业,把该由市场决定的事交还给市场来做,推动资源配置的效率最优化和效益最大化。

二、坚持以互联网和大数据技术为核心的技术创新

"最多跑一次"改革旨在打破信息孤岛、实现数据共享,是一项基础性、联动式、学习型的重大创新,是迭代推动政府治理数字化转型的重大举措。"最多跑一次"改革,就是充分利用互联网和大数据等信息技术,通过数字传感器、电子控制器、人机交互系统等设备,将采集到的个人或企业、社会等信息上传到云端,然后由计算机大数据处理器(云处理器)进行数据分类甄别,再进行智能化处置或人工处置,从而实现群众或企业少跑路甚至不跑路,只让数据跑路的服务功能。信息技术的发展一直是政府治理创新的重要驱动力,因此政府信息管理技术成为当代公共服务系统日益走向理性化、现代化的重要前提。[①]我们可以说,没有互联网和大数据等信息技术的支撑,"最多跑一次"改革根本不可能发生,而要实现"最多跑一次"改革的可持续,还必须更进一步依赖技术创新。互联网和大数据技术的创新空间巨大,这就为进一步推进和深化"最多跑一次"改革,最终实现政府治理体系和治理能力现代化提供了坚实的技术支撑。

"最多跑一次"改革是"互联网＋"时代浙江探索政府治理现代化的重要实践与探索。它以群众的获得感和满意度为中心来进行行政审批制度的顶层设计,将政府治理理念的创新同信息时代的互联网和大数据技术等技术创新相结合,利用"互联网＋政务服务"的思维方法来提高行政效率,整合社会资源,优化管理进程,构建网上服务与线下服务相结合的一体化新型政务服务体系,从而不断推进服务型政府、责任型政府、法治型政府和廉洁型政府治理角色的塑造,为实现国家治理体系和治理能力现代化提供了浙江样本和浙江方案。

三、"智慧广电＋政务"解决基层网格治理痛点

2017 年,浙江华数敏锐地捕捉到政府在基层网格治理中存在的痛点,特别是在县、乡级的网格治理方面极易出现重复管理和管理真空,致使部分热点、难点问题或久拖不治,或久治不愈。所谓"上面千条线,下面一根针",政府各部门的指令最终是由网格实现,但各级部门垂直系统之间没有纵向联系,数据难以交互,造成"烟囱效应"。针对这些难点和痛点,浙江华数提出了"四个

---

① 段小平."最多跑一次":"互联网＋"时代政府治理角色的塑造[J].行政科学论坛,2018(1):16-21.

平台"的概念,将基层的综治工作、市场监管、综合执法和便民服务等工作形成一个智慧平台,且各条线工作相互融合。网格员在巡查走访过程中可随时采集录入各项社会治理数据,平台对采集的社会治理数据进行研判分析和派单流转。之前需要登录到不同平台系统填报事件信息,现在只要登录基础平台App 就能全部填报。数据采集和录入的方便、快捷,使高频率周期性的数据更新成为可能,系统各数据准确性不断提升,数据量累积出现指数级增长,逐渐形成基层的社会治理大数据中心。浙江华数通过全面深入地挖掘和利用这些数据资源,为基层治理提供了科学的决策依据,基于大数据的智慧型电子政务呼之欲出。

2018 年,围绕"最多跑一次"改革,浙江华数充分发挥有线电视覆盖群体广泛的优势,让群众在电视上就可清楚地查询到办理相关项目的服务指南及办事进度,不用再跑冤枉路和无效路。同时,浙江华数自主研发了 24 小时综合自助办事服务机,通过二代身份证等有效证件加人脸识别验证办事人的身份,为办事人提供申请材料电子化、凭证打印等服务,并通过不断向村、社区及人流密集场所延伸覆盖范围,实现"随时可办、随处可办",真正成为老百姓家门口综合、全面的政务自助服务平台。目前,浙江华数自主研发的"最多跑一次"终端自助机已覆盖杭州、宁波、温州、湖州、金华、绍兴、丽水、衢州等 8 个地市。"华数'最多跑一次'"政务自助服务平台项目在"2018 年度浙江省智慧城市建设"31 个成果案例中脱颖而出,获得"智慧城市建设成果优秀奖"。

纵观摆在我们面前的网络发展,虽然它仍然是一种早期的胚胎发育阶段。技术的改善、普及和发展需要时间,当它刚开始起步的时候,对生活的影响远远没有成熟的未来大。

总之,新媒体的出现与发展是时代进步的表现。它不仅具有大众传播和人际传播的优势:完全个性化的信息也可以同时送达不计其数的人;每个参与者,无论是出版者、传播者还是消费者,内容可互惠和相互控制。同时也消除了大众媒体和人际传播媒介的不足:当传播者要个性化向每个收件人传达独特的信息时,不再受制于一个人的有限;当传播者同时进行大众传播时,不再不能为每个收件人提供个性化的内容。同时随着新媒体的使用,人们生活在一个"符号世界"的形式和内容发生了变化。新媒体不知不觉中影响了人们的生存状态和思维方式,对人们的行为产生很大的影响,进而影响社会生活。新媒体的迅速发展,给社会带来了积极的影响,同时也带来了一些负面影响。而新媒体的发展是时代发展的趋势,为了更好地发展新媒体,我们要积极正确地运用新媒体,尽最大的努力去发展新媒体的积极作用,控制、约束新媒体给社会带来的负面影响。

第四节 媒体融合环境下的媒介数据分析与应用

一、当前复杂媒体环境下,电视媒体数据的"异构协同"

在当前复杂媒体环境的驱动和我国政策的引导下,广播电视在信息科技、数据建设、数据分析领域迎来了全新的发展阶段,而过去数十年一统在广电领域的传统视听率调查数据已经不能适应当前复杂媒体环境了。或者说,过去数十年一统在广电领域的传统视听率调查数据已经不能完整地、全面地对新型复杂媒体环境下的电视台进行考核、评估和运营。因此,广播电视正在从传统视听率调查数据向全媒体、多终端、多渠道综合异构数据转变,数据应用正在快速渗透至从新闻信息采集、节目制作,到数据考核、数据运营、频道运营、观众/用户运营、节目运营等全方位细分业务体系内,是对过去单一数据来源和数据用途的突变和颠覆。电视台涉及频道、节目、战略、品牌、数据等业务各级人员都需要经历这种阵痛和变革,不仅是数据操作和应用上的变革,更重要的是来自思想深处和思维意识的变革,对全媒体生态的洞察和领悟,对全媒体生态数据分析和应用的灵活掌握和运用等,需要快速融入这个全新发展阶段。

所谓"异构数据"指的是多种数据的集合。"多种数据的集合"指的是文本数据、数值型数据、半结构化数据、结构化数据等的集合。对广播电视来说,除了传统视听率调查数据以外,还包括全媒体生态互联网端各种半结构化和结构化的数据集合。提及"异构数据",就不得不说到我们所接触的全媒体生态的构成,见图 2-25。

正因为我们目前的媒体生态格局已经如图 2-25 所示变得复杂多元化,才使得数据技术、数据分析、数据应用变得复杂多元。过去数十年,无论我们的数据采集渠道是来自样本户家庭,还是有线网、OTT、IPTV,其传统视听率的指标体系仅仅只能用于广电圈内部,似乎跟外界互联网生态处于隔离状态。这样的"隔离状态"也使得广电相比互联网的飞速发展而显得迟缓和滞后。长期封闭于广电圈内部的电视台怎样适应全媒体生态的竞争格局呢?从平台、产品、数据、运营各个层面都需要深入思考:一方面,电视台过去一贯的"轻运营"的数据应用(主要是绩效考核功能)将向"重运营"体系转变。另一方面,多

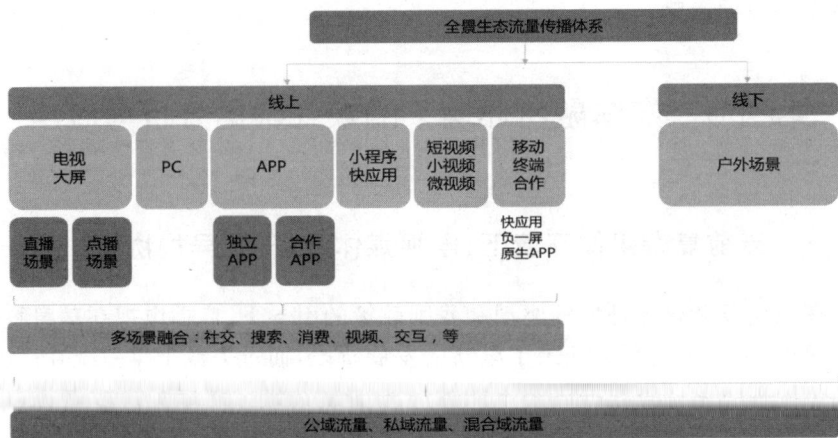

图 2-25　全媒体生态构成图

终端、多渠道的异构数据渗透至电视台各个业务体系之中进行联动运转。那么,如何将这些异构数据有效地融入电视台各业务体系内,并很好地产生效益呢?这是一件非常重要的事情,也是本节重点讲述的内容。

二、互联网数据的特点

一般地,有别于传统样本数据,互联网数据首先是数据体量大;第二是数据类型繁多,互联网中有大量的网络日志、文字、视频、图片、地理位置信息、用户信息等,这些数据构成了互联网的结构化和半结构化数据;第三是处理速度快,互联网大数据往往需要在秒级时间范围内实现从各种数据类型中提取有价值的信息。

从数据来源和采集渠道来看,互联网数据分为舆情数据和用户行为数据两种。前者是通过文本挖掘技术(例如:网络爬虫 spider、分词、文本分类、文本索引等)从互联网网页中进行重要信息提取,提取的内容在互联网网页上是大众可见的。后者同前者的区别在于,前者提取的内容是大众网民可见的,即互联网产品前端展示的内容;后者提取的内容是大众网民不可见的,即非互联网产品前端展示的内容。后者是通过一定技术从 PC 网页、App、小程序等互联网产品中获取有关用户行为的数据,如 UV、PV、使用时长、使用频次、留存率、下载情况、安装情况等。

电视台使用互联网数据是出于在互联网生态中进行营销传播推广,以及对电视台自营互联网产品进行产品运营、数据运营、用户运营为目的。这就决定了，一方面电视台需要仔细分析互联网生态的发展变化、规则和玩法，有效建立适合各级电视台自身的互联网传播矩阵，在全国或区域建立自身舆论传播制高点；另一方面对电视台自营互联网产品而言，我们以 App 为例，App 从诞生到现在经历了许多发展变化，特别是反映在平台的内涵和外延的演变、信息内容传播元素、同用户沟通与互动方式、激励用户和促进用户使用黏性方面上，现阶段做一款 App，自然不可能同一年前、两年前、三年前等几年前一样了。

三、媒体融合的背景下，收视数据与互联网数据对电视台的不同作用

现在讲"媒体融合"，都指的是传统产业的"互联网＋"或者"＋互联网"。正因为在前十几年互联网的飞速发展中，社会大众的媒体接触习惯和生活形态已经发生了巨大的变迁。例如，支付习惯的变迁、消费习惯和行为的变迁、出行方式的变迁、协同办公和办公形式的变迁、新闻信息获取和阅读方式的变迁、接触文化娱乐内容的变迁等。互联网生态已经全面渗透至社会大众的衣食住行及所有工作和生活领域。这也就导致所有的产业都需要拥抱互联网。对于最重要的社会公信力平台和引导社会大众主流意识形态和价值观的国家主流媒体——电视台，同样面临着互联网媒体全面渗透的挑战和威胁，在媒体内容生产和制播方式、数据采集和应用方面上，都已经发生划时代的变革。

第一点，电视大屏的传统视听率数据指标体系是源于广电圈内部竞争体系的，这在以电视台为绝对主流媒体垄断的时代是没有丝毫问题的，但是放在当下这种复杂多元媒体环境下，电视台就不能只考虑广电圈内部的竞争格局了。这表现在电视台的业务体系、商业模式、数据应用都需要适应新时代的复杂多元的媒体环境，但并不表明传统视听率数据指标体系在当下失去了价值和作用，在特定的应用场景下（电视台内部频道和节目考核、编排等方面），传统视听率数据指标体系仍然是无可替代的。在电视台外部，电视媒体与互联网媒体需要应用同一种语言进行沟通交流，或者表现在互联网数据指标向着传统视听率指标核算，或者表现传统视听率指标向着互联网数据指标核算。

第二点，电视大屏的收视数据和电脑屏/手机屏/平板电脑屏的互联网数据从表面上看的差异是数据采集渠道的不同和数据指标体系的不同，然而，从根本上说，对电视台来说，要想全面融入全媒体生态竞争格局中，并且仍然保持其自身国家主流媒体的地位和作用，就需要全方位布局全媒体生态，在全媒

体生态中充分体现自身的舆论话语权和制高点作用。因此,电视台需要在对内自有平台和对外传播矩阵上双管齐下。这表现在电视台在传播和发声的时候,已经不能像过去那样只考虑广电圈的影响力,更重要的是需要考虑到在全媒体生态领域中的影响力,需进行充分渗透。

四、对内:以内容与观众为核心的节目运营机制

(一)电视传统收视率数据依然是电视台内部精细化运营的有力工具

尽管电视媒体已经不是唯一的主流媒体,但是并不表示传统视听率指标体系没有存在的应用空间了。相反,它的价值和作用会比过去更大。

大家都知道,电视媒体作为垄断的国家主流媒体已经长达几十年,长期以来,传统视听率指标体系在电视台内部和广电圈内部更多用于数据考核和广告货币结算,这样的数据功能在当前复杂多元的媒体环境下已经变得太单一了,在电视台内部应用传统视听率指标体系进行频道和节目的精细化运营,对电视台当前和未来的发展是非常重要的。

案例 1:了解电视台集团内部各频道编排情况

图 2-26 是杭州电视台集团内部各频道晚间收视编排的情况。我们可以看出,杭州台集团内部各频道形成了完美的"关联效应",把电视观众牢牢锁定在台组集团内部。

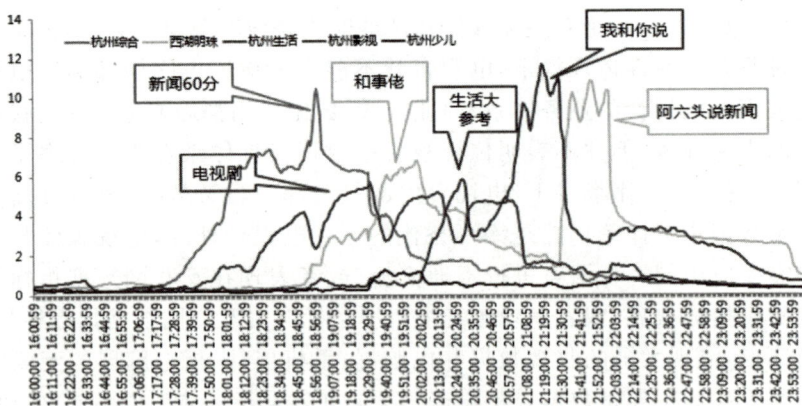

图 2-26　频道编排曲线图

案例 2：了解不同地区对电视剧的口味偏好，便于精准购剧和电视剧编排

图 2-27 是浙江省境内义乌、长兴、慈溪三地的电视剧收视偏好研究，为区域内电视台的电视剧选剧、购剧、编排提供了很好的决策。

排名	义乌地区	频道	收视率	长兴地区	频道	收视率	慈溪地区	频道	收视率
	历史革命/卫视+中央一套			家庭情感/卫视+省台+中央			家庭情感/卫视+省台		
1	武媚娘传奇	湖南卫视	4.61	武媚娘传奇	湖南卫视	3.91	因为爱情有奇迹	湖南卫视	7.25
2	红高粱	浙江卫视	4.22	红高粱	浙江卫视	3.90	武媚娘传奇	湖南卫视	6.97
3	挑绣缘	湖南卫视	4.19	挑绣缘	湖南卫视	3.54	挑绣缘	湖南卫视	6.25
4	活色生香	湖南卫视	3.40	终极对决	浙江教育	3.47	活色生香	湖南卫视	6.24
5	神雕侠侣	湖南卫视	3.06	活色生香	湖南卫视	3.32	终极对决	浙江教育	5.77
6	开国元勋朱德	中央一套	3.05	少年四大名捕	湖南卫视	3.10	花火花红	浙江教育	5.56
7	铁血红安	中央一套	2.92	长沙保卫战	中央八套	3.09	情定三生	浙江教育	5.43
8	好大一个家	中央一套	2.75	花火花红	浙江教育	2.92	风中奇缘	湖南卫视	5.31
9	锋刃	中央一套	2.67	情定三生	浙江教育	2.92	红高粱	浙江卫视	5.11
10	青年医生	浙江卫视	2.64	因为爱情有奇迹	湖南卫视	2.91	枪侠	浙江教育	4.87
11	妻子的秘密	湖南卫视	2.63	养父的花样年华	中央八套	2.78	神雕侠侣	浙江教育	4.80
12	少年四大名捕	湖南卫视	2.41	风中奇缘	湖南卫视	2.77	妻子的秘密	湖南卫视	4.56
13	二炮手	浙江卫视	2.40	青年医生	浙江卫视	2.77	绞刑架下的春天	浙江教育	4.30
14	养父的花样年华	中央八套	2.34	神雕侠侣	湖南卫视	2.64	绝命追踪	浙江教育	4.15
15	枪侠	浙江教育	2.30	不懂女人	中央一套	2.62	爱情真善美	宁波社会生活	3.96
16	历史转折中的邓小平	中央四套	2.26	枪侠	浙江教育	2.54	妇道	浙江教育	3.87
17	因为爱情有奇迹	湖南卫视	2.26	女人心	中央八套	2.52	少年四大名捕	湖南卫视	3.85
18	风中奇缘	湖南卫视	2.21	大满苍狼	中央八套	2.49	千金女贼	浙江教育	3.80
19	长沙保卫战	中央八套	2.06	光影	钱江频道	2.43	东江英雄刘黑仔	浙江教育	3.79
20	突围突围	中央八套	2.02	妻子的秘密	湖南卫视	2.42	光影	钱江频道	3.72

图 2-27　义乌、长兴、慈溪三地的电视剧收视偏好表

（二）全媒体生态改变传统节目制作方式

回顾从 20 世纪 30 年代无声电影开始至今，影视作品的制作方式、内容种类和特征都随着时代和人群的变迁而变迁。现如今，媒体形态和种类多元化，内容多元化，世界文化大分享，新生代人群的崛起，给电视台播出的节目（内容）带来新的挑战和探索。

第一，在全媒体生态下，电视台的内容与素材资源、主播资源、节目（内容）生产和制作能力、原创力变得更加重要，成为电视台可持续发展的永动力和重要支撑。"制播分离"越来越不适应当前的全媒体生态环境了。在现阶段，"制"和"播"是电视台的左膀右臂，是支撑电视台持续成长和发展的重要条件，这也就决定了电视台"制"和"播"的系统功能、业务流程需要重新打造，以适应全媒体生态发展，以及参与全媒体生态竞争的需要。

第二,电视台在新闻播报和发布方面存在着浓重的"传统"的影子,仍然属于"观众被动接受"时代的产物。当然,也有不少电视台形成的"说新闻""讲新闻""方言新闻"的独特风格,长期成为区域内标杆栏目。在互联网、物联网、人工智能技术飞速发展的今天,除了改变传统新闻播报和发布方式、传统节目主播主持方式之外,可以利用技术手段实现电视屏和手机屏的互动。第一方面,可以为栏目聚集私域流量,使私域流量变得更加稳定和忠实,进而实现私域流量的变现可能;第二方面,可以形成主播和观众的现场互动,刺激栏目现场氛围,吸引场外观众的关注热度和参与热度,同时通过场外观众的口碑传播为栏目的免费宣传和社交裂变提供可能;第三方面,可以通过私域流量的声音来调整栏目的规划和策划,掌握第一手调研资料。

第三,在当前全媒体生态环境中,电视台的栏目和主播除了电视屏,还可以进行多渠道分发,以增强电视台的综合传播影响力。但是,需要注意的是,"多渠道分发",分发到什么渠道?以什么形式分发?如何聚集互联网用户?这些才是"多渠道分发"的关键所在。绝不仅仅是把电视屏的栏目视频简单切段且上传网络平台就可以了。"多渠道分发"需要对不同渠道做深入的用户研究和内容研究,从而做到精准投放,目的是吸引互联网用户到电视屏去观看详细内容。在当前,电视屏在存量观众规模上仍属于主流媒体,但是电视屏的新增观众处于游离状态,并不稳定。因此,如何在稳固电视屏存量观众的基础上,扩大新增观众并使新增观众稳定忠诚,是未来电视需要深思的根本问题。

第四,电视台建立自有互联网平台是非常重要的事情,并且在现阶段,各级电视台需要团结起来,抱团取暖,共克时艰。在互联网第三方平台传播自身内容,仅属于对外宣传的作用,毕竟那些互联网第三方平台不是自己的平台,广电的内容可成为他们扩充和集聚流量的渠道之一,不能对之形成依赖。因此,广电需要有自己的平台生态,这个平台生态要能整合广电的整体和区域力量,形成牢不可破的集体爆发力,向外扩散自身的影响力。

(三)全媒体数据监测反哺电视栏目选题

传统媒体记者和采编的身份已经发生了巨大的变化,在现阶段,从"传统媒体记者和采编"过渡到"全媒体记者和采编",这是具有深远影响的。那么,"全媒体记者和采编"所需要具备的条件是怎样的呢?

第一,信息的及时性、准确性和全面性,以及内容的原创性,仍是最为重要的事情,这是新闻媒体无论经历多少代媒体变革都要面对的本质问题,这是任何媒体机构和单位的黄金资源。

第二,对于新闻专题栏目、访谈栏目、纪录片/纪实栏目、财经栏目、综艺栏目、电视剧选购等,把握选题和社会大众舆论焦点往往决定栏目的成败。过去我们通过线下街头走访和入户调查来采集社会大众关注的事情和问题,在信息科技通路如此发达的今天,这个调查的距离被大大地缩短了,效率也得以显著提升。

　　我们以 2020 年的"新冠肺炎疫情"为例。根据尼尔森网联媒介数据服务有限公司针对 2020 年第一季度对全网数据抓取和分析所得,新冠肺炎疫情最受网民关注的 30 大事件如表 2-1 所示。

表 2-1　新冠肺炎疫情最受网民关注的 30 大事件表

序号	新冠肺炎疫情最受网民关注的 30 大事件(按时间次序)
1	钟南山明确人传人
2	武汉"封城"
3	武汉市市长戴口罩召开新闻发布会
4	黄冈卫健委主任唐志红"一问三不知"
5	高福论文争议
6	湖北及武汉红十字会相关舆情
7	抢购"双黄连"事件
8	2 月 3 日外交部新闻发布会
9	武汉病毒研究所 80 后所长王延轶事件
10	石正丽"病毒系人造"事件
11	特效药瑞德西韦抢注风波
12	大理政府违规征用多地采购的医用物资
13	李文亮医生去世事件
14	"气溶胶传播"事件
15	武昌区转运重症病人事件
16	洪湖六毛口罩争议
17	山东、浙江监狱感染
18	武汉新增病例高于湖北全省
19	青岛疫情倒灌
20	武汉宣布放开离汉通道的通告无效
21	女子离汉抵京事件
22	方舱医院休舱期
23	浙江青田县新增 7 例境外输入病例

续表

序号	新冠肺炎疫情最受网民关注的 30 大事件（按时间次序）
24	武汉居民从楼上向正在考察的中央指导组喊："假的，假的！"
25	"发哨子"事件
26	习近平赴湖北武汉考察新冠肺炎疫情防控工作
27	泉州隔离酒店坍塌事件
28	武汉垃圾车送肉事件
29	郑州郭伟鹏事件
30	国内航班疑存防控漏洞

再举一个例子，尼尔森网联媒介数据服务有限公司在全网对"地摊经济"进行抓取、处理和分析所得：

截至 6 月 5 日，尼尔森网联的全网监测系统共监测到"地摊经济"相关信息量 891669 条。

从传播平台上看，微博是主要传播渠道，发布信息量占比达到 65.14%。其中，"♯地摊经济♯如果去摆地摊该做什么生意"话题累计阅读量高达 10 余万人次。其次是 App 平台，发布信息量占比达到 11.81%，主要是新华网、人民日报、网易新闻、搜狐新闻发布报道为主。再次是微信，发布信息量占比 7.16%，主要是自媒体账号蹭热度，以及营销类信息居多。

从各省对"地摊经济"的讨论热度上看，上海、北京、浙江是讨论最多的省市。

从词频图上看，"地摊""经济""全员""市场""城管"为公众提及的高频词汇。如"♯全员摆摊♯"微博话题引发众多关注。

从上面两个新闻事件的例子可以看出，当前可以通过全网监测直接获取社会大众的关注热度和舆论热度，对了解社会大众意识形态有重要的意义和作用，新闻媒体工作者可以通过对上述的分析进行专题栏目的规划和策划，以吸引电视屏忠实存量观众和新观众的注意力。

在电视剧选题方面，如《虎妈猫爸》《少年派》《小欢喜》的选题同当前"育儿""升学""婚姻家庭"的社会问题密切关联，再加上实力派演员的精湛演技，一经播出，在社会上迅速引发了广泛的热议，更加衬托出电视剧的收视热度。

在电视剧选角和综艺节目选择嘉宾方面，尼尔森网联媒介数据服务有限公司的"艺人指数"可以帮助节目制作公司、媒体单位、投行去做精准的选择，以防止和减少人为判断和社会大众意识形态的偏差。表 2-2 是尼尔森网联在

2020 年 5 月发布的广告代言人传播力综合指数 TOP10 的情况。

表 2-2　广告代言人传播力综合指数

广告代言人传播力综合指数

排名	姓名	综合指数	传播指数	舆情指数	搜索指数	正能量指数	代言指数
1	华晨宇	93.30	90.9	95.3	90.0	92.3	95.8
2	蔡徐坤	92.03	95.1	96.3	90.4	92.4	86.5
3	王一博	91.55	88.0	87.2	91.1	90.3	98.6
4	张艺兴	90.98	95.2	96.7	87.5	90.8	84.2
5	任嘉伦	90.86	95.6	92.1	88.2	93.5	85.4
6	关晓彤	90.01	88.3	91.5	89.5	92.8	89.9
7	邓伦	89.99	89.2	91.9	86.5	90.9	90.0
8	易烊千玺	88.87	85.7	87.7	88.0	94.6	91.2
9	吴亦凡	88.16	85.1	91.0	84.9	86.4	91.0
10	王俊凯	87.98	83.2	87.4	89.7	91.8	91.3

数据来源:尼尔森网联媒介数据服务有限公司,数据日期:2020 年 5 月。

(四)对外:全媒体传播矩阵助力公信力和舆论制高点建设

1. 电视台如何通过全媒体生态建立自身传播影响力

当前媒体环境进入全媒体生态环境,公域流量、私域流量和混合域流量成为新的增长运营课题。先解释一下公域流量和私域流量。当前的互联网流量分为公域流量和私域流量,公域流量是针对新增用户而言,主要是通过公域渠道进行推广和引流来获取新增用户;而私域流量是针对存量用户而言的,私域流量是一个闭环体系,保证存量用户的忠实度和使用黏性,保证存量用户的使用活跃性,避免出现存量用户的流失,毕竟存量用户的获客成本和代价相比新增用户要低得多。

面对全媒体生态的复杂多样和多变,电视媒体如何审视自身的地位呢?电视媒体面临着电视圈内部的竞争,以及电视圈外部的竞争,这就使得竞争环境变得更加复杂化。一方面,电视媒体要保证媒体和内容公信力的前提基础,这是核心问题;另一方面,电视媒体的运营环境要从单一媒体环境转向跨平台跨渠道的全媒体生态的复合媒体环境,这就导致了电视媒体的测量和评估体系发生了根本性变化,从单一的电视屏收视率考量,向全媒体生态考量;从单一的数据考核,向全媒体数据运营、内容运营、平台运营发展,从重考核转向重运营。

尼尔森网联媒介数据服务有限公司深深地意识到这种发展变化,依托于爬虫技术、大数据挖掘技术对电视台在全网的重要传播渠道进行采集和监测,从全媒体生态综合评估电视台的传播影响力(部分数据案例),如表 2-3 所示。

表 2-3　电视台传播影响力统计图(部分)

排名	频率	触达人数	EMC 指数	两会期间 EMC 指数
1	中央中国之声	91205611	1569.05	1309.68
2	浙江之声	11344561	1316.32	894.70
3	河北交通广播	4229421	1314.84	812.38
4	广州交通电台	12009000	1306.84	1114.63
5	江苏新闻广播	9094927	1299.57	969.25
6	河南交通广播	11681253	1296.08	1055.61
7	北京交通广播	9930301	1289.91	989.53
8	楚天交通广播	21468736	1257.69	1026.96
9	浙江交通广播	8348723	1248.38	1024.52
10	福建交通广播	3299621	1239.98	996.14

数据来源:尼尔森网联媒介数据服务有限公司,数据日期:2020 年 5 月。

2. 电视台如何通过全媒体监测来评测和评估主播影响力

尼尔森网联媒介数据服务有限公司依托于爬虫技术、大数据挖掘技术对电视台主播在主要社交平台和短视频平台进行采集和监测,表 2-4 是各级电视台主播的传播影响力情况(部分数据案例)。除此之外,还提供各级电视台主播的内容影响力、变现影响力等,以帮助电视台完整地评估和运营。

表 2-4　各级电视台主播的传播影响力情况(部分)

排名	主播抖音名称	所属电视频道/广播频率	NMK 指数
1	虎哥说车	杭州交通经济广播	1616
2	虎小叔说车	杭州西湖之声	1563
3	王小川	安徽卫视	1506
4	张丹丹的育儿经	湖南卫视	1450
5	金龟子	CCTV14—少儿频道	1428
6	戴晓琛	湖南人民广播电台音乐之声	1424

排名	主播抖音名称	所属电视频道/广播频率	NMK 指数
7	芒果台声丁文山	湖南卫视	1351
8	晓北—城市私家车	浙江城市之声	1282
9	林琳 regina	广东音乐之声	1260
10	比格费西	成都广播电视台	1239

数据来源:尼尔森网联媒介数据服务有限公司,数据日期:2020 年 5 月。

3. 电视台需要运用互联网语言重塑自身平台影响力

传统收视率指标体系长期应用于广电圈内部的竞争、电视台绩效考核、4A 广告结算货币,这在电视台作为垄断的主流媒体的时候没有任何问题。然而,近十余年随着互联网信息技术和经济的飞速发展,传统收视率指标体系已经越来越不适宜电视台去面向新型全媒体生态环境了,电视台也摸不清自己在全媒体生态中所处的位置,很难正确评估自身。

尼尔森网联媒介数据服务有限公司率先提出电视收视数据的互联网化语境,自此,电视屏数据有两套数据指标体系,即一套仍是传统收视率指标体系,其应用场景为对内绩效考核、频道和节目管理、员工管理、频道和节目精细化运营;另一套是电视互联网化数据指标体系,包括但不限于观众规模(UV)、渗透率、收视量(PV 或播放量)、活跃观众留存率、拉新规模等,其应用场景面向创收性节目、大型活动、重大新闻事件、节点工作汇报。在电视台的数据运营系统中,这两套收视数据犹如"双刃剑",为电视台全方位保驾护航。

案例 3:全国上星频道将同互联网产品在同一语境下进行比较

表 2-5　观众规模和渗透率

频道	全国城镇地区		全国覆盖(估算)		
	覆盖量 (万人)	渗透率 (全国城镇电视人口)	覆盖量 (万人)	渗透率 (全国人口)	渗透率 (全国电视人口)
中央一套	40.609	64.46%	67 011	47.86%	53.18%
中央新闻	36.175	57.42%	59 694	42.64%	47.37%
湖南卫视	35.863	56.93%	59 180	42.27%	46.97%
中央四套	35.065	55.66%	57 864	41.33%	45.92%

续表

频道	全国城镇地区		全国覆盖（估算）		
	覆盖量 （万人）	渗透率 （全国城镇电视人口）	覆盖量 （万人）	渗透率 （全国人口）	渗透率 （全国电视人口）
江苏卫视	32.094	50.94%	52 960	37.83%	42.03%
中央二套	32.065	50.90%	52 912	37.79	41.99%
中央六套	31.868	50.59%	52 588	37.56%	41.73%
中央三套	31.697	50.31%	52 305	37.36%	41.51%
中央五套	31.044	49.28%	51 227	36.59%	40.66%
浙江卫视	30.411	40.09%	50 200	35.96%	39.84%
中央八套	29.705	47.15%	49 018	35.01%	38.90%
东方卫视	28.819	45.75%	47 556	33.97%	37.74%
中央记录	28.711	45.58%	47 379	33.84%	37.60%
中央七套	28.334	44.98%	46 756	33.40%	37.11%
中央少儿	27.317	43.36%	45 078	32.20%	35.77%
中央十套	25.419	40.35%	41 945	29.96%	33.29%
辽宁卫视	25.240	40.07%	41 651	29.75%	33.06%
中央十二套	24.070	38.21%	39 720	28.37%	31.52%
北京卫视	24.069	38.21%	39 718	28.37%	31.52%
山东卫视	22.912	36.37%	37 809	27.01%	30.01%

应用名称	MAU（万终端）	渗透率
微信	94 622	81.89%
QQ	70 535	61.02%
支付宝	70 296	60.81%
手机淘宝	67 035	57.99%
爱奇艺	57 213	49.49%
腾讯视频	53 615	46.38%
百度	53 607	46.37%
搜狗输入法	52 097	45.07%
抖音短视频	51 812	44.82%
高德地图	47 802	41.35%
微博	45 945	39.74%

续表

应用名称	MAU(万终端)	渗透率
快手	44 342	38.36%
QQ 浏览器	43 652	37.76%
百度输入法	42 596	36.85%
拼多多	39 810	34.44%
优酷视频	38 156	33.01%
WiFi 万能钥匙	37 580	32.51%
百度地图	29 704	25.70%
腾讯新闻	29 182	25.24%
钉钉	28 772	24.89%

数据来源:尼尔森网联媒介数据服务有限公司,海量融源收视率(全国网),Questmobile;
数据日期:2020 年 3 月;注:根据 QM 统计模型推算 3 月总终端使用量 11.56 亿。

　　如表 2-5 所示,上边是尼尔森网联媒介数据服务有限公司全国城镇地区电视网络的关于各上星频道的观众规模(UV)和渗透率的数据表,下边是 Questmobile 头部 App 的月活跃用户规模(UV)和渗透率的数据表,两个都是 2020 年 3 月 TOP20UV 的数据。从表中我们可以看出,无论从 UV 角度看,还是从渗透率角度看,上星频道并不弱于头部 App。知道了上星频道仍然拥有庞大的观众规模后,积极地探索经营模式将成为重中之重。

案例 4:评估大型活动在电视端的传播效果

　　2019 年 8 月 25 日晚间"我爱你中国国家广播电视总局优秀电视剧百日展播活动启动仪式"在青岛西海岸举办。启动仪式的晚会在五大卫视同步直播,我们从图 2-28 中可以看到这个晚会活动能够影响到多大的电视用户规模。

　　该启动仪式在浙江卫视触达了 1193 万户城镇电视家庭,在东方卫视触达了 898 万户城镇电视家庭,在湖南卫视触达了 843 万户城镇电视家庭,在北京卫视触达了 521 万户城镇电视家庭,在山东卫视触达了 386 万户城镇电视家庭,整个活动的启动仪式共计触达了 2900 万户城镇电视家庭。

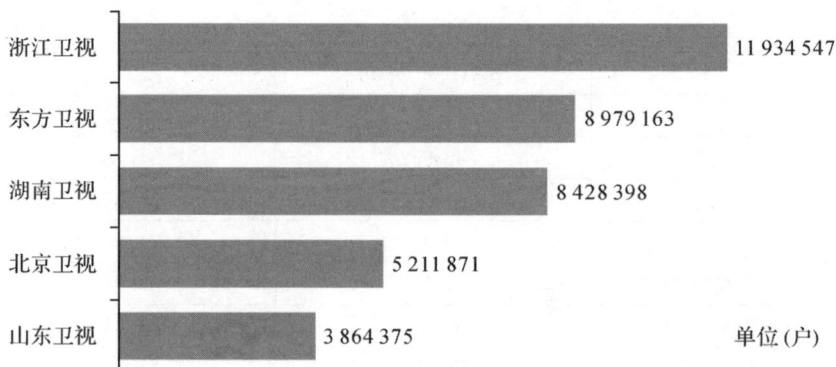

图 2-28　各电视台晚会影响用户规模

案例5:评估台网联播剧在电视端的传播效果

2019 年 8 月,柠萌影业的热剧《小欢喜》台网同步播出,直击教育、亲子、婚姻等社会关注的重点话题,引发广泛话题和热议。截至 2019 年 9 月 10 日,我们截取到腾讯视频自身显示的播放量数据是 36 亿次,而通过尼尔森网联媒介数据服务有限公司的全国城镇地区电视网络得到的收视量指标显示,《小欢喜》(首播)在浙江卫视和东方卫视合并收视量 29.2 亿次,这个数值不考虑重播。(见图 2-29)

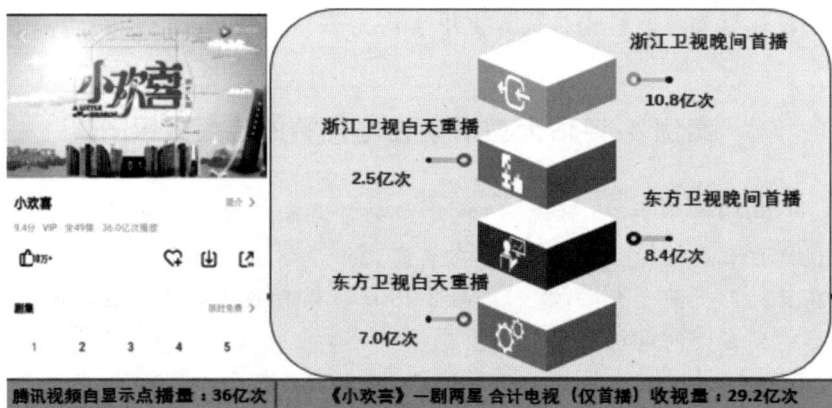

图 2-29　《小欢喜》播放情况

数据来源:尼尔森网联媒介海量融源收视率服务有限公司(全国网,Questmobile;2019 年 9 月)

案例 6：深入了解观众留存情况，为频道或节目的深度运营提供数据支撑

图 2-30 是 2019 年北京卫视品质剧场播出的《外交风云》每天的活跃观众留存率（见图 2-30）和新增观众留存率（见图 2-31），我们可以对每天的观众流动情况做精细的掌握，这个应用就属于数据精细化运营的范畴了。

	日期																	
2	9月20日	42.98%																
3	9月21日	34.02%	36.84%															
4	9月22日	31.22%	36.23%	39.07%														
5	9月23日	33.23%	34.33%	39.94%	42.23%													
6	9月24日	30.15%	31.23%	35.85%	37.27%	43.30%												
7	9月25日	30.83%	32.48%	35.70%	38.50%	42.83%	47.20%											
8	9月26日	30.48%	31.20%	34.58%	37.70%	42.11%	45.88%	48.97%										
9	9月27日	28.20%	30.06%	33.27%	39.79%	42.25%	44.93%	47.30%										
10	9月28日	30.06%	30.67%	35.59%	35.84%	39.46%	42.93%	44.26%	45.23%	45.42%								
11	9月29日	28.68%	31.04%	34.67%	35.67%	39.34%	42.06%	44.19%	46.44%	45.44%	44.51%							
12	9月30日	27.55%	29.50%	32.47%	33.56%	35.85%	38.55%	40.42%	41.89%	40.42%	39.32%	42.84%						
13	10月2日	22.53%	23.27%	26.53%	26.75%	25.95%	30.33%	30.93%	32.02%	30.54%	31.16%	23.94%	33.27%					
14	10月3日	25.74%	27.21%	30.30%	30.74%	33.13%	35.03%	37.02%	35.95%	38.44%	38.80%	42.00%						
15	10月4日	24.16%	25.93%	28.86%	29.14%	31.13%	33.71%	34.33%	36.57%	35.23%	34.24%	36.63%	37.10%	40.01%	42.17%			
16	10月5日	25.93%	26.97%	31.18%	31.68%	32.64%	34.52%	36.59%	35.95%	35.77%	37.44%	37.39%	40.15%	40.13%	43.04%			
17	10月6日	24.01%	26.23%	29.34%	30.36%	31.95%	35.03%	35.09%	37.02%	35.17%	34.21%	36.63%	37.41%	37.80%	35.96%	38.28%	37.38%	
18	10月7日	27.74%	27.76%	30.69%	33.05%	34.19%	25.10%	27.13%	38.57%	36.09%	35.29%	38.48%	36.68%	39.60%	36.31%	37.55%	37.13%	46.70%
19																		
20																		

图 2-30　《外交风云》收视率

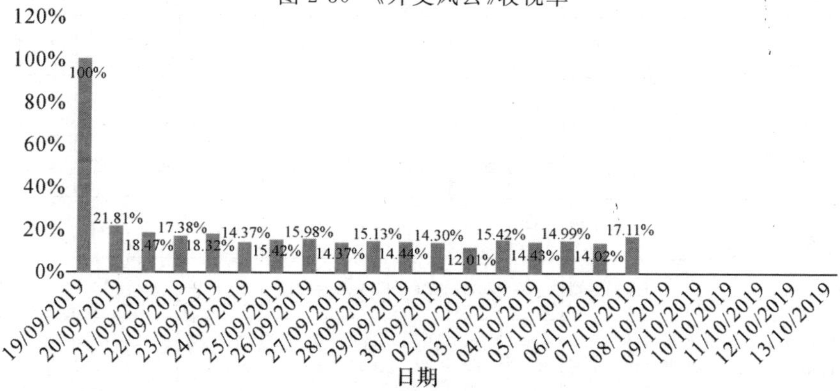

图中各日期新增观众留存率（纵轴 0%~120%）：19/09/2019：100%；20/09/2019：21.81%；21/09/2019：18.47%；22/09/2019：17.38%；23/09/2019：18.32%；24/09/2019：14.37%；25/09/2019：15.42%；26/09/2019：15.98%；27/09/2019：14.37%；28/09/2019：15.13%；29/09/2019：14.44%；30/09/2019：14.30%；02/10/2019：12.01%；03/10/2019：15.42%；04/10/2019：14.43%；05/10/2019：14.99%；06/10/2019：14.02%；07/10/2019：17.11%；08/10/2019—13/10/2019。（横轴：日期）

图 2-31　2019 北京卫视《外交风云》新增观众留存率

案例 7：了解一场广告活动的直播观看人数，对标网络直播的在线观看人数，以反映电视屏直播的传播广度和强度

表 2-5 是 2020 年上半年各省级卫视举办的广告产品发布会现场直播活动，这样的广告活动不仅开辟了电视广告新形式，还达到了可观

的直播观看规模,可谓创意与人气齐飞。电视端在进行广告产品发布会的同时,电视屏的二维码和小程序码同样可以实现观众在线下单操作。

表 2-5　2020 年上半年各省级卫视举办的广告产品发布会现场直播活动

计数	节目主要描述	频道	日期	时间	播出时长	观众规模（户）	观众规模（人）
1	华为 2020 年春季旗舰产品发布会	浙江卫视	08/04/2020	21:40:14-23:35:42	1:55:28	4 098 334	10 368 785
2	荔枝发布华为春季新品线上发布会	江苏卫视	08/04/2020	21:40:04-23:35:39	1:55:35	3 925 139	9 930 602
3	华为 NOVA7 系列产品发布会	浙江卫视	23/04/2020	22:00:10-23:30:10	1:30:00	3 266 208	8.263 506
4	荔枝发布 OPP 新品发布会	江苏卫视	08/05/2020	17:00:00-17:57:44	0:57:35	3 124 870	7 905 921
5	青春跑旅环游记 MAZDA CX-30 线上发布会	浙江卫视	28/05/2020	22:02:47-22:15:26	0:57:35	2 907 705	7 356 494
6	荔枝发布君乐宝发布会	江苏卫视	16/04/2020	14:00:40-14:29:33	0:12:39	2 623 476	6 637 394
7	荣耀30系列新品发布会	浙江卫视	15/04/2020	14:00:09-16:24:38	0:28:53	2 512 274	6 356 053
8	小米 10 梦幻之作超级发布会	深圳卫视	13/02/2020	14:00:08-15:58:56	1:54:29	2 467 167	6 241 933
9	OPPO 2020 新品发布会	浙江卫视	06/03/2020	17:02:44-18:00:08	1:58:48	2 349 712	5 944 771
10	你的钉钉超级发布会	深圳卫视	17/05/2020	20:25:09-21:45:08	0:57:24	1 741 625	4 406 311
11	一汽大众全新奥迪 A4L 超级发布会	深圳卫视	10/04/2020	20:00:08-21:15:07	1:19:59	1 644 724	4 161 152
12	一汽大众全新奥迪 A5L 超级发布会	深圳卫视	10/04/2020	24:39:14-25:44:13	1:14:59	1 33 319	3 373 297
13	比亚迪刀片电池出鞘安天下超级发布会	深圳卫视	29/03/2020	14:32:28-15:30:07	0:57:39	1 111 241	2 811 440
14	REDMI 10X 系列新品发布会	北京卫视	26/03/2020	14:00:07-15:56:46	1:56:39	1 102 939	2 790 436
15	你的钉钉超级发布会(重)	深圳卫视	17/05/2020	24:38:24-25:58:23	1:19:59	1 097 447	2 776 541
16	荣耀30系列新品发布会	深圳卫视	15/04/2020	14:30:08-16:26:56	1:56:48	1 064 972	2 694 379
17	山东家电消费节新闻发布会	山东卫视	06/06/2020	16:10:09-16:41:03	0:30:54	916 131	2 317 811
18	一汽大众全新奥迪 A6L 超级发布会	深圳卫视	11/04/2020	09:45:23-11:00:23	1:15:00	787 773	1 993 066

数据来源:尼尔森网联媒介数据服务有限公司,数据日期:2020 年 6 月。

（五）电视屏数据和互联网数据的同源融合，助力电视台挖掘节目新价值

过去，我们很难想象电视端和互联网端如何能够同源融合，其方法也无非是建立固定样组，在电视端和互联网端分别去做传统调研，这种方法只能作为估计，并没有做到精准，并且不能实现连续监测和准实时更新。随着当前信息科技的飞速发展，尼尔森网联媒介数据服务有限公司不断探索尖端技术，不断进行摸索和测试，终于完成了电视端和互联网端同源数据的融合。

我们以"618"电视晚会为例，三家电商平台分别同三家一线卫视进行合作，定制晚会将娱乐性、创意性、仪式感渲染到极致，将"商业＋娱乐"的新势能呈指数级释放，为电商造节贡献大量的流量和用户。

基于电视大屏的流量优势，在品效合一的营销时代，电商定制晚会更需要精准匹配收看观众的电商消费偏好。尼尔森网联媒介数据服务有限公司大屏DMP已经实现大电商 T＋1 动态消费标签打通，其中包括 30 个一级品类、240 个二级品类和 6000 个三级品类的同源准实时标定，这与颗粒度较粗、准确性较低的一次性静态消费偏好标签大相径庭。

如表 2-6 所示，尼尔森网联的电视大屏数据同电商数据进行同源融合，我们可以清晰地观察到三家一线卫视的电视观众在电商平台的消费偏好是具有明显差异的，这可以帮助相关品牌主进行精准投放。

【思考题】

1. 简述你对社交网络与个体之间边界管理的理解。

2. 新媒体技术的进步会对我国社会治理发展产生什么影响？请结合实例谈谈你的看法。

3. 思考后疫情时代网络素养培育的困境与策略。

表 2-6　三大卫视 618 晚会观众的电商细分消费偏好

	东方	湖南	江苏
珠宝首饰	0.33%	0.80%	0.73%
钟表	1.53%	0.30%	0.23%
运动户外	1.70%	2.20%	1.60%
医疗保健	5.60%	2.13%	1.53%
鞋靴	3.67%	3.20%	0.37%
箱包皮具	1.77%	3.04%	0.77%
玩具乐器	3.74%	1.43%	0.53%
图书	6.10%	0.67%	0.80%
数码	4.80%	2.70%	1.63%
手机通信	18.55%	4.27%	4.50%
食品饮料	3.97%	20.08%	13.28%
生鲜	2.23%	5.34%	5.37%
汽车用品	0.37%	2.47%	2.03%
农资园艺	6.14%	0.03%	0.03%
母婴	1.70%	4.54%	3.00%
美妆护肤	0.07%	7.17%	5.60%
礼品	2.30%	0.73%	0.33%
酒类	3.97%	1.43%	1.73%
家装建材	17.08%	5.37%	1.80%
家用电器	2.97%	22.32%	17.44%
家庭清洁/纸品	1.93%	6.47%	5.70%
家具	0.57%	3.90%	1.20%
家居用品	1.10%	6.20%	3.97%
家纺	3.07%	0.93%	0.27%
个人护理	0.70%	6.04%	6.40%
服饰内衣	2.54%	7.44%	4.47%
电脑、办公	0.63%	2.84%	1.33%
厨具	0.30%	3.07%	3.30%
宠物生活	0.23%	0.13%	0.40%

第三篇　新媒体与经济发展

新媒体环境下,信息传播范围十分广泛。新媒体在推动大学生就业的同时,也带动了产业水平的提高,推动了地方经济的发展。其改变了地方经济社会的结构,以及产品的营销模式,成为地方经济社会发展的助推器,解决了当地百姓就业难的问题,进而助力贫困地区脱贫致富。

第一节　新媒体环境下的"互联网＋"与区域经济发展

一、区域互联网的概念与发展背景概述

(一)区域互联网的概念

区域互联网是指立足于某一特定地理区域范围,以该区域用户为主要目标受众,提供与本地区生活相关的各类信息发布、交流、互动、O2O 等服务的互联网企业。

(二)发展背景

2015 年在十二届全国人大三次会议上,李克强总理在政府工作报告中首次提出"互联网＋"行动计划。李克强在政府工作报告中提出,制订"互联网＋"行动计划,推动移动互联网、云计算、大数据、物联网等与现代制造业结合,促进电子商务、工业互联网和互联网金融健康发展,引导互联网企业拓展国际市场。中国正在投入一场"互联网＋"的热潮。从蹒跚起步到阔步前行,经过 20 年的发展,互联网已经成为中国社会运行的基本要素和基础支撑,如毛细血管般渗透到国家社会生活的各个领域,以前所未有的深度和广度深刻改变着经济发展格局和信息传播格局,成为推动经济发展的重要助力。

中国互联网发展经过了三个阶段:

第一阶段 1994—2002 年。Web1.0 门户网站时代,中国互联网从无到

有,门户网站是这一时期的主要代表。中国互联网第一次浪潮到来,免费邮箱、新闻资讯、即时通信一时间成为最热门的应用。2000年,新浪、网易、搜狐三大门户网站先后登陆纳斯达克。

第二阶段2002—2009年,Web2.0搜索社交时代。从2003年起,中国互联网逐渐找到了适合中国国情的盈利发展模式,互联网应用呈现多元化局面,电子商务、网络游戏、视频网站、社交娱乐……全面开花。伴随着中国互联网新一轮的高速增长,中国网民数量也不断攀升,2008年6月达到2.53亿,首次大幅度超过美国,跃居世界首位。

第三阶段2009年至今,Web3.0移动互联时代。2009年,以移动互联网的兴起为主要标志,中国互联网步入一个新的发展时期。2012年,移动互联网用户首次超过PC用户,中国网络购物规模直逼美国,成为全球互联网第二大市场。与此同时,互联网企业变得更加理性开放,传统企业也在与互联网企业的交锋中逐步走向融合共生。

截至2019年6月,我国网民规模达8.54亿,较2018年底增长2598万,互联网普及率达61.2%。① 随着互联网的快速普及,互联网的影响力快速提升,中国网民数量飞速增长,互联网产业日益繁荣。

在中国互联网第三次浪潮中,我国互联网络持续走向成熟和深度发展,出现了区域化发展趋势,一些基于移动互联服务的区域互联网企业发展迅速。与国内大型网站和垂直网站动辄对北、上、广大城市关注不同,区域互联网企业只服务所在城市、县市、城镇本地百姓,影响力也仅覆盖本地,但却是当地百姓不可或缺的区域生活方式构成之一。这些区域互联网企业目前是大型互联网企业在三四线城市的互补者,他们不仅有良好的生态,也有极其可观的市场容量。

许多大型门户网站和BAT大型互联网企业已经意识到区域化、本地化的巨大商机,他们深入到了三四线城市甚至五线城镇,开始关注除了大型城市以外的庞大的市场空间,如微信的滴滴出行,淘宝推出的"淘点点(口碑外卖)"和淘生活等。

目前运营情况来看,这些新兴的区域互联网企业发展较为不平衡。政府或媒体主办的区域网站多数尚未盈利,而一些转型企业和草根民企主办的区域互联网企业却已经开始显示出市场竞争力,其中不乏年收入在500万以上的企业,而且未来仍有增长点和空间。但是,随着大型互联网企业更多深入到

---

① 中国互联网络信息中心(CNNIC)在京发布第44次《中国互联网络发展状况统计报告》.

了三四线城市甚至五线城镇,这一市场上的竞争压力必然增加,当前格局的稳定性将被打破。然而,大型网站是否有足够的精力兼顾这些区域,是否能够很好地本地化,尚是一个疑问;当然,区域互联网企业在这些大型互联网企业的夹缝中生存境地如何,还有待进一步观察。

（三）区域互联网在全国与浙江的发展概况

我国经济发展迅猛,但存在着严重的贫富差异、地区差距等现象。这些现象的产生也导致我国互联网的发展出现了严重的地区性差异。这种区域差异性的产生与我国地区发展状况有着密切的关系。

2021年7月13日,由中国互联网协会组织编撰的《中国互联网发展报告(2021)》蓝皮书在第二十届中国互联网大会上正式发布。该报告显示,截至2020年底,中国网民规模为9.89亿人,互联网普及率达到70.4%,特别是移动互联网用户总数超过16亿;5G网络用户数超过1.6亿,约占全球5G总用户数的89%;基础电信企业移动网络设施,特别是5G网络建设步伐加快,2020年新增移动通信基站90万个,总数达931万个;工业互联网产业规模达到9164.8亿元;数字经济持续快速增长,信息技术与实体经济加速融合,规模达到39.2万亿元,总量跃居世界第二。报告从6个方面对全国31个省（自治区、直辖市,不含港澳台）的互联网发展状况进行了综合评估。从该次评估结果看,北京、广东、上海、浙江、江苏互联网发展水平最高,分列综合排名前五;中西部地区也在加大发展力度,发展势头强劲。[①]

在我国各地区互联网发展情况方面,根据《2018年网宿·中国互联网发展报告》显示,2018年,中国互联网普及率超过全国平均水平的省份达10个,互联网普及率前六名的省市为北京（75%）、上海（74%）、广东（69%）、福建（67%）、天津（65%）、浙江（63%）,中东西部互联网普及率差距逐渐缩小。与2017年相比,普及率最高的北京（75%）与普及率最低的云南（43%）之间差距缩小了5个百分点,但依然有较大差距。从网民数来看,华东地区占总网民数的30.71%,远高于其他地区。目前,我国不同经济区域间互联网普及率差异依然较为明显,互联网覆盖面积比较高的省市大约分布在东部沿海和一些发展水平较高的内陆地区。而中部地区和西南部地区的互联网发展水平较为缓

---

① 第47次《中国互联网络发展状况统计报告》（全文）[EB/OL].[2021-02-03]. http://www.cac.gov.cn/2021-02/03/c_1613923423079314.htm.

慢,互联网覆盖面积相对较少。①

　　我国各地区区域互联网产业的发展情况与各地区互联网普及率较为吻合。中国互联网协会编撰的《中国互联网企业综合实力研究报告(2020)》发布了 2020 年中国互联网综合实力前百家企业榜单。从地域分布上来看,榜单中超八成的企业均来自京津冀、珠三角、长三角地区,其中,北京入选企业最多,有 38 家;其次是上海,共 18 家;再次是广东省,有 13 家。在互联网 100 强企业名单中,有 21 家企业连续 8 年入围,年度迭代率最高达 45%。②

　　上述报告一定程度上反映了中国不同地区互联网产业的发展情况。东部地区互联网逐渐与日常生活相融合,互联网产业较为繁荣,互联网逐步应用到商务、医疗、教育、金融、农业、工业等多个行业,互联网应用多样化,应用更新较快。东部互联网企业数量众多、种类齐全,新媒体、移动互联网、物联网等使互联网应用范围空前提升。东部地区电子商务发展迅速,已经成为新兴的商业基础设施,成为东部地区乃至全国商业流通的新增长点,拉动经济发展。互联网产业具有渗透性强、产业链长、关联度高等特点,为东部区域产业结构扩展开辟了广阔的发展空间,催生出一批新兴产业,形成了东部经济新的增长点。

　　我国区域互联网的发展水平存在差异。总的来说,中国中、西部地区的区域互联网产业发展水平与东部地区仍有一定差距。东部互联网企业数量众多、种类齐全,移动互联网、物联网等使互联网应用范围大大提升。中西部地区整体经济水平与东部相比较为落后,基础设施不够完善,文化教育水平、科技发展度、经济对外开放程度较低,互联网人才相对缺乏,互联网普及率较低,区域互联网产业起步较晚,区域互联网产业相对滞后。

　　浙江位处中国东部沿海,交通便利,信息交流范围广,已成为中国互联网产业最为繁荣发达的地区之一。2014 年上半年,浙江省出台《关于加快发展信息经济的指导意见》,确立了信息经济在全省经济中的主导地位,以期打造浙江经济"升级版"。信息经济俨然成为浙江经济发展的亮点,举办首届世界互联网大会,更强化了浙江成为互联网时代新经济形态探路者的地位。

　　浙江的区域互联网发展水平领先全国。2021 年 6 月 3 日,浙江省网信

---

①　网宿:2018 中国互联网发展报告[EB/OL].[2019-04-21].http://www.199it.com/archives/863926.html.

②　2020 年中国互联网综合实力百强企业一览[EB/OL].[2020-10-30].https://www.maigoo.com/news/571273.html.

办、省经信厅和省通信管理局联合编著的《浙江省互联网发展报告2020》正式发布,该报告从网络技术、数字政府、数字经济、数字社会、网络综合治理、数字基础设施、网络安全、互联网国际交流与区域合作等8个方面,对过去一年浙江省互联网发展的总体情况和最新进展进行了系统梳理和总结。报告显示,浙江宽带网络基础设施建设全国领先,网民规模和互联网普及率都高于全国平均水平。截至2020年12月,浙江省网民规模达到5321.8万人,互联网普及率为82.4%,手机网民规模占全省网民总数的99.7%。2020年,浙江数字经济核心产业实现增加值7019.9亿元,同比增长13%。电子商务继续引领全国,网络零售额规模稳居全国第2位,杭州、湖州入选国家信息消费示范城市。可以说,浙江既是互联网大省,也是以数字经济为代表的新兴产业大省。①

二、区域互联网类型与特征分析

(一)区域门户网站垂直化

区域门户网站是由立足于某一特定地理区域范围,以该区域用户为主要目标受众,提供与本地区生活相关的各类信息发布、交流、互动、O2O等服务的互联网企业建立的企业。与国内大型网站和垂直网站动辄对北、上、广大城市关注不同,区域互联网企业只服务所在城市、县市、城镇本地百姓,影响力也仅覆盖本地,但却是当地百姓不可或缺的区域生活方式构成之一。这些区域互联网企业目前是大型互联网企业在三四线城市的互补者,他们不仅有良好的生态,也有极其庞大的市场容量,从目前运营情况来看,政府主办的网站多数尚未盈利,而一些转型企业和草根民企却已经开始显示出市场竞争力,其中不乏年收入在500万元以上的企业,而且未来仍有增长点和空间。

垂直门户网站近年来快速发展。与门户网站相比,行业垂直门户网站更专注于某一业务领域。行业垂直门户网站都是各自行业的权威、专家,通过把网站资讯做得更专业、更权威、更精彩来吸引顾客。研究表明,随着网络用户的增多和对各种服务要求的差异,网上充斥着海量的各种信息,这就为专业化、细分化的网络平台和网络信息服务提供了充足的发展空间。目前只从事某一个或几个专业领域的网站平台,将赢来黄金般的发展时机。如果加上电子商务,垂直网站就能以权威、专业的内容吸引、刺激和带动顾客的消费。因

① 《浙江省互联网发展报告2020》发布[EB/OL].[2021-06-04]. https://mp.weixin.qq.com/s/_7MzEzvhhl8AEW7-My5KUA?

为他知道他的顾客在哪里,需要什么,顾虑什么。这便为顾客提供一条龙式的服务模式——以自己内容指引顾客消费自己的商品。垂直门户的电子商务有专家指引,购物方便又明智,终将吸引越来越多的消费者。较少的投入,较多的广告收入,行业权威的影响力,本身就形成了一个正螺旋效应,如果再加上专业化的电子商务,垂直门户前途一片光明。

在垂直化的浪潮下,区域门户网站的垂直化趋势则更偏向于本地生活服务的精细化与专业化。浙江省部分区域门户网站专业化程度提高,大致分为本土新闻资讯网站、本地论坛、本地生活服务频道三大类(见表3-1)。各网站

表 3-1　浙江省部分区域门户网站发展示例

地区	类型	典型企业名称	线下生活服务业态	企业从业人数	创办年份
浙江	本土新闻资讯网站	浙江在线	推出"全省医院预约挂号平台""考高直通车"等栏目,"最美浙江人——青春领袖"评选活动,亲子博览会等线下活动。	100~499 人	1999
		衢州新闻网	利用传统媒体自身的资源优势,搭建"通衢"政民互动平台,全市 72 家部门、36 个社区以及 6 个县(市、区)全部上线。	20 人	2007
	本地论坛	杭州 19 楼	涉及房产、汽车、家居、信息、交友、医疗、育婴等各类和人们息息相关的本地生活服务领域。	超过 100 人	2001
		天一论坛	围绕"民声"和"民生"两大块业务,分别为当地居民提供民生沟通解决平台以及生活类服务。	少于 50 人	2001
	生活服务频道	大舟山	提供优惠促销、团购、二手房交易、房屋租赁、家装建材、生鲜农副产品供给等信息。	50~99 人	2010
		南太湖网	重点栏目为装修学院、线下看房团。	少于 50 人	2006
		嘉兴第九区	二手交易、培训、招聘等。	少于 50 人	2008
		丽水网	丽水楼市、车市、农家乐、家装建材。	100 人左右	2003
		新台州	二手交易、团购等。	少于 50 人	2009
		绍兴 E 网	二手交易、团购等。	超过 100 人	2011
		义乌十八腔	房产团购、汽车等。	1~50 人	2010

又细分为新闻、购物、交易、生活服务等各类,寻求用最简单的方式提供给用户最想要的本地化生活服务信息,使商业利润的核心点能够从用户的需求点上无限放大。实现区域门户网站垂直化的途径有以下几条:①内容的专业性是垂直化的根本。深入到所服务的行业之中,加强对该领域的研究,结合本地实际情况,了解客户需求,在服务上更加专业和精细;②需要树立品牌形象,以应对诸多网站服务同一化、内容相似化的考验,发展一条适合自身特色的品牌之路。以新华汽车为例,已推出"新华测""车参考"手机报等栏目,逐步扩大品牌知名度和影响力;③加强与传统媒体的联合,打造有影响力的营销活动。加强与本地活动的合作,从本地需求出发,解决不同类型用户的差异化需求,加以推广;④重视用户培养。在整个供应链中,社交互动起到非常大的作用,社交互动也可为垂直化带来推动力。

垂直化已成为区域门户网站发展的必然趋势,谁能做得更专业、多提供差异化服务,谁就能拥有更多受众,领先其他门户,并博得厂商、经销商的青睐,最终达到双赢。

(二)大型区域互联网公司社区化

随着基础设施和技术条件逐渐成熟,传统行业在供应链技术、金融支付、物流系统的信息化也逐渐提高,推动着各领域O2O发展,O2O市场也受到资本市场的大力追捧。随着大型门户网站和大型互联网企业的社区化,他们更多深入到了三四线城市甚至五线城镇,开始关注除了大型城市以外的庞大的市场空间。社区化下沉多与本地生活服务相关,服务形式多以外卖、购物为主。然而,大型网站是否有足够的精力兼顾这些区域,是否能够很好地本地化,尚是一个疑问。当然,区域互联网企业在这些大型互联网企业的夹缝中生存境地如何,还有待进一步观察。

2013年开始,我国O2O平台进入快速发展期,资本大量涌入,BAT(百度、阿里巴巴、腾讯)纷纷入局。其中,阿里巴巴的O2O战略主要分为两大方面,即自身在电商和支付领域构建更庞大的服务体验,实现用户、商家在线上线下的闭环体验。另一方面,其通过投资、收购等方式,将触角伸到打车、地图、本地生活服务等自己的短板领域,寻求构建完善的O2O生态体系,一定程度上实现社区化下沉。此外,阿里巴巴与旗下相关O2O领域公司,也在凭借资本优势,在新兴领域企图占据领先地位。腾讯在O2O上总体的思路是围绕微信和手机QQ两大移动产品,构建O2O更加垂直和完善的服务体系,鼓励初创型O2O企业发展,拓展新领域。此外,腾讯也鼓励腾讯系公司进行收购和扩张,实现间接投资布局的方式,比如大众点评先后投资饿了么、迈外迪等,都有腾讯的身影浮现。这些都与本地化、社区化相对接,出现了社区化下沉趋势。百度在O2O领域的策略是通过在加强平台优势的情况下,将自己的优势产品通过线上线下的整合,构建完善的O2O体系,体现了服务社区化、地区化、本地生活化的趋势。

纵观我国O2O行业发展历史,该行业从2003年开始启蒙,2010年进入探索期,再经过2013年的快速发展期,于2016年正式进入调整期。据iiMedia Research(艾媒咨询)数据显示,2016年中国O2O市场规模达到6659.4亿元,较2015年增长42.7%。由于市场刚需拉动,即使在资本遇冷的环境下,2017年中国O2O市场规模仍保持缓慢增长,达8343.2亿元;至2018年,我国O2O行业整体市场规模已超1.5万亿,同比增长50.3%。[①]

对于O2O创业公司未来发展趋势方面,艾媒咨询预测在资本寒冬下,O2O创业公司将面临融资难的问题,投资方在考察创业项目时更为谨慎,仅仅依靠融资来大面积烧钱圈地的盲目创业不再是融资法宝,投资方将更加看重创业公司产品与布局,未来新三板上市或成为O2O创业公司融资新渠道;各行业O2O产品服务布局将呈现多元化的趋势,初创公司将与资深巨头抱团作战,或创业公司之间产品合作,完善产品多元化布局,将辅助O2O创业公司打通线上与线下服务闭环模式;此外,商品物流配送成为O2O创业公司突破点,如何在实现企业盈利与提升配送服务质量之间达到平衡成为O2O创业公司突破点。[②]

表3-2　浙江省部分大型互联网企业社区化示例

地区	区域互联网企业类型	典型企业名称	线下生活服务业态	企业从业人数	创办年份
浙江	大型互联网企业的社区化	支付宝	"双十二"线下门店使用支付宝钱包支付可享受5折优惠等活动;推出预约挂号、预约疫苗接种时间等服务。	超过2000人	2004
		美团	电影、外卖、旅游等团购服务。	超过8000人	2010
		饿了么	外卖。	超过2000人	2009
		大众点评	外卖、团购等。	超过8000人	2003

① 艾媒报告|2016—2017年中国O2O市场发展状况研究报告[EB/OL].[2016-12-21].https://www.iimedia.cn/c400/47202.html.

② 艾媒报告|2016—2017年中国O2O市场发展状况研究报告[EB/OL].[2016-12-21].https://www.iimedia.cn/c400/47202.html.

（三）传统企业的互联网转型

转型的传统商业企业多为规模较大的服装、餐饮、购物等企业。互联网对传统企业带来的最突出机会在于营销方式的变革。如今，稍有一点网络意识的传统企业都利用企业网站或新媒体平台与客户建立关系。近年来最大的变革在于互联网和电子商务的兴起，这种变革不仅仅只是在于几个网站的建立这种现象，其背后有大量复杂的变化。电子商务可以使市场规范化，但电子商务并不直接意味着营销，它提供了更多的商业模型，使更多的公司拥有了更多有特色的渠道。

互联网是社会资源大规模重组的基本工具，在人类的各个领域，以互联网的名义来重新分配各种资源，而这种分配是一种全局的联动。电子商务将互联网由单纯的媒体转变成一个市场。而互联网对传统商业企业的冲击使每个领域重新洗牌，使传统商业企业的地位不再固定，受到最核心的冲击。同时互联网的商业模式和传统的商业模式大有不同。

据研究，当前浙江传统商业企业转型的途径基本有三种：第一种是核心业务转型，将企业的核心业务往互联网上转，这主要是企业集体转型；第二种是相关业务的互补型，主要是通过平衡风险，在原有业务的基础上，再开拓新的互联网业务；第三种是外在业务投资型，主要是通过创业模式来参加互联网的活动。（见表3-3）

生产力扩张是传统商业企业转型的动力，传统商业企业的转型方向有产品转型、产品结构改造、渠道重塑、文化基因改造、体制变革等；但传统企业转型难度也很大，障碍主要来自内部冲突和时间成本。此外，传统企业转型和互联网公司的发展同样需要资本市场的支持和外部环境的影响。

（四）区域移动互联网崛起

在众多区域门户网站建立和手机移动端迅速发展的背景下，大量区域移动互联App迅速崛起。浙江众多区域门户网站均推出App，类型涉及新闻资讯、团购、论坛、旅游、教育、房产、交通、医疗健康、电子商务、企业服务等多领域，且创办时间都比较晚。

移动互联网时代，移动终端与人们日常生活的联系逐渐密切，其作为未来主要传播载体的走向也越发清晰。移动终端最重要的一个入口——App，已成为了传媒集团不得不争夺的新战场。报纸、广播、电视、门户网站等新老媒体纷纷进驻，开发具有自身风格与特色的移动新闻客户端，抢占用户。尤其是报纸媒体，在App的开发探索中毫不停歇，力求占据新闻类移动终端的制高点。

表 3-3　浙江省部分传统商业企业的互联网转型示例

地区	区域互联网企业类型	典型企业名称	线下生活服务业态	企业从业人数	创办年份
浙江	传统商业企业的互联网转型	优谷大地	以自有基地为核心辐射带动产业合作基地的"园地合作"为模式,以自有冷链物流配送和电子商务体系为服务平台,整合管理全供应链,主要经营范围为蔬菜、水果、米面粮油、肉禽蛋、水产、调味品等。	500～999 人	2012
		易购吧	农产品配送。	超过 100 人	2012
		瑞安团购网	餐饮、KTV、美容等。	少于 50 人	2010
		布衣草人	童装服饰专卖。	超过 300 人	1999
		麦包包	线下卖场。	超过 100 人	2007
		浙江赶街电子商务有限公司	代买;代卖;网上支付;农村创业。	100～499 人	2013
		某前店后厂企业	服装批发等。	超过 500 人	2010
		洁丽雅	纺织品、房地产。	超过 6000 人	2003
		银泰商城网	银泰网的所有商品通过金华市区的浙江邮政银泰仓储中心发往全国各地,金华成为银泰网的全国客服中心、物流中心和综合性电子商务中心。	超过 200 人	2010

　　据腾讯发布的《2019 年中国新媒体报告》,以个人账号和聚合性新闻 App 为代表的自媒体平台,爆发出令人惊讶的内容生产和传播活力,例如适应网络传播并提供长尾内容的 BuzzFeed,以及数字领域收入远超传统媒体的代表《纽约时报》。在新闻客户端竞争进入白热化阶段时,市场也将出现分化,垂直类资讯客户端将有更大的空间。垂直类客户端的一个可行方向是专业资讯、细分社区与关联服务三者的贯通融合。浙江省部分创新移动互联 App 例如表 3-4 所示。

表 3-4　浙江省部分创新移动互联 App 示例

地区	区域互联网企业类型	典型企业名称	线下生活服务业态	企业从业人数	创办年份
浙江	创新移动互联 App 崛起	快的打车	改变了传统出租车的叫车模式，专门成立了针对弱势群体的"乐行联盟"，并开展了老人、孕妇免费接送等一系列活动。还推出了针对盲人及视障群体的优化版软件。	2000 人以上	2012
		e 慈溪	团购、外卖等服务。	少于 50 人	2014
		文成爱上外卖	外卖、旅游等服务。	少于 10 人	2014
		无限舟山	出行设计、旅游。	少于 50 人	2015
		健康湖州	预约挂号、报告查询导诊。	少于 50 人	2014
		掌上嘉兴	新闻资讯和互动服务。	暂无	2014
		在丽水	农村电子商务公共服务体系。	170 余名	2003
		温岭包子微生活	线下活动。	少于 50 人	2012
		绍兴旅游	旅游资讯、玩乐住宿。	少于 50 人	2013
		掌上衢州、大衢网	衢报集团开通衢报生活体验馆，推出《空中菜场》栏目。市民可以通过以上途径，自主"点菜"，再通过专业配送队伍直接配送到家。	300 人	2014
		大金华论坛 App	家装团、食客帮、旅游团、看房团、购车团等。	51～200 人	2012

　　移动互联 App 也不只局限于传媒业界，政府平台和电子商务参与其中。但由于互联网对新闻尤其报纸业界冲击较大，所以在所有领域中，新闻业界的移动互联 App 变革最多。以《浙江日报》为例，2014 年 6 月 16 日，浙报集团新媒体矩阵的两大核心产品"浙江新闻"移动客户端和浙江手机报（升级版）亮相。随着两大核心产品问世，浙报集团打造具有"党报特质、浙江特点、原创特色、开放特征"的"三圈环流"新媒体矩阵渐露雏形。在助力移动互联 App 崛起的同时，为传统企业的变革提供了宽阔平台。

　　（五）线上线下营销

　　目前区域互联网企业已有的营销方式主要是 O2O 模式。

　　O2O营销模式,顾名思义就是 Online To Offline。是一种线下商务与互联网相结合的电子商务营销模式。该消费模式打破传统消费方式,实现线上线下同步进行。线上平台为消费者提供消费指南、用户信息、便利服务和分享平台选择心仪的商品或服务,消费者在选定后进行在线支付,线下实体商店提供相应的商品或服务。以阿里巴巴为例,阿里巴巴在贵州打造了O2O消费新模式,与贵阳西南国际商贸城联手,打破常规,做到一铺两店:商家和阿里合作,分工明确,商家通过 1688 网站进行批发零售,省去了原先货源采购和物流配送的烦恼;然后阿里利用口碑、美团、丁丁等本地生活平台整合线下品牌资源,为商户提供多项功能服务;再利用其支付工具支付宝直接为消费者提供便利的线上支付渠道,商贸市场则只需要做好线下服务和商品销售。线上线下互通,这种模式做到了入驻品牌商家在触网上线的同时也作为线下实体体验店运营。

　　然而随着互联网的迅速发展,该模式又出现了不同的变化。一种是以大众点评、美团等 App 为代表,线上的互联网公司与线下的商家进行合作,通过互联网交流,线上平台为线下商家收集客户,宣传信息,线下商家则负责提供产品,直接为客户服务;第二种是以淘宝、天猫为代表,线上与线下同时进行,很多商家在线下有商铺,在线上也有商铺,但由于线上线下的产品价格有所出入,这种区域的产业链的链条状并不明显,这种较落后的形式正在慢慢失效;第三种是线下提供产品体验服务,线上实现消费,但这种模式的营销对于线下商铺的损害较大,利润较少,因此目前采用的人较少。

　　在金融产业链方面,也存在这样一种线上线下服务的形式。首先资金供给方即用户提供资金,互联网消费金融服务商接受用户的消费金融服务需求。电商消费金融平台审核发放贷款,以满足消费者的金融需求,然后消费者则有能力在第三方消费平台或线下消费场所进行商品或服务的消费。还有一种形式就是分期购物的互联网消费金融服务模式。利用分期购物平台,消费者在提供了一定的资金后,向分期购物平台提出申请,申请通过后,分期购物平台为消费者进行支付,从而达到消费者提前消费的预期。

　　以此来看,这种线上线下营销大体分为三个环节:第一个环节为流量入口即引流。线上平台作为消费者进行线下消费的入口,可以吸引大量消费者,扩大客户源。常见的引流入口大致分为三类,一是消费点评类如美团、百度糯米等;二是电子地图类如高德地图等;三是社交类如微信、QQ 等。第二个环节就是信息转换。线上平台把线下商铺的商品信息、店铺信息转化为网络版本,用网络特有的较吸引人的形式进行宣传,发布详细信息、店铺优惠等,便于消费者选择,从而作出相应的消费决策,最后通过线上支付工具如支付宝、微信钱包等进行支付,完成线上消费流程。最后一个环节是线下服务。消费者利用线上获得的信息到实体店直接享受服务或获得商品,完成整个的消费流程。

不仅如此,在政治方面,也有这样类似的模式存在,形成了新型的网络政治。网络政治依托于互联网和微博等社交新媒体,在线上进行信息的转换,网络政治保障了公民的知情权、参与权、表达权、监督权,促进了信息及时公开、政务透明、直面问题,借以推动政府部门公信力的提高。

现在,互联网公司也开始不满足于做第三方消费平台。很多互联网公司在搭建平台的同时,也在不断扩大自己的商业范围,开始自营销售、与跨境电商合作丰富产业链。

随着这样的模式的不断发展,为了让区域的互联网产业链更加紧密并体现其区域性,必须改造其模式,增加物流本地化、商户本地化,使当地的互联网与线下商家联系更加密切,使线上客户、线下客户可以相互转化。

案例 1:区域互联网的国内典型案例分析
——以杭州 19 楼为例

(一)概况

19 楼是一个互联网社区网站。是十九楼网络股份有限公司旗下的一个专注于为用户提供本地生活消费(包括柴米油盐、吃喝玩乐、衣食住行、生老病死等)和情感问题的自由交流的平台。

杭州 19 楼网站上线于 2001 年,但直到 2006 年 10 月才正式成立公司运营。经过多年发展,杭州 19 楼已成为中国非常具有影响力的本地生活服务社区。网站信息包罗了从房产、汽车、家居、信息、交友到医疗、育婴等各类和人们息息相关的本地生活服务领域。从 2009 年开始,杭州 19 楼开始扩张到浙江省的其他地级市,2010 年开始向外省扩张,截至 2013 年 5 月底,19 楼通过直营或合作的方式覆盖了全国约 40 个城市。

(二)发展历史

2001 年,诞生于杭州日报大楼的 19 楼;

2006 年 10 月,公司化、市场化运作;

2007 年 3 月,获评"2007 年最具投资价值网站 100 强";

2007 年 6 月,获首批中国数字报业创新项目奖;

2008 年，被 google 认定为杭州最热社区；

2008 年 4 月，获得杭州生活品质点评的休闲、娱乐、数字三项大奖；

2008 年 12 月，入选"中国十大传媒网站"；

2009 年 4 月，获得"浙江第一论坛"殊荣；

2010 年 1 月，被人民网、清华大学、复旦大学评选为"2009 年中国最具企业投放价值新媒体"；

2010 年 3 月，在 2009 中国互联网经济领袖峰会上入选"年度中国社交类网站、生活服务类网站"双十强；

2010 年 5 月，19 楼与人民网、新华网、分众传媒、新浪微博一起被评为五大"中国新媒体创新年度品牌"；

2010 年 9 月，公司通过国际权威的软件开发能力认证 CMMI3；

2011 年 1 月，获得中国经济贸易促进会颁发的"100 家最具影响力品牌企业"；

2011 年 4 月，在 2010 年杭州市"雏鹰杯"中荣获"最具成长潜力企业 10 强"；

2012 年 1 月，"19 楼"商标被评为杭州市著名商标；

2012 年 3 月，获得艾瑞咨询集团颁发的"2011 年度互联网成长力产品服务奖"；

2012 年 7 月，19 楼党支部荣获省级创先争优先进基层党组织；

2013 年 1 月，19 楼荣获"2012 年浙江省文化传播创新十佳网站"；

2013 年 4 月，19 楼荣获 2012 杭州成长型品牌新锐企业 10 强；

2013 年 5 月 7 日，19 楼与杭州联创永溢创业投资合伙企业、杭州永宣永铭股权投资合伙企业签署了《联合受让协议》及《增资扩股协议》，受让方以 6000 万元人民币总价向 19 楼增资；

2014 年，19 楼在升级 SBS 平台的同时，贴近社交、本地和移动（SoLoMo）的互联网发展大势，利用微博、微信、App 等技术手段保证了自己的入口流量持续稳定的增长。

（三）数据

表 3-5　杭州十九楼网络传媒有限公司基本数据

公司名称	杭州十九楼网络传媒有限公司
公司域名	www.19lou.com
成立日期	2006 年 10 月（网站上线为 2001 年）
公司总部	杭州
融资情况	2013 年 5 月，杭州联创，共 6000 万
员工规模	500 余人
公司营收	约 1.4 亿元（2012 年）
注册用户	3355 万（2013 年 4 月）
日均 UV	412 万（2013 年 4 月）
开通城市	43 个（2015 年 10 月）

（四）"互联网+"时代 19 楼区域互联网策略

1. 抢占入口

入口是现代 O2O 产业的重点。在早期的互联网，以 PC 网络为主要终端，入口主要是 PC 机的浏览器、搜索引擎、即时聊天工具等，19 楼作为区域门户网站，基本上顺应了这股浪潮，通过线上聚集同好，线下举办活动，活动反馈线上并吸引新的用户的方式，形成初步的社区生态循环，积累了大量初期用户。

随着移动互联网时代的到来，原有的互联网流量入口发生了重大改变。特别是智能手机与社交网络的飞速发展，让用户连接互联的方式、时间、地点发生了颠覆性的变化。2014 年开始，19 楼在升级 SBS 平台的同时，贴近社交、本地和移动的互联网发展大势，利用微博、微信、App 等技术手段保证了自己的入口流量持续稳定地增长。

2. 定位消费主体

19 楼的核心用户群是 18 到 45 岁间的城市女性，她们的兴趣点主要在生活、爱分享，在恋爱、结婚、育儿、装修等方面。这些用户愿意与同城网友进行线上讨论，分享经验，这些文字信息以及她们在 19 楼网站上的消费行为帮助 19 楼建立了一个庞大的用户消费行为数据库。19 楼从用户日常消费的行为大数据中建立消费主体的数据模型和精准流量推荐，根据这些信息 19 楼能够做出对用户的精准营销。对于用户而言，19 楼避免了他/她们不需要的信息出现，能为他/她们提供真正符合需求的活动及产品信息。

3. 线上线下的整合营销

19楼O2O市场的另一类用户是商家。对于商家而言，最想要的就是你能提供给他一个精准定位的"买家"，这样商家才愿意合作。在为用户提供恋爱、结婚、育儿、装修等领域个性化服务的同时，19楼致力于为商家提供线上线下无缝融合的互动营销解决方案，建立了独特的社会化营销商业模式。通过19楼社区网，将那些有消费意愿的用户群体聚集在一起，在线上与进入社区的商家进行网络互动式交流，商家发布活动宣传（如发布打折促销信息等），用户报名参加线下活动，商家完成线下的销售。19楼的目标客户是本地商家和有意进入本地的品牌，这和19楼的目标用户精准匹配，这份强有力的抓地能力，正是19楼多年来打造的核心竞争力。

与一般门户网站不同的是，19楼牢牢抓住了区域网站这一特性，它的线上营销主力并不是放在区域性不强的实物商品上，而是放在区域性极强的本地活动上，事实上这使得19楼成为了一个本地活动信息的发布—获取平台，成了特定地区的门户入口。

4. 做好社区O2O

为细分人群提供个性化服务的潜台词，就是提供了"精准营销"的可能性，而这也正是19楼的商业价值所在。首先，通过关注网友们的言论和问题，去挖掘用户群体的真实需求，启发企业的新产品开发和市场创新；其次，社区将企业与用户等市场主体的信息集中起来，方便双方沟通，减少信息的不对称性；再次，社区网的用户群体区分明显，不同论坛吸引具有不同需求的用户参与，从而形成一个个用户群体；最后，企业在网络社区中引导用户的消费偏好和消费行为，发现自己的忠实用户，并最终实现与用户进行有效沟通、在线交易的目的。

5. 依靠技术创新提高O2O的服务水平

19楼十分重视对技术的开发和利用。19楼区别于一般地方性社区论坛最显著的地方是，企业团队中规模最大的团队是产品和技术团队，而且网站30%的营收全都用于产品开发。19楼的后台更新、广告产品，全部能针对用户的个性化需求自主研发。2012年，19楼持续升级SBS平台，先后推出"信息采集和订阅系统（花坛）""社会化商务分享系统（好店）"等社区新产品，并开发了自己的App手机客户端。

对于区域互联网公司,未来的发展道路越来越透明,从早期最粗犷的社区公告栏 BBS 的广告售卖,到如今的行业运营,看上去都是大公司不愿意去做的"脏、乱、差"的活,却是区域互联网公司的长项,而同时区域互联网用户黏度超高、行业趋势属性明显,具有极高的媒体属性表现。站在移动化、O2O、本地化电商、行业垂直化运营的风口上,因为本地化属性壁垒明显,大公司很难渗透到三四线城市。而这给区域互联网提供了最大的行业机会,所要做的就是主动拥抱改变,创新盈利模式,革新思维方式,未来一定会有大的发展空间。

第二节　网络游戏产业与动漫产业

一、网络游戏产业与动漫产业的起源与发展沿革

(一)网络游戏的起源

缩写为 MMOGAME,又称"在线游戏"简称"网游"。必须依托于互联网进行、可以多人同时参与的游戏,通过人与人之间的互动达到交流、娱乐和休闲的目的。

1. 第一代网络游戏:1969 年至 1977 年

(1)背景:由于当时的计算机硬件和软件尚无统一的技术标准,因此第一代网络游戏的平台、操作系统和语言各不相同。它们大多为试验品,运行在高等院校的大型主机上,如美国的麻省理工学院、弗吉尼亚大学,以及英国的埃塞克斯大学。

(2)游戏特征:①非持续性,机器重启后游戏的相关信息即会丢失,因此无法模拟一个持续发展的世界;②游戏只能在同一服务器/终端机系统内部执行,无法跨系统运行。

(3)商业模式:该时期的网络游戏大多都是免费开放给用户进行使用的。

第一款真正意义上的网络游戏可追溯到 1969 年,当时瑞克·布罗米为PLATO(Programmed Logic for Automatic Teaching Operations)系统编写了一款名为《太空大战》(SpaceWar)的游戏,该游戏以 8 年前诞生于麻省理工学院的第一款电脑游戏《太空大战》为蓝本,不同之处在于,它可支持两人远程连线。

2. 第二代网络游戏：1978 年至 1995 年

（1）背景：一些专业的游戏开发商和发行商开始涉足网络游戏，如 Activision、Interplay、Sierra Online、Stormfront Studios、Virgin Interactive、SSI 和 TSR 等，都曾在这一阶段试探性地进入过这一新兴产业，它们与 GEnie、Prodigy、AOL 和 CompuServe 等运营商合作，推出了第一批具有普及意义的网络游戏。

（2）游戏特征：①网络游戏出现了"可持续性"的概念，玩家所扮演的角色可以成年累月地在同一世界内不断发展，而不像 PLATO 上的游戏那样，只能在其中扮演一个匆匆过客。②游戏可以跨系统运行，只要玩家拥有电脑和调制解调器，且硬件兼容，就能进入当时的任何一款网络游戏。

（3）商业模式：网络游戏市场的迅速膨胀刺激了网络服务业的发展，网络游戏开始进入收费时代，许多消费者都愿意支付高昂的费用来玩网络游戏。从《凯斯迈之岛》的每小时 12 美元到 GEnie 的每小时 6 美元，第二代网络游戏的主流计费方式是按小时计费，尽管也有过包月计费的特例，但未能形成气候。

3. 第三代网络游戏：1996 年至 2006 年

（1）背景：越来越多的专业游戏开发商和发行商介入网络游戏，一个规模庞大、分工明确的产业生态环境最终形成。人们开始认真思考网络游戏的设计方法和经营方法，希望归纳出一套系统的理论基础，这是长久以来所一直缺乏的。

（2）游戏特征："大型网络游戏"（MMOG）的概念浮出水面，网络游戏不再依托于单一的服务商和服务平台而存在，而是直接接入互联网，在全球范围内形成了一个大一统的市场。

（3）商业模式：包月制被广泛接受，成为主流的计费方式，从而把网络游戏带入了大众市场。

4. 第四代网络游戏：2006 年开始至今

移动互联网及智能移动设备终端兴起和普及移动网络游戏这类分支出现，发展至今，移动网络游戏已经成为各类型网络游戏中发展前景最广、覆盖面最大的类型之一。

（二）动漫产业的起源

1. 动漫含义

动漫（Comic and Animation）是一个新合成词。漫画是用简单而夸张的手法来描述生活或时事的图画,一般运用变形、比拟、夸张、象征、暗示、省略等方法,来达到讽刺或愉悦效果。动画以漫画为审美的基本要素,将静止的图像链接成具有动感的连续画面。

动漫既包括静态的报纸、杂志、书籍和电子漫画,也包括动态的各类影视音像制品,还包括玩具、文具、服装、食品、主题公园、游乐场、日用品、装饰品和真人模仿秀等。

2.动漫产业含义

动漫产业是以创意为动力,以动漫文化为基础,以版权为核心盈利模式,广泛涉及影视、网络、音像与书籍出版以及玩具、文具、服装、食品等行业的现代文化产业。

动漫产业建立在动漫文化的基础上,与当代数字技术密切相关;它属于文化产业,是创意产业的典型代表,也是娱乐产业的一部分;它以版权为核心盈利模式,动漫品牌的成功构建是其生命线;它需要资金、科技、知识、劳动的大量投入;它对未成年人教育和国家的文化安全有重要意义。

3.动漫产业的起源

动漫产业起源于美国。1896年理查德·奥卡尔特的漫画作品《黄衣小子》问世,此后,漫画逐渐成为美国的热销书种。1907年,美国人布莱克顿拍摄完成第一部电影动画片《一张滑稽面孔的幽默姿态》,电影动画的历史就此开始。这个时期出现了美国商业电影动漫的奠基人麦克凯,动漫产业历史上第一个有个性魅力的动画人物"菲力斯猫"也由美国动画先驱苏立文创作出来。

动漫产业的真正发展还要追溯到美国迪士尼公司。其一:沃尔特·迪士尼首先发现了动漫形象的经济价值——动漫形象所创造的"快乐文化"一旦与商业性结合,就能爆发出巨大的经济能量。其二:沃尔特·迪士尼把"卡通—快乐—利润"这种盈利方式创造性地拓展到当时几乎所有能拓展到的领域。其三:迪士尼在通过版权盈利的基础上首创了"特许经营"(形象授权)盈利模式,这成为以后动漫产业盈利的核心模式。

4.动漫产业的主要发展阶段

从动漫产业发展大半个世纪来看,它主要依托书刊、电影、电视、网络四种媒体,形成了漫画、动画、网络游戏三大块市场。[①]

---

① 马光,侯沿滨,石慧.我国动漫产业的现状与发展对策分析[J].商场现代化,2008(25):333-333.

（1）第一阶段：仅以书刊为动漫内容载体。这个阶段大致从 19 世纪末到 20 世纪初的 1907 年。

（2）第二阶段：以书刊和电影为动漫内容载体。1928 年，美国迪士尼推出了第一部以米老鼠为主角的无声电影《飞机迷》；同年，沃尔特紧跟电影发展的潮流推出了第一部有声动画片《汽船威利号》，1932 年又推出了第一部彩色动画片《花与树》；1934 年，迪士尼的动画片《三只小猪》赢得了奥斯卡最佳动画短片奖；1933 年，政冈宪三和他的弟子濑尾光世则完成了日本第一部有声动画片《力与世间女子》。

我国动画片的萌芽起源于 1922 年的第一部广告动画片《舒振东华文打字机》；1924 年，中华影片公司摄制了动画片《狗请客》，上海烟草公司摄制了动画片《过年》；1935 年中国第一部有声动画片《骆驼献舞》诞生；1941 年中国第一部长动画片《铁扇公主》面世。

（3）第三阶段：以书刊、电影、电视为动漫内容载体。这一阶段是从 20 世纪 50 年代初到 20 世纪 90 年代前期。1961 年，迪士尼与 NBC 联合推出了《彩色世界》电视节目，标志着电视节目从黑白转入彩色。1958 年，日本著名动画制作公司东映动画制作并公映了第一部彩色动画电影《白蛇传》。

（4）第四阶段：动漫产业发展至今，形成了以书刊、电影、电视、社交网络等立体媒介为动漫内容载体的新格局。在当今动漫产业发展格局中，美日两国在全球动漫产业领域中始终保持着领先优势，近年来，随着一系列扶持动漫产业发展的重要政策与文件的颁布，我国动漫产业也取得了长足的进步，动漫文化国际影响力逐年提升。

二、我国网络游戏产业与动漫产业

（一）我国目前网络游戏产业的特点

1. 技术密集

互联网技术本质上就是一项知识密集、技术密集的高技术产业，而在互联网当中的网络游戏更是能体现互联网创新化特征。网络游戏就是网络创新化的一种体现形式，创新化对于网络游戏产业来说十分重要。任何产业的发展都来源于创新，创新给网络游戏带来了发展机遇与发展前景。

2. 关联度高

网络游戏产业与其他相关产业具有高度关联，与其他产业连接紧密，此特征能充分地带动网络游戏产业的发展，并影响与带动与其相连诸多产业。据中国游戏产业研究院和中音数协游戏工委于 2020 年 7 月联合发布的《中国游戏产业报告(2020 年上半年)》显示,2020 年上半年,中国游戏市场实际销售收入达到 1394.93 亿元,同比增长 22.34%。中国游戏用户规模同比增长 1.97%,增长了 1271 万人。移动游戏市场实际销售收入占市场总收入的 75.04%,手游的实际销售收入达到了 1046.73 亿元,同比增长 35.81%,增加了 276 亿元。[①] 从数据可以看出,我国网络游戏产业与移动通信、智能终端等产业的发展紧密相关,相互影响。

3. 巨量用户

网络游戏产业在中国的发展很大一部分原因是基于我国是一个人口大国。2019 年,中国游戏用户规模达到 6.4 亿人,同比增长 2.5%。[②] 可以说,庞大的人口基数对网络游戏的发展起到了推动性的作用。

(二)我国网络游戏产业的现状

2019 年 12 月,中国音像与数字出版协会游戏出版工作委员会发布了《2019 年中国游戏产业报告》。《报告》显示,2019 年中国游戏市场实际销售收入 2308.8 亿元,同比增长 7.7%[③],呈现温和上升的发展趋势。

目前来看,我国网络游戏产业发展主要是由以下几个方面环境影响。

1. 政治环境

我国政府对网络游戏产业的发展给予了高度的重视,针对网络游戏产业的良性健康发展采取了多项措施。2003 年 9 月 20 日,新闻出版总署公布了《关于在游戏出版物中登载〈健康游戏忠告〉的通知》,规定今后在所有电子游戏出版物和互联网游戏出版物中,必须在画面的显著位置全文登载《健康游戏忠告》,以推动游戏出版业健康、有序地发展;2004 年,文化部信息产业部颁布《关于网络游戏发展和管理的若干意见》,加大网络游戏管理力度,规范网络文化市场经营行为,进一步促进网络文化产业的健康发展;2007 年,新闻出版总署等八部委联合发布《关于保护未成年人身心健康实施网络游戏防沉迷系统的通知》,随该通知一起公布的还有《网络游戏防沉迷系统开发标准》《网络游戏防沉迷系统实名认证方案》《网络游戏防沉迷系统及实名认证服务协议》等

---

① 中国游戏产业研究院:2020 年中国游戏产业报告[EB/OL].[2020-07-30]. http://www.199it.com/archives/1092830.html.

② 2019 年中国游戏产业报告发布[EB/OL].[2020-07-30]. https://baijiahao.baidu.com/s? id=1653402516799087310&wfr=spider&for=pc.

③ 2019 年中国游戏产业报告发布[EB/OL].[2020-07-30]. https://baijiahao.baidu.com/s? id=1653402516799087310&wfr=spider&for=pc.

文件,利用技术手段对未成年人在线游戏时间予以限制,对未成年人做出相关的保护措施。

2. 经济环境

经过数十年的发展演变,现阶段我国网络游戏产业属于寡头垄断型结构,具有较高的进入和退出壁垒,其中,腾讯和网易占据了我国网络游戏市场的主要份额,拥有相对超额的利润率,剩余较小的市场份额则属于其他中小网络游戏企业。相较于其他文化产品,网络游戏产品有着较高的用户黏度,市场集中度高,往往是用户群体更庞大的网络企业旗下的网络游戏能够占据更大的市场份额;但也必须指出,网络游戏行业的迭代更新快,某款网络游戏的市场垄断地位很容易随着用户选择网络游戏风向的改变而被打破,形成新的垄断格局。

3. 社会环境

网络游戏在我国发展有十几年,逐渐发展趋向成熟,社会认可度较早期已经有了跨越式的提升,优质网络游戏品牌口碑优化,大众接受度逐年升高,以优质网络游戏内容为核心的电竞、直播等产业也迅速崛起,并且用户数不断扩大。但不可忽视的是,我国网络游戏产品及产业同时也存在一系列问题,诸如游戏内容质量参差不齐,缺少本土游戏精品;版权意识薄弱,网络后游戏侵权事件屡有发生;过度强调经济利益,忽视社会责任;市场的迅速扩张导致的青少年网络游戏成瘾等问题,都加深了社会对于网络游戏的偏见。我国网络游戏产业的健康发展仍需要政府、企业、家庭、社会等各方面的共同协作。

(三)我国新媒体与动漫游戏产业的发展历程

1. 萌芽期

1999 年到 2000 年,Flash 技术开始普及,随着大批基于 Flash 技术的动画游戏的涌现,互联网动画游戏产业进入第一次大规模发展阶段。这一时期的动漫游戏产业具有以下几个特征:①创作周期长,更新不稳定,很大一部分新媒体动漫制作属于自娱自乐型,制作人以个人居多;②较慢的网络下载速度对动漫游戏的发展具有很大的局限性;③从受众来看,由于当时的互联网还没有大范围地普及,网民数量较少,动漫游戏的受众主要有两方面,即普通网民和动漫爱好者;④由于处于朦胧试探期,大部分网络动漫网站缺乏配套的商业环节支持,不能延伸和增加动漫游戏的附加值,只有投入没有产出,动漫品牌寥寥无几。根据相关统计资料显示,2006 年,我国有 3800 家企业从事互联网动漫出版,其中具有成熟经营模式的企业只有 175 家。[①]

案例 2：Flash 视频网站"闪客帝国"

1999 年 9 月 15 日,"闪客帝国"网站正式上线。至 2002 年,"闪客帝国"成了当时最具影响力的基于 Flash 动画的动漫游戏网络媒体。在其鼎盛时期,闪客帝国被网民称为"中国闪客第一站",被媒体评价为"闪客文化的发源地"。该平台的出现极大地推动了 Flash 等多媒体技术以及原创动画在国内的传播与发展。然而,平台提供者发现,靠会员和下载的收费并不能有效维持网站的运营,网络动画的火爆并不能转变为经济效益。此外,随着移动互联网的发展,更多更新的动漫技术类型逐步涌现,基于 flash 技术的动漫游戏逐渐被大众遗忘,而 Adobe 公司停止更新 Flash 的现实,更是给以 flash 技术为基础的"闪客帝国"带来沉重一击。目前,该网站已停止运营。

2. 探索期

2000 年后,互联网技术的发展催生出了一批视频网站,用户数量也随着家用电脑和宽带的普及而逐年增加,这为我国动漫游戏产业的发展提供了基础。尤其是从 2005 年开始,为了鼓励动漫游戏的原创,各大视频网站相继举办了各类征集优秀动漫作品的活动,鼓励优秀原创动漫作品的创作与传播。如腾讯视频于 2005 年举办了"腾讯动漫大赛",取得了较好的反响。一些原创动漫创作者陆续在各大视频网站上发表自己的原创动漫作品,虽然相对于发达国家的动漫游戏作品来说,这些作品在制作和创意上还不够成熟,但这对于我国原创动漫产业来说是一次新的突破。此外,早期社交媒体也在这一时期逐渐兴起,促使以"表情动画"为代表的周边产品的传播与流行,在动漫作品本身带来的经济效益的基础上,产生了新的周边经济效益。很多动漫企业及独立动漫工作室借助社交媒体的力量,实现了原创动漫形象的品牌化和规模化,甚至从线上红到了线下,其中代表形象品牌有阿狸、兔斯基等。2006 年,为了加快发展民族动漫游戏产业,财政厅、教育部、科技部、信息产业部等联合出台了《关于推动我国动漫产业发展的若干意见》等指导性文件,提出了要积

[①]　高龙.试析我国动漫游戏产业与新媒体的发展[J].美术大观,2017(4):116-117.

极发展数字产业,培育新的经济增长点,推动我国动漫产业健康快速发展。[①]新媒体动漫得到了国家产业政策的支持,动漫游戏产业获得了新生。

这一时期新媒体动漫游戏产业以数字文化和网络传播为主要特征,呈现出如下特点:①网民数量剧增,动漫爱好者越来越多,动漫游戏产品受众呈现出细分化的趋势;②带宽不断扩大和网速逐步提升,使视频网站实现了快速发展,网站定位与盈利模式逐渐清晰,但很多视频网站提供的动漫游戏视频内容不规范,且绝大部分处于无版权的发展状态中;③网络动漫明星开始涌现,并创造出实际的收益和周边价值,为日后新媒体动漫产业的快速发展奠定了基础;④随着动漫制作软件的普及,很多业余动漫游戏爱好者也参与到了动漫游戏的创作中,动漫游戏整体在创意和形式上有了一定提升,但作品质量参差不齐。

3. 发展期

新一代信息技术的持续进步强有力地推进了中国动漫游戏产业的发展。近年来,我国动漫游戏产业结构优化升级进一步加快,产品质量和品牌价值持续提升,商业模式和盈利模式不断创新,产业规模和市场效益等经济指标也逐渐增长,实现了新的突破。2019年,我国动漫图书出版数量达1295种;电视动画生产备案数量达472部、188185分钟,电视动画生产完成数量达94659分钟;动画电影生产备案数量164部,完成生产数量51部;动画电影票房收入112.74亿元;游戏市场销售收入2330.2亿元;自主研发网络游戏海外市场销售收入111.9亿美元。[②]

自2013年始,我国手机网络游戏也开始快速发展,IDC报告显示,截至2017年底,我国手游用户规模达到3.85亿。同时,我国的电子竞技产业也越来越受到重视,已成为世界上最具影响力和最具潜力的电子竞技市场。中国电子竞技游戏市场收入从2018年的834.4亿元增长至2019年的947.3亿元,增加112.9亿元,同比增长13.5%。此外,尽管依托AR和VR这两类新技术的新生游戏市场在中国仍处于培育阶段,市场实际销售收入和用户规模仍处于较低水平,但可以预测,随着硬件技术成熟和网络传输能力提高,中国VR游戏市场或将迎来新的发展机遇。

---

① 国务院办公厅转发财政部等部门关于推动我国动漫产业发展若干意见的通知[EB/OL].[2006-04-25]. http://www.gov.cn/gongbao/content/2006/content_310646.htm.

② 魏玉山,张立,王飚,牛兴侦,孟晓明. 2019—2020年中国动漫游戏产业发展状况[J]. 出版发行研究,2020(9):5-12.

案例 3："国产动画新光芒"——《我叫 MT》

《我叫 MT》是一部由七彩映画工作室出品的原创 3D 网络动画，被众多网友誉为"国产动画新光芒"的动画剧集。该动画是以魔兽为核心的人气旺盛的同人网络动画，其原型是暴雪公司著名的网络游戏《魔兽世界》。该片是由一群游戏动漫爱好者共同打造的，其中人物包括"核桃""奶茶超人""迷路了"等，清新幽默的风格备受魔兽玩家与其他爱好者的推崇。而随着受众的增加和经济效益的扩大，该品牌实现了动画、周边、游戏全方位开发。2013 年，卡牌对战游戏《我叫 MT Online》上线，曾位列国产手机游戏榜首，此后，团队趁热打铁，相继推出《我叫 MT2》《我叫 MT3》等多款回合制手游，受到了广大游戏玩家的热力追捧。2016 年，由光线影业、上海聚游、七彩映画联手打造的 3D 爆笑动画电影《我叫 MT 之山口山战记》定档 2016 年暑期档，该电影是以《魔兽世界》游戏为背景的动画《我叫 MT》的电影版。可以说，"我叫 MT"是中国"新媒体动漫"实现商业盈利的里程碑式动漫游戏品牌，也体现了互联网新媒体动漫产业的潜力。

三、新媒体在动漫游戏产业中的应用

随着互联网技术的发展，数字新媒体将其互动性、便利性、服务性和娱乐性的特点和优势引入动漫游戏产业，为动漫和游戏带来了全新的传播和消费方式，不同于被动接受动漫游戏产品"中心辐射，单向传输"的传统传播模式，数字新媒体使消费者可以在海量动漫游戏产品中进行自主选择和多向传播交互。可以说，新媒体越来越成为能够推动动漫游戏产业升级和市场成熟的突破口，激发着我国文化创意产业的发展潜力。

（一）动漫游戏产业的新媒体化发展

有效运用数字新媒体特点和优势，用新媒体技术带动我国动漫游戏产业的发展的趋势，可以体现在动漫游戏产业链的每个环节中。

在制作方式上，基于新媒体的动漫游戏在制作周期和资金运转周期方面都相对缩短，产品策划与制作效率因互联网和新媒体的即时性和便捷性也有了大幅度的提升，并在保证甚至提升动漫游戏作品质量水平的同时，大幅降低了制作成本；在产品形态上，既有将传统动漫游戏进行新媒体形态适配的网络动画、网络漫画、网络游戏等，也有仅基于新媒体平台进行传播和消费的动态表情、手机主题、虚拟明星、彩漫音漫及表达形式更加丰富的各类网络游戏；在传播方式上，新媒体技术对动漫游戏的影响主要体现在交互性上，消费者具备更强的自主性，传播方式也更趋向于多向即时性传播；在消费市场方面，移动互联网技术与新媒体技术的融合促使动漫游戏产业消费进一步升级，各类手机动漫、手机游戏层出不穷，消费主体也从过去的低龄儿童市场向全龄市场转变，消费市场覆盖面进一步扩大；在盈利模式方面，新媒体平台下支付渠道不断扩充和成熟，付费观念的升级使消费者越来越愿意为知识产权付费，支付的便利性保证了企业资金流动性，同时动漫游戏企业抵抗市场风险的能力也在不断提高，促进了动漫游戏消费市场的良性循环。

（二）数字新媒体技术在动漫游戏设计与制作中的应用

1. 数字媒体技术应用于 2D 动漫游戏设计与制作

在 2D（二维）动漫游戏产品的开发中，数字媒体技术相较于传统的动漫游戏制作方法来说，其表现出的优势是十分明显的，具体为：首先，对于数字媒体技术来说，关键帧是其最为明显的基本特征，在动漫游戏产品的开发过程中，设计人员可以预先设置关键帧，然后再通过事先设置的关键帧轻松完成中间画面的生成。采用这种方法最大的好处就是可以保证生成画面的连贯性和清晰度；其次，利用数字媒体技术可以轻松地完成动漫游戏产品的描绘和上色。另外，还可以使用自动处理功能完成画面的自动优化，提高开发效率。

2. 数字媒体技术应用于 3D 动漫游戏设计与制作中

从数字媒体的角度来看，2D 动漫游戏产品和 3D（三维）动漫游戏产品在技术上存在很大的差异，2D 动漫游戏产品的开发主要是通过利用简单线条刻画对象的方式来进行的，3D 动漫游戏产品的开发则更加复杂，其开发过程还需要融入光线效果以及视觉效果等。近年来，数字媒体技术没有停下革新与发展的步伐，各项技术不断取得突破与创新，3D 动漫游戏产品的开发能力也水涨船高地取得了长足的发展。

（三）大数据背景下我国动漫游戏产品的精准生产与营销

在传统的动漫游戏产品生产与营销过程中，信息分析通常是在一定的理论框架内通过不断调研与技术加工来进行的，分析结果往往会受到样本数据存在误差、样本采集量不够全面、分析时效性差等局限。依托新媒体技术与渠道，将大数据手段引入运用到动漫游戏产品的研判、生产与营销等环节中，有效提升动漫游戏产品的生产与营销效果。一方面，大数据能够快速且准确地完成巨量样本调查与分析，极大地节约了人力和时间成本；另一方面，大数据分析研判能够有效平衡消费群体个性化需求与动漫游戏产品生产与传播之间的供需关系，能帮助企业在动漫游戏产品的内容设计、表达形态、传播方式、营销手段等诸多方面更加契合消费者需求，通过数据挖掘与聚类构建准确的用户需求画像，并且通过精准数据推送的方式有效刺激消费者痛点，诱导消费者进行消费。

（四）我国动漫游戏产业传播新框架

新媒体背景下，我国动漫游戏产业正在形成新的传播框架。

1. 研发生产模式的本土化转变

以往我国动漫游戏产业尤其是游戏产业的自主研发相关技术经验有所不足，研发生产主要依靠国外授权，尤其是游戏产业，很多大热的游戏品牌都是在国外授权的基础上直接使用或者进行移植改编生产，还有一部分动漫游戏产品则是基于国外现象级作品进行本地化研发生产，导致在同质化产品大量涌现的同时还经常发生侵害知识产权的问题。在新媒体技术的推动下，动漫游戏生产方能从我国源远流长的文化宝库中挖掘并塑造出丰富且极具魅力的动漫游戏 IP，并凭借数字新媒体技术手段进行美术设计与程序构建，提升我国动漫游戏产业的独立自主研发生产能力，并利用新媒体传播手段进行国际传播，扩大我国动漫游戏产业的国际影响力。

2. 盈利模式的日渐成熟

一方面，以众筹为代表的网络运营模式日臻完善；另一方面，新媒体动漫游戏开始与传统动漫游戏进行全方位整合，优势互补。新媒体多平台移植和跨平台合作，成为运营模式的主要趋势。以互联网、移动互联网、手机平台、IPTV、电子杂志、数字电视等为主的推广渠道，将传统新媒体动漫游戏产品精准、有效地覆盖到主力受众群体，"以新媒体为依托，构建跨平台的动漫游戏品牌推广模式"。以创意作品版权为中心，把多层次、多元化内容建设放在突出位置，积极推进创意与科技融合，打造系列化创意品牌，以内容优势赢得发展优势，抢占创意产业发展的制高点，整合创意人才、信息、技术、资本等要素，进一步拓展国内外市场，打造出一条完整的创意产业链。[①]

新媒体时代的来临，能够带动我国动漫游戏产业的发展。新媒体具有传播范围广、传播容量大、传播速度快等优势，因此，我国动漫游戏产业应该充分运用新媒体，拓宽传播渠道，加强动漫游戏的制作效果，进而促进我国动漫游

---

① 姚斌，陈哲.新媒体技术在创意产业中的应用研究——以动漫产业为例[J].信息与电脑（理论版），2016(2)：38＋46.

戏产业的发展。

第三节　新媒体广告与商业传播模式

　　数字新媒体技术的迅速发展带来媒介形态的繁荣,新媒体传播方式突破了传统媒介传播的诸多局限性,其具有数字化、智能化、虚拟化、自媒体化、交互性、便捷性及渗透性等特点,推动了大众文化的繁荣发展。相对应的,基于数字新媒体技术进行传播的新媒体广告,与传统广告相比更加直接、更加显性地彰显和记录着社会文化。新媒体广告的发展促使广告日趋多元化,广告的目的不再仅仅是推销商品,在新媒体广告传播中,价值观和人性主体性等现代性的基本内容也得到了充分反映,折射出当下中国文化的面貌与样态及中国文化的多样性与复杂化。

　　新媒体时代的广告不仅是宣传商品,更是提供了一种看待世界和社会的新视角。在此过程中,新媒体广告最终将打破官方主流媒体的话语垄断,拓宽自身的话语表现范围,帮助人们突破"物"的限制而达到物我合一、身心的全面发展。从而使得广告成为一种新的话语表现方式,树立起自身的话语权,成为引导社会文化潮流与舆论导向的新兴力量。[①]

　　在当前的信息时代中,利用新媒体作为传播介质的广告行业正在快速发展,使得广告传播形式更加多元化、主动化、个性化。广告作为影响人们日常生活的重要部分,如何利用新媒体平台实现广告模式更新、更好的信息传播,是当下广告主所面临的一个重要问题。但是由于目前广告业将重点都放在了新媒体上,这也直接导致传统广告的主体地位逐渐弱化。基于此种情况,我们需要用合理的策略去实现传统广告与新媒体广告传播模式的运作结合。

一、新媒体广告的定义

　　新媒体广告与传统广告的最明显区别在于其传播介质。传统广告的传播主要依靠电视、广播、报纸、期刊、实体广告牌等传统媒介进行,而新媒体广告则是依托新媒体这种以数字传输为基础、可实现信息即时互动的媒体形式进行传播的广告,其显示终端为互联网电脑、智能手机、智能电视等多媒体终端。

---

　　① 季丽莉,郭晓丽.新媒体背景下广告的社会文化意义[J].山东理工大学学报(社会科学版),2019,35(5):54-60.

二、新媒体广告的特点

新媒体广告的特点是基于新媒体传播手段的特点,主要体现为互动性、便捷性和即时性。[①]

1. 互动性。这是新媒体广告最重要的优势。在网络上,消费者可以浏览产品,查询产品和公司的相关信息。比如软件广告能够直接带领使用者到可以下载并测试演示品的地方。如果消费者喜欢这个软件还可以随时购买。如此快捷方便,是传统媒体所做不到的。

2. 便捷性。在互联网上可以足不出户浏览海量信息,随时随地沟通、交流。消费者获取商业信息的时间和渠道都有了前所未有的拓展,而且一旦想联络,即刻便可进入广告主的网站。

3. 即时性。比如,一个服装商可以通过其网站或投放广告的网站获知使用者的态度和反应,能够根据跟踪的情况判断消费者是否对新型或时尚款式感兴趣。而广告主则可以通过统计点击率来精确地计算消费者对广告的即时反应。这是传统媒介的广告很难做到的。

三、新媒体广告的传播方式

(一)新媒体广告的传播渠道

数字新媒体可以承载包括图像、音频、动态视频、交互链接等融媒体形态的广告信息,传播速度迅速且定位精准。不同内容和形态的广告信息可以通过不同的新媒体传播渠道进行传播,每个渠道都各有特色。在诸如网络社交媒体、视频网站、播客平台、自媒体平台等传播渠道进行研判新媒体广告的投放时,必须要对各个传播渠道的传播特点进行研判分析,根据广告诉求与内容形式选择最适合的渠道进行新媒体投放与传播。

(二)新媒体广告的受众参与性

基于数字新媒体技术,广告受众越来越多地参与到新媒体广告的传播之中。互动营销、口碑营销、"病毒营销"等传播形式层出不穷,这些手段一方面激发了受众对于新媒体广告的传播兴趣和传播行为,受众的参与感明显增加,另一方面也通过手中的主动搜寻或传播使广告效果进一步提升。

---

① 张善庆.新媒体广告的特点及发展态势[J].廊坊师范学院学报(社会科学版),2013,29(1):87-88.

（三）新媒体广告的精准投放

在大数据技术的推动下,新媒体广告传播早已突破以往单向传播和粗放型投放的局限性,广告主可以根据需求定位到每位受众进行精准投放,并可以通过大数据有效地挖掘高价值客户,明确潜在用户范围,描绘消费动向,研判市场发展趋势,有效地提升了广告投放性价比,实现了广告费用的科学化支出。

四、新媒体广告的传播策略

（一）与新媒体形态相适应的全新广告创意

广告创意是新媒体广告传播的灵魂。在新媒体广告中,广告创意依然发挥着核心作用,决定一个新媒体广告的传播效果的关键往往就在广告创意上。新媒体时代能吸引消费者注意力的广告无一不充满创意。[①] 好的广告创意是直通受众内心的沟通"桥梁",是广告生命力与情感渲染力的内核。广告创意必须以表达广告诉求为目标,基于有效的市场分析与消费者洞察,以创意化、艺术性的方式来表达或具体或抽象的广告诉求概念。新媒体基调下的广告创意脱胎于传统广告创意,在构思和塑造上都有一番全新气象。

案例4:网剧中的"小剧场"

在目前很多网络电视剧中,几乎每集都安排有"小剧场"这样一种形态的广告。这类广告最大的特点是,广告主角就是剧中人物,如古装网剧中的后妃、宫女、太监、侍卫等,广告中的服装、场景、人物对白均和电视剧保持一致,甚至在剧情上也与原作相呼应。在这类广告中,主角们拿起了现代人的洗发水、奶粉、护肤品等,进行广告宣传。这种新颖的创意形式使人过目不忘,在观赏电视剧的同时没有产生反感厌恶的心理,反而加深了对广告产品的印象,深化了品牌在消费者认知中的品牌形象。[②]

---

① 陈勇.浅谈创意广告在新媒体平台的运用[J].新闻研究导刊,2018,9(6):225-226.
② 王培培.互联网背景下新媒体广告的传播方式及营销策略[J].现代营销(经营版),2019(5):106-107.

（二）传统媒体与新媒体相结合的多元传播模式

在新媒体广告传播的过程中，将传统媒体和新媒体巧妙融合，取长补短，优势互补，制定合理的结合策略，打造多元化的传播模式和表现形态，是新媒体广告传播发展的新趋势。将传统媒体与新媒体相结合的新媒体广告，能够利用新媒体信息技术融入影音设计元素，为受众提供动态化、立体化的广告形象，将平面、空间和声画相结合，不同角度的创新传播形态设计可以给受众带来更多维度的感官刺激，获得更好的广告传播效果。例如平面广告的跨屏呈现，又如现今在手机媒体上大热的 H5 互动广告的呈现与传播形态。

案例 5：FOTILE 方太 H5 广告《假如他们会 Rap……》

品牌：FOTILE 方太

技术实现：html5

①创意定位

如果厨具能唱 Rap，它们会表达出怎样的心声呢？作品从厨具的角度出发，讲述老式厨具的缺点，与新式的作对比，鼓励用户为了提高烹饪效果，厨具换新首选方太。

②策划逻辑

加载界面是三个人合照的专辑封面，加载完毕后，左右滑动屏幕，选择一张胶片点击触点播放 Rap，每张胶片对应一个厨具，Rap 内容是方太灶台、洗碗机，或抽油烟机的自白，对老式厨具的吐槽，和新式厨具对生活品质及身体健康的改善作用，听完后可点击"下一步"或"切歌"，在下一步中选择封面，也可上传自己照片作封面，选择一个关键词，生成海报。

③美术设计

胶片转动带动歌曲播放，跟平时使用的音乐软件界面结构是一样的，同色系的作品，看起来和谐舒服，下方滚动的歌词中被唱到的那一句会变为红色，非常显眼，增加宣传效果。

④交互功能

作品交互设计得很灵活，听歌，制作海报，选择关键词，每一步都有返回触点，用户可随时根据意愿选择想要进行的阶段。

（三）KOL 与 KOC 带动下的新媒体广告传播效果提升

新媒体环境下,KOL 和 KOC 这类基于自媒体营运而生的群体成为进行新媒体广告传播策略制定过程中不可忽视的一股力量。KOL 是指关键意见领袖(Key Opinion Leader),是在某个领域的专家,他们拥有强大的粉丝量和追捧者,影响力比较大,明星、名人、企业等都属于 KOL 的范畴;KOC 为关键意见消费者(Key Opinion Consumer),是指有小众粉丝的消费者(通常是自媒体人),他们通过分享自己的亲身体验,能够影响受众对于品牌或者商品的认知,甚至促使他们进行购买。制定新媒体广告策略,可以充分利用好人际关系这张牌,运用 KOL 或 KOC 来增加受众对产品或者品牌的好感度和信服度,从而提升品牌认知,促进消费。

案例 6:东北人在快手直播带货有多厉害?

根据 2019 年小葫芦数字红人榜,快手直播的打赏收入榜前 20 名经常有一半左右来自东北。

比如 2019 年 7 月收入榜第一的快手主播@小伊伊来自黑龙江,一个月直播流水高达 1600 多万元,有过赠送礼物和发送弹幕行为的月活直播观众超过 60 万。来自辽宁葫芦岛的@张二嫂是快手的娱乐型主播,经常穿一身花棉袄,头戴假头套,是走男扮女装搞笑路线的"花棉袄创始人"。而且他还有不少原创作品,比如单曲《扎心了老铁》、甩腿舞等。在小葫芦数字红人榜的收入榜上,@张二嫂在 2019 年 7 月的直播礼物收入高达 389 多万元,月活观众超过 30 万人。

除了直播打赏,东北主播们的带货实力也不容小觑。

来自黑龙江的@辛巴 818 常常以秒杀形式进行直播。2020 年 11 月 1 日,@辛巴 818 辛有志在快手以一场直播完成了 18.8 亿元销售额,刷新个人单场记录,也带领多个品牌集体"出圈"。后·天气丹、雪花秀、康巴赫等三个品牌单品销售额破亿元,多个品牌旗下单品链接登上当天各类目单品最高交易指数第一名。

不过最难得的,还是快手直播真的改变了一些地区。

2018 年 9 月,快手曾经与黑龙江克山县合作,帮贫困县克山县卖土豆。在发布会活动现场,来自黑龙江的三个主播@一点一点学厨艺、@猫妹妹、@东北姐姐进行了现场直播,仅"猫妹妹"一人的直播就累计有超 300 万网友观看。克山土豆作为优质农产品的口碑得以传播。

五、新媒体广告的营销模式

(一)叙事型营销策略

叙事营销策略在新媒体广告中较常使用,而且具有较高的传播效率。例如使用叙事营销策略的微电影广告,通过不超过 30 分钟的时间对故事情节进行编辑,同时在剧情中展示出某个产品或者某个品牌,最终达到对产品和品牌进行推广的目的。微电影广告主要利用手机电脑等进行传播,同时还可以通过微博微信等进行转发和评价,这种广告形式打破了受众在时间和空间上的限制,具有较好的传播效果。

案例 7:舒肤佳《中国式"妈妈的谎言"》微电影广告

2011 年,宝洁舒肤佳定制的微电影广告《中国式"妈妈的谎言"》曾感动过无数网友。电影讲述了人们成年后依然对年幼时母亲对自己编造的善意谎言记忆犹新,才明白妈妈的"谎言"用心良苦,对母亲的爱感激不尽,影片最后贴出"你也听过同样的'谎言'吗?",让观众不禁产生情感共鸣。此微电影在播出近一个月的时间内,被 3364027 次播放,846889 条引用,获得人人网、开心网、新浪微博等 SNS 媒体自发式病毒传播,传统媒体四川卫视也以新闻稿的形式进行了报道,本次投放后,舒肤佳产品出货量同比去年增加 30%,创下历年 3 月最高纪录。

(二)病毒型营销策略

病毒型营销是基于广告受众的人际网络,利用广告受众的朋友圈层达到推广相应品牌信息的目的。病毒式营销具备快速复制、广泛传播的特征,这种传播方式能加深广告受众对广告产品的印象。病毒式营销是新媒体广告营销策略最常见的形式,对广告产品而言,利用病毒式营销更容易使消费者对其印象深刻,甚至产生热门话题,助力广告传播。

(三)饥饿型营销策略

饥饿营销是在营销过程中产品的供应者刻意减少产量,从而达到调控供求关系的目的,最终形成销售过程中商品供不应求的景象。例如,小米手机在网上进行预售遭到消费者的疯狂抢购就是采用的饥饿营销策略。饥饿营销策略最大的优点就是能够为未来大量销售本品牌产品积累足够的客户量,从而为提升品牌的附加价值及形象奠定了基础。但在实际操作过程中要进行科学的评估,以免"画虎不成反类犬"。只有在深入了解市场竞争消费者的心理诉求和对自身品牌的产品综合能力都成熟的条件下,饥饿营销策略才能够产生更好的效果。

(四)跟踪型营销策略

充分利用热点事件进行事件营销。从本质上说,事件营销就是广告策划团队或者广告投资方通过社合影响力较大的事件或者名人进行营销,以此提升媒体以及消费者对广告的兴趣,从而提升产品知名度和广告投资方知名度,在这个基础上获得良好的营销目的和广告传播效果。在这方面,"ALS冰桶挑战"就是一个很好的例子:在全球范围内,这一公益性活动发挥了非常大的影响力。需要注意的是,在新媒体广告营销过程中,应当遵循营销适度原则,防止出现过度广告的情况。虽然新媒体和互联网的发展给广告营销提供了新的载体,但是在具体的营销过程中,广告投资方必须要清楚认识到,新媒体和互联网并不是一个纯粹的广告营销平台。所以,在新媒体广告营销过程中,要遵循营销适度原则,科学、合理地去规划营销方案。一方面,广告投资方在新媒体平台上要具备一定的影响力,在这个基础上,再充分利用这一平台展开广告营销,同时还要适度适时地控制好信息发布频率;另一方面,广告主还需要考虑到新媒体广告受众时间和精力有限,所以广告投资方必须要对新媒体广告的趣味性进行保证,以此提升广告传播到达率。

对于广告传播而言,新媒体的发展为其提供雄厚的受众基础、平台基础和更多的技术支持,这在很大程度上提升了广告投放的精准度,但是这也给广告商和企业的品牌营销带来巨大的挑战,增加了渠道鉴别、渠道选择的困难和数据评估与数据分析等各个方面的困难。广告商以及企业在新媒体时代下应当积极转变思维,对广告营销策略进行优化,不断提升自己的数据分析能力和创新能力,从而扩大自身的社会营销力和广告效果,促进品牌价值的有效提升。[1]

---

① 高晨峰.新媒体广告的传播方式及营销策略[J].新媒体研究,2018,4(24):50-51.

案例 8：江小白广告的新媒体传播①

江小白广告以个性化传播为主，迎合如今网络营销的个性化趋势，从各方面有针对性地进行广告传播，使得目标青年消费者群体不断曝光于社会系统的焦点之下。

在性格塑造上，江小白以知心朋友的方式陪伴青年消费者，其广告精准表露出青年群体内心的真情实感。在价值观念上，"年轻就要张扬""年轻就要爱玩"等价值理念符合新时代新青年的主观潮流思想。在生活方式上，通过自身产品广告传递精细化、独立单元化、追求品牌化、个性化的年轻生活方式。

（1）电视节目及网综多渠道大力推出

江小白在广告宣传方面并未舍弃传统媒体，凭借良好的品牌形象和精准的投入选择，从电视剧、电视的投资赞助到植入式场景广告，通过电视剧和电影的广泛播放达到良好的大众接受效果。江小白在快消品的品牌定位上，另辟蹊径，在二次元动漫方面上制作"我是江小白"系列动漫，从物质广告宣传到 IP 文化宣传，契合以青年为主的消费市场；并根据青年群体的文化多元，江小白也在品牌上进行多元化建设，牢牢把控青年的热点，将青年热点作为传播渠道的一种，在广告传播中开启了一个成功的典范。

（2）微博、微信社交平台的精准传播

江小白将目光放在年轻群体聚积的微博，微博也是最容易蹭热点的平台，一旦有热点就可以蹭，这样可以很好地解决持续曝光的问题，而这种"身边朋友式"的社交定位也更容易让用户接纳。

①江小白官方微博

@江小白：追踪热点、产品宣传、粉丝互动；@江小白 JustBattle：注重品牌衍生活动——国际街舞赛事；@我是江小白：IP 漫画文化宣传；@江小白小酒馆：品牌宣传。

以青年潮流街头文化与扎心文案为主，同时不断地生产出幽默风趣、新奇好玩的方式与网友互动，产生强烈的共鸣，拉近与消费中

---

①　奚宝赟. 新媒体环境下的快速消费品广告创意研究——以江小白为例[J]. 新媒体研究，2020，6(24)：45-48.

的距离,塑造了品牌年轻时尚的形象。

②江小白微信公众号

"江小白"微信公众号:探秘江小白,360°虚拟全景介绍江小白起源地;"我是江小白"微信公众号:定期推出与当期时令、热点相关的动漫广告宣传,仅有海报,言简意赅。

"江小白官方旗舰店"微信小程序:微信小程序商城、看直播、福利群;"江小白ClUB"微信小程序:开发微信游戏小程序(游戏中插入大量江小白广告文案及年轻化特征)游戏积分兑换产品,鉴酒圈、江小白举办的线下潮流年轻群体比赛、日常签到、商城购买,是整体将社交、购物集于 体的微信小程序。

通过微信公众号及小程序的运行,主打文艺青年、直白扎心言语、潮流文化、欢聚;不断传播江小白品牌文化概念,通过品牌活动与产品的宣传,流量变现;逐步打造集与用户交流互动、产品活动宣传为一体的服务平台;整体界面风格简洁、无杂,符合青年消费者的审美理念。

③线下潮流文化的年轻群体吸纳

玩,是时下年轻人的态度;而潮流,则是方向。江小白通过线上的广泛传播后,逐渐发展线下活动,"万物生长青年艺术家邀请展""YOLO青年文化节""江小白Just Battle国际街舞赛事""JOYBO街头文化艺术节""JOY IN BOTTLE国际涂鸦大赛"等紧密联系青年,不断追踪,成为潮流互动的代言人。

在新媒体环境下,各种潮流单元、文化如雨后春笋般涌现,当代的青年人也逐渐地接收新事物,敢于尝试新事物,年轻人的生活方式和精神层面的态度愈加丰富。但国内真正能够给予青年人展现个性的平台较少,江小白灵敏地发挥青年知心的角色,聚焦说唱、涂鸦、街舞等潮流文化,立足年轻人的领域,承接举办线上线下活动,在线下活动的举办中,江小白俨然从一个以快消品谋利的商家成为一个立志发展中国青年文化的传承人角色,一方面获得新时代新青年的赞赏,另一方面潮流文化的传播既能够扩大自身的大众认知又能达到广告的宣传作用。随着线下活动的成熟开展,逐渐地品牌在拥有稳定的线上粉丝,也拥有着不俗的线下粉丝量,线下粉丝的黏性比线上更强。

第四节　新媒体环境下信息安全产业、物联网等其他行业层面的应用

随着信息技术与国内互联网产业的飞速发展，新媒体由于具有方便、共享、可移动、开放性等优点，所以在社会各行各业得到了广泛深入的应用，接下来将详细介绍一下新媒体在信息安全、物联网及人工智能等领域的具体应用情况。

一、信息安全的概念

信息安全通常是指维护信息系统安全，使其不受偶然的或者恶意的原因而遭到破坏、更改、泄露，保障系统能够长时间可靠、正常地运行并使其信息服务连续而不中断，进而最终实现业务稳定性与连续性。

国际标准化组织 ISO 给出信息安全的具体定义是：为数据处理系统建立和采取的技术及管理的安全保护，保护计算机硬件、软件、数据不因偶然及恶意原因而遭到破坏、更改和泄漏。

二、信息安全的重要性

网络信息安全是一个关系国家安全和主权、社会稳定、民族文化继承和发扬的重要问题。其重要性正随着全球信息化步伐的加快而变得越来越重要。

在当前这个大数据时代，许多新媒体应用和网站也在默默地搜集用户的个人信息。当用户浏览一些网站，使用一些 App 或者进行网络社交活动时，会在网络平台上形成大量的数据。由于网络服务商未经用户允许对其行为数据进行分析的处理并不违反法律，所以这些用户的相关数据往往都悄无声息地被不同平台的网络服务商记录下来，并根据用户发布的文字、图片、视频、浏览记录等数据进行综合分析，长年累月积累下来，运用大数据分析技术甚至可以清楚地分析出每个用户的兴趣爱好、行为模式、思维方式、地理位置、联系电话等个人信息。这些数据都放在互联网平台上，若因平台的不完善导致信息泄露或流失，将对用户造成极其可怕的后果与难以计量的损失。

在新媒体应用中，用户常被要求进行网络实名制认证。起初，网络实名制最主要的是为了遏制网络犯罪，但是随着新媒体的发展，各种 App 和网站在

注册使用时要求用户填写个人信息,同时还有部分开发商要求获取用户手机里的通信录、通话记录、短信、定位等触及个人隐私的信息要求[1],而我们在使用这些 App 和网站时,在用户同意授权登录后,这些应用程序和网站可以同时享有用户个人信息,在用户不知晓的情况下就将其个人信息分享给了对方。

另一方面,威胁新媒体信息安全的还有黑客入侵及计算机病毒,常见的病毒破坏网络媒体的一种方式就是利用带病毒的电子邮件、蕴含病毒网址的超链接发给用户。如果用户不小心用上网设备打开了这些带有病毒的电子邮件或超链接,黑客们即可利用许多软件破译用户账号、密码等数据,登入用户账号窃取相关个人隐私信息。此外黑客们会利用新媒体平台的漏洞入侵新媒体网站平台,从而破坏其网络媒体系统,扰乱数据库,窃取用户信息,甚至使整个网络平台瘫痪。

2018 年"数据门"事件中,脸书(Facebook)被《纽约时报》《卫报》等媒体揭露其平台数据被"剑桥分析"公司泄露,并用于干涉美国总统选举等重大政治事件。随后,扎克伯格承认了过去该公司 22 亿用户的数据可能被第三方公司获取。人们对新媒体企业和国家的联合带来的不确定性产生了恐惧,网络信息安全成为全球的舆论焦点。

《中国新媒体产业安全报告》提出,我国个人信息处于严重被滥用的状况,其一大原因在于,对个人信息保护目前尚缺乏具可操作性的法律规定。数据显示,近一年来,个人信息泄露、垃圾信息、诈骗信息等导致网民损失总体约 805 亿元。[2]

近年来政务新媒体作为党政机构或公职人员利用互联网开展政务信息公开、与民互动交流的媒介平台,承担着越来越重要的责任,其数据涉及政府机关内部重要信息,若造成泄露与丢失,后果更是不可想象,因此相关政务新媒体运营编辑工作人员肩负着维护信息安全的重要使命。

三、相关政策

2018 年 5 月 25 日,欧盟发布了《欧盟一般数据保护条例》(GDPR)。条例中规定了个人数据处理的基本原则、数据主体应有的权利和控制者与处理者

---

[1] 冯婷婷,刘彦平.浅谈新媒体环境下的信息安全[J].通讯世界,2016(22):262-263.
[2] 中国行业信息网:2018 年中国信息安全行业发展现状及发展前景分析[EB/OL]. https://www.chyxx.com/research/201804/627287.html.

应尽的责任与义务。该条例通过权利转移和设立数据保护，重新界定了新媒体巨头企业与用户之间的权力平衡关系，也为全世界的网络安全管理提供了范本。

　　随着近年来国际、国内重大网络安全事故的频发，我国政府对信息安全的重视程度不断提高。近日，国家市场监督管理总局、国家标准化管理委员会发布的中华人民共和国国家标准公告（2020 年第 1 号）中提到的由中国信息安全标准化技术委员会发布的《信息安全技术 个人信息安全规范》（见图 3-1。以下简称《2020 版规范》）等 8 项国家标准已于 2020 年 10 月 1 日起正式实施。《2020 版规范》作为目前国内维护公民个人信息安全领域中最基础、最重要以及影响最为广泛的国家标准，其发布与实施对我国公民个人信息保护工作的开展有重大的意义及深远的影响。

ICS 35.040
L80

GB

中华人民共和国国家标准

GB/T 35273—2020
代替 GB/T 35273-2017

信息安全技术　个人信息安全规范

Information security technology — Personal information security specification

图 3-1　《中华人民共和国国家标准——信息安全技术个人信息安全规范》

　　《2020 版规范》中针对公民个人信息收集、储存、使用做出了明确规定，详细说明了个人信息主体具有查询、更正、删除、撤回授权、注销账户、获取个人信息副本等权利。与旧版条文对比，其对于收集个人信息的合法性要求做出了详细的规定，并删除了原有的"不应收集法律法规明令禁止收集的个人信息"和"不应大规模收集我国公民的种族、民族、政治观点、宗教信仰等个人敏感信息"的要求。保留了不应公开披露信息分析结果的要求,即"不应公开披露我国公民的种族、民族、政治观点、宗教信仰等个人敏感数据的分析结果"。① 这就意味着相关企业可以收集并对用户的各种网络行为产生的数据进行分析,包括用户种族、民族、政治观点、宗教信仰等个人隐私信息,但不能将信息的分析结果进行公开披露。其主要目的在于减少对我国国家安全、社会稳定与民族团结的潜在威胁。并对存储个人生物识别信息提出了更为严格的要求,明确了原则上不应存储原始个人生物识别信息(例如样本、图像等)要求。这就意味着,不存储原始个人生物识别信息是原则要求,并且不得突破该要求。如果想要存储原始个人生物识别信息,需要有特别充分的依据。② 例如个人信息相关控制企业在履行政府部门要求或相关法律法规要求或涉及的情形下,可以对个人原始生物识别信息进行存储。

此外,《2020 版规范》对存储个人生物识别信息也做出了详细的规定,首先是规定了允许在相关采集设备中使用个人生物识别信息进行身份识别认证等相关功能,但在使用相关识别特征如人脸识别、指纹、虹膜等进行身份验证及认证等功能后应删除可提取个人生物识别信息的原始图像并特别要求个人生物识别信息摘要信息的不可逆性,即无法通过摘要信息回溯出原始信息的要求。

根据我国《网络安全法》第四十一条要求"收集、使用个人信息,应当遵循合法、正当、必要的原则,公开收集、使用规则,明示收集、使用信息的目的、方式和范围,并经被收集者同意",确立了我国个人信息保护收集、使用遵循"知情同意模式"。但《网络安全法》未对实现知情同意模式的具体方式和要求作相关规定,且严苛和绝对的知情同意模式也难以适应丰富的产业发展实践的需求。因此,为解决上述问题,《2020 版规范》在制定之初,参考欧盟《通用数据保护条例》等相关国际法案,通过区分用户同意的不同类型、明确知情同意的例外情形等,合理化落地《网络安全法》中有关"知情同意模式"的要求③,进一步完善了知情同意模式。

近年来伴随着国内信息技术的飞速发展,国家有关部门越来越重视互联

---

① 中国网络信息安全市场规模、竞争格局及发展趋势分析[EB/OL]. https://xueqiu.com/9582690951/133514384.

② 政策分享——2020 版《个人信息安全规范》[EB/OL]. https://zhuanlan.zhihu.com/p/112143941.

③ 2020 版《个人信息安全规范》修订内容解读[EB/OL]. https://www.sohu.com/a/418804774_120066741.

网信息保护相关问题,相继颁布的 2017 版《个人信息安全规范》(GB/T 35273-2017)与 2020 版的《个人信息安全规范》(GB/T 35273-2020)也进一步反映出政府部门对个人信息保护相关问题的最新监管态度,同时针对当前国内互联网大形势下个人信息保护所面临的各种问题,直接进行了响应并提出有益的参考。

四、等级保护

信息安全的等级保护是指根据信息系统应用业务重要程度及其实际安全需求,实行分级、分类、分阶段实施保护,保障信息安全和系统安全正常运行,维护国家利益、公共利益和社会稳定。等级保护的核心是对信息系统特别是对业务应用系统安全分等级、按标准进行建设、管理和监督。国家对信息安全等级保护工作运用法律和技术规范逐级加强监管力度。突出重点,保障重要信息资源和重要信息系统的安全。

《信息安全等级保护管理办法》将信息系统的安全保护等级分为以下五级:

第一级,信息系统受到破坏后,会对公民、法人和其他组织的合法权益造成损害,但不损害国家安全、社会秩序和公共利益。第一级信息系统运营、使用单位应当依据国家有关管理规范和技术标准进行保护。

第二级,信息系统受到破坏后,会对公民、法人和其他组织的合法权益产生严重损害,或者对社会秩序和公共利益造成损害,但不损害国家安全。第二级信息系统运营、使用单位应当依据国家有关管理规范和技术标准进行保护。国家信息安全监管部门对该级信息系统安全等级保护工作进行指导。

第三级,信息系统受到破坏后,会对社会秩序和公共利益造成严重损害,或者对国家安全造成损害。第三级信息系统运营、使用单位应当依据国家有关管理规范和技术标准进行保护。国家信息安全监管部门对该级信息系统安全等级保护工作进行监督、检查。

第四级,信息系统受到破坏后,会对社会秩序和公共利益造成特别严重损害,或者对国家安全造成严重损害。第四级信息系统运营、使用单位应当依据国家有关管理规范、技术标准和业务专门需求进行保护。国家信息安全监管部门对该级信息系统安全等级保护工作进行强制监督、检查。

第五级,信息系统受到破坏后,会对国家安全造成特别严重损害。第五级信息系统运营、使用单位应当依据国家有关管理规范、技术标准和业务特殊需求进行保护。国家指定专门部门对该级信息系统信息安全等级保护工作进行专门监督、检查。[①]

信息系统安全等级保护制度作为信息安全系统分级分类保护的一项国家标准,对于完善信息安全法规和标准体系,提高安全建设的整体水平,增强信息系统安全保护的整体性、针对性和时效性具有非常重要的意义[②],是国家在信息安全保障工作中的意志体现。

五、信息安全相关产品介绍

(一)杀毒软件

计算机病毒的主要特征是潜伏性、隐蔽性、危害性、传染性以及欺骗性等。使用杀毒软件可以进行计算机病毒的查杀,是一种很好的预防病毒的措施。目前市面上有许多种类的杀毒软件,包括"瑞星""360 安全卫士""金山毒霸"等。

1. 瑞星

瑞星诞生于 1991 年,是中国最早期的计算机反病毒公司之一。瑞星公司致力于帮助个人、企业和政府机构有效对应网络安全威胁。瑞星主要擅长专杀,它对一些流行的计算机病毒有超强的清除功能。瑞星拥有国内最大的病毒木马库,采用"木马病毒强杀技术",结合"病毒 DNA 识别""主动防御""恶意行为检测"等技术,可查杀 70 万种病毒木马,通过三层架构的主动防御,全面保护系统安全。主动防御是与被动防御相对应的概念,主动防御是在系统入侵之前,就进行预测与防御。目前网上有很多免费的瑞星杀毒软件(见图3-2),只需要进入专杀工具界面就能下载到瑞星杀毒软件了。

2. 360 安全卫士

360 于 2005 年 9 月创立,主营 360 杀毒为代表的免费网络安全平台和拥有 360 安全大脑等业务的公司。360 安全卫士(见图 3-3)从一开始就倡导免费安全、免费查杀木马、免费杀毒,成为了引领杀毒软件行业免费的急先锋。它整合了四大领先的防杀引擎,其中包括 BitDefender 病毒查杀引擎、360 云查杀引擎、360 主动防御引擎、360QVM 人工智能引擎,可以第一时间防御新出现的病毒木马。

---

① 信息安全政策:等级保护、分级保护[EB/OL]. https://zhuanlan.zhihu.com/p/143756818.
② 等级保护与安全信息建设工作意义及必要性[EB/OL]. http://www.safehoo.com/Manage/Trade/zh/201805/1520733.shtm.

图 3-2　瑞星杀毒软件

图 3-3　360 安全卫士

（二）入侵检测系统

入侵检测系统（IDS：intrusion detection system）是一种对网络进行实时监控，并在发现可疑攻击行为时发出警报，或进行主动反应的网络安全设备。IDS 最早出现于 1980 年，是一种主动的安全防御技术。

根据信息来源可分为基于主机的 IDS 和基于网络的 IDS，基于主机的入侵检测系统出现在 20 世纪 80 年代初期，当时网络规模小，网络间没有完全互连，并且当时攻击较少，通过事后分析就可以防止随后的攻击。基于网络的 IDS 用网络包作为数据源，将检测主机的网卡设置为混杂模式，实时接受和分析网络中的数据包，检测是否存在入侵行为。

IDS 根据检测方法又可分为异常入侵检测和误用入侵检测，其中异常入侵检测的方法包括基于贝叶斯推理检测法,基于模式预测的检测法,基于统计的异常检测法,基于机器的学习检测法等。误用入侵检测中常用的检测方法有模式匹配法、专家系统法、基于状态转移分析的检测法等。在 IDS 领域,天融信、思科、东软、Venustech 等公司都推出了自己的产品。

1. 东软 NetEye

对网络攻击、违规使用等情况,东软研发了 NetEye 入侵检测系统(IDS)(见图 3-4),该 IDS 采用深度分析技术对网络进行不间断监控,分析来自网络内部和外部的入侵企图,并进行报警、响应和防范,有效延伸了网络安全防御层次。

东软 NetEye IDS 广泛覆盖已知网络异常/攻击和应用协议特征。对异常/攻击、应用内容、协议行为、连接会话四个层次分析网络流量数据,进而掌握全面的网络行为态势。可部署于企业网络核心节点,通过交换机镜像端口获得对目标流量的复制,进行攻击检测、内容恢复和应用审计等深层检测作业。

图 3-4　东软防入侵系统 NetEye IDS2050

2. 天融信入侵检测系统

天融信入侵检测系统(见图 3-5)是一款旁路监听网络流量设备,发现并审计网络中漏洞攻击、DDoS 攻击、病毒传播等风险隐患的网络安全监控设备。同时还具有上网行为监控的功能,发现客户风险网络访问、资源滥用行为,辅助管理员对网络使用进行规范管理,并与防火墙联动阻断功能,实现对攻击的有效拦截,全面监控、保护客户网络安全。

面对复杂多变的网络环境,企业不仅需要对重点区域进行监控,还要对整个网络进行全面的监控。这时就需要在企业网络的出口与入口和服务器处进行 IDS 部署,以保证企业网络整体的安全。

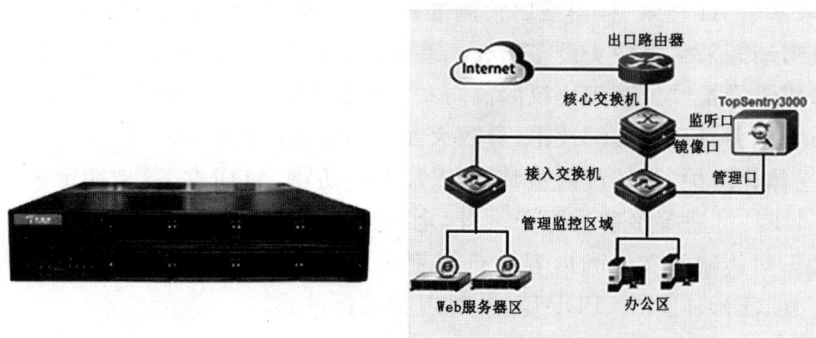

图 3-5　天融信入侵检测系统

（三）入侵防御系统

入侵预防系统（IPS：Intrusion Prevention System）是电脑网路安全设施，是对防病毒软体（Antivirus Programs）和防火墙（Packet Filter，Application Gateway）的补充。[①] 防火墙技术是计算机网络于其内、外网之间构建一道相对隔绝的保护屏障，以保护用户资料与信息安全性的一种技术。及时发现、处理网络中存在的安全隐患、数据传输等问题。其中的处理手段包括隔离与保护，同时对网络中的各项操作进行记录和检测，来保证网络的安全性，保障企业和用户的信息，以提供更好、更安全的计算机使用体验。

防火墙技术的警报功能十分灵敏。当外部用户访问计算机时，防火墙就会发出相应的警报，提醒用户的行为，并根据防火墙自身的过滤手段，判断是否允许该用户的访问，对不允许的用户行为进行阻断。

1. 华为 AI 防火墙

华为 USG6500E 系列 AI 防火墙（见图 3-6）是为小型企业、行业分支、连锁商业机构设计开发的新一代桌面型防火墙设备。该防火墙除了传统的防火墙管理模式，还新增了云管理的功能。云管理模式为大量分支机构安全接入网络提供了即插即用、业务配置自动化、运维自动化、可视化和网络大数据分析等优势。

该防火墙使用华为自研发网络处理芯片，提供模式匹配，加速加解密业务处理能力，使得防火墙处理内容安全检测、IPSec 等业务的速度加快。并且该

① 入侵预防系统［EB/OL］. https://baike. baidu. com/item/％E5％85％A5％E4％BE％B5％E9％A2％84％E9％98％B2％E7％B3％BB％E7％BB％9F/10848637？ fr＝aladdin.

防火墙基于 AI 技术,使得威胁检测准确率显著提升,大于 99％。基于设备指纹认证,动态采集摄像头设备指纹。基于流量指纹过滤,动态感知安防业务流量,形成流量指纹。基于协议漏洞防护,持续关注摄像头漏洞,形成漏洞签名库,防止利用摄像头漏洞攻击,导致大面积摄像头瘫痪。[①]

　　一体化防护,集传统防火墙、VPN、入侵防御、防病毒、数据防泄漏、带宽管理、URL 过滤等多种功能于一身,全局配置视图和一体化策略管理。数据防泄漏,对传输的文件和内容进行识别过滤,可准确识别常见文件的真实类型,Word、Excel、PPT、PDF 等,并对内容进行过滤。

图 3-6　USG6500E 系列 AI 防火墙(桌面型)

2. 思科防火墙

　　思科 ASA 5500-X 系列增加不少新功能,包括应用可视化与控制、入侵防御和网页安全基本组件。提供应用程序和用户 ID 感知功能,用以增强网络流量的可视性和控制力度。此外,还可以帮助管理员利用 AVC,控制那些经过许可的微应用中的特定行为。运用 Web 和 Web 应用程序的使用情况予以限制。拥有站点到站点和远程接入 VPN,以及高级群集来提供高安全性、高性能访问和高可用性,来确保业务连续性。

(四)堡垒机

　　堡垒机,也叫做运维安全审计系统。由于业务系统繁杂、运维操作人员隶属复杂,导致业务系统越权操作、误操作、资源滥用等运维安全事件时有发生。为了保障网络和数据不受来自内部和外部的破坏,控制登录人的权限,对登录人的行为进行记录,以便于集中报警、及时处理及审计定责。堡垒机便应运而生。(见图 3-7)

---

　　① 华为产品官网［EB/OL］. https://e. huawei. com/cn/products/enterprise-networking/security/firewall-gateway/usg6500e-desktop.

图 3-7　Cisco ASA

从功能上讲，堡垒机的主要功能包括核心系统运维和安全审计两大功能。堡垒机提出了采用"集中账号管理"的解决办法，解决了企业 IT 系统中因为交叉运维而存在的无法定责的问题。提供运维事件事中控制功能，实时监控正在运维的会话，其中包括运维用户、运维客户端地址、资源地址、协议、开始时间等，并对违规操作实时告警与阻断。提供运维事件事后审计功能，能够对日常所见到的运维协议如 SSH/FTP/Telnet/SFTP 等会话过程进行完整的记录，以满足日后审计的需求。

1. 安盟华御堡垒机

针对业务系统运维操作的安全管理需求，安盟华御堡垒机（见图 3-8）提供了统一身份认证、统一操作授权、统一操作管理、统一密码代维、统一操作审计，以及系统密码代填的用户单点登录等功能。实现对业务系统运维操作的管理和审计，对运维人员做到"事前可知、事中可控、事后可查"的运维操作全过程管理。

安盟华御堡垒机的核心功能包括身份认证、工单管理、资源支持、密码管理、操作授权、字符操作审计、图形操作审计、自动化运维，以及运维分析等。其中操作授权功能可设定操作指令黑白名单，且高危指令未经高级管理员授权许可无法执行。

2. 启明星辰堡垒机

启明星辰信息技术集团股份有限公司成立于 1996 年，公司致力于提供具有国际竞争力的自主创新的安全产品和最佳实践服务。

启明星辰 OSM-3300 天玥网络安全审计系统（堡垒机，见图 3-9），能够对运维人员维护过程进行全面跟踪、控制、记录、回放。支持 SSH、TELNET、RLOGIN、X11、FTP、SFTP 等多种运维协议和图形化工具的权限控制及审计，支持 MSSQL、Mysql、DB2 等数据库远程访问协议审计。

207

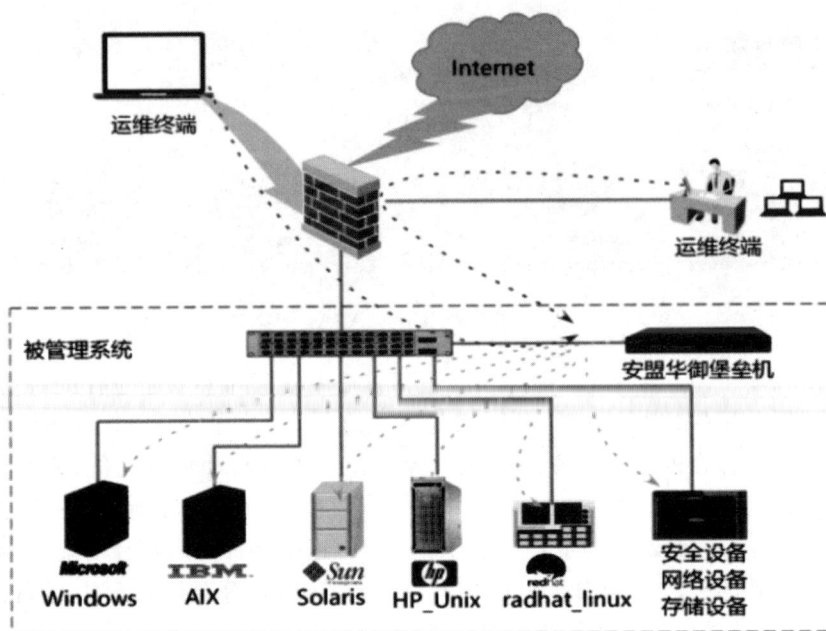

图 3-8　安盟华御堡垒机在系统中的位置

图 3-9　启明星辰 OSM-3300

（五）漏洞扫描系统

漏洞扫描技术是一类重要的网络安全技术。它和防火墙、入侵检测系统
互相配合，能够有效提高网络的安全性。漏洞扫描是基于漏洞库，通过扫描等
手段对远程或者本地计算机系统进行安全脆弱性检测，发现可利用漏洞的一
种安全检测行为。可以这么说，防火墙和网络监视系统都是被动防御的行为，

然而漏洞扫描是一种主动防御的行为,提前修复漏洞,可以有效地避免黑客的攻击,做到防患于未然。

市场上的漏洞扫描工具众多。根据扫描的类型不同,可分为主机扫描、端口扫描、应用扫描等。常见的主机扫描有 Nessus、vuls 等,端口扫描包括 nmap、scanport 等,应用扫描有 awvs、Nikto、安恒 webscan 等。

1. Nessus

Nessus 是渗透测试用来进行漏洞扫描的一款经常使用的工具(见图 3-10),并且是目前全世界最多人使用的系统漏洞扫描与分析软件,它有着易于使用的图形界面,可导出多个格式的报告,包括 word,ppt,xls 等,可自行定义插件(Plug-in)。该软件分为收费的职业版和免费的个人版。免费版的可同时扫描 16 个 IP,收费版的不限 IP 数量。

Nessus 采用客户/服务器体系结构,在客户端运行软件,通过用户在本地的命令与服务器通信,传送用户的扫描请求给服务器端,由服务器启动扫描并将扫描结果呈现给用户。

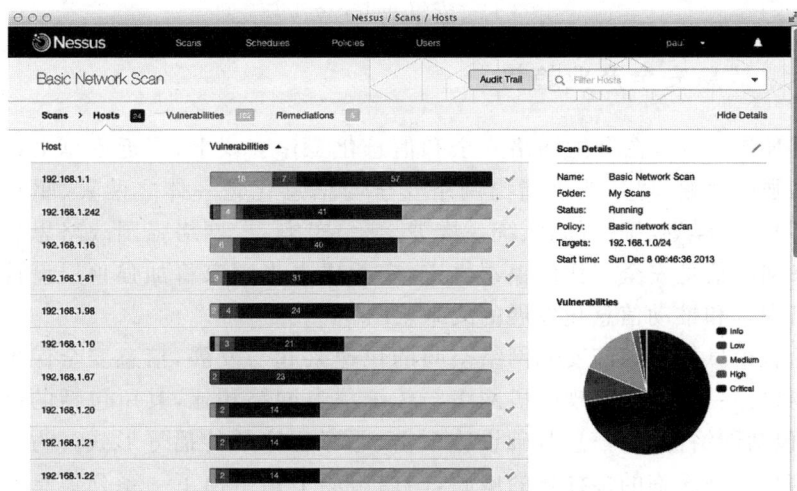

图 3-10　Nessus 漏洞扫描工具

2. 安恒 webscan

安恒 Web 应用弱电扫描器是一个主动型的 Web 应用扫描工具(见图 3-11),可以扫出目前网站应用中大多数的弱点,包括 sql 注入、特洛伊木马、跨站脚本、文件上传漏洞、表单逃逸等。软件具有图形化的用户操作界面,提供多元化的扫描选项配置,可运行在 Windows,Linux 和大多 Unix 版本的系统下,提供可导出多种格式报表功能,可定制 Web 应用弱点扫描规则。唯一不足之处就是该软件是收费的,需要向安恒公司购买相应的光盘安装软件。

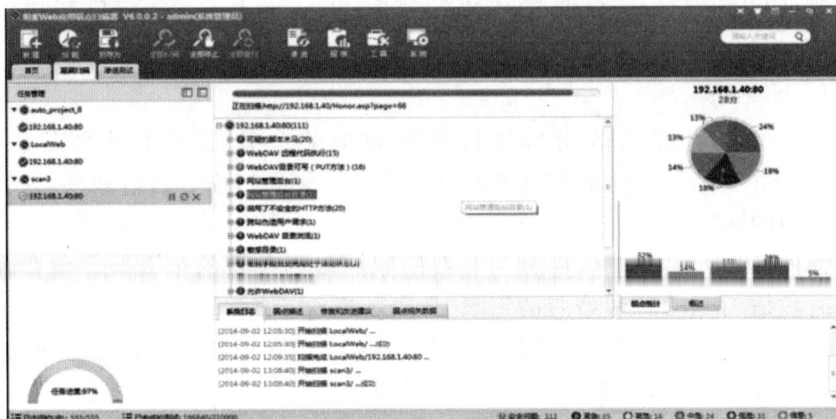

图 3-11   安恒 webscan 工具

六、信息安全产业趋势

2018 年 4 月,在全国网络安全和信息化工作会议上,习近平总书记提出了网络强国战略思想,明确指出网络安全与信息化是一体之两翼、驱动之双轮,必须统一谋划、统一部署、统一推进、统一实施。[①] 网络强国战略思想是我国未来网络信息安全工作的根本之道,表示出未来国家将加强顶层设计来保障网络安全和推动信息化发展的战略意图。

随着信息技术的演变和网络空间的快速兴起与发展,信息安全保护对象的范围也进一步扩大。现阶段网络与传统信息网络相比,其所包括的范围更广阔,包括网络监控、信息基础设施攻击、恶意程序的传播等形式。为了应对当前信息网络面临的多样化的威胁,国内市场上衍生出了一系列信息安全相关产品。

当前信息安全产业涉及的网络安全产品可分为如下几类。

(1)安全硬件:指以物理硬件的形态直接集成到网络中的安全设备,主要

---

① 中华人民共和国国家互联网络信息办公室官网.习近平在全国网络和信息化会议上发表重要讲话:敏锐抓住历史机遇加快建设网络强国[EB/OL].[2018-8-3].http://www.cac.gov.cn.

产品包括防火墙、VPN 网关、入侵检测系统、入侵防御系统、统一威胁管理网关、令牌、指纹识别、虹膜识别系统等。

（2）安全软件：指运行在服务器或终端设备上以软件形态呈现的信息安全产品，主要产品包括防病毒软件、Web 应用防火墙、反垃圾邮件系统、数据泄露防护系统等。

（3）安全服务：贯穿于企业整个 IT 基础设施建设过程中所需要的信息安全的计划、设计、建设、管理等全过程。[①] 通过 IT 安全服务可以发现企业 IT 系统中可能存在的安全风险，更新安全软件、安全硬件策略，减少 IT 安全防护体系的疏漏。主要包括安全咨询、运维、培训等。

近几年，信息安全事件频发并呈现愈加复杂的趋势。根据国家信息安全漏洞共享平台（CNVD）2016 年的数据显示，该平台共收录通用软硬件漏洞 10822 个，较 2015 年增长 33.9％。其中，高危漏洞 4146 个（占 38.3％）、中危漏洞 5993 个（占 55.4％）、低危漏洞 683 个（占 6.3％）。政府、企业和个人对信息安全日益关注，推动信息安全市场的快速发展，信息安全厂商数量不断增加，信息安全产品结构不断丰富，市场规模持续增长。到了 2016 年，国内市场规模达到了 341 亿元，2020 年中国信息安全市场规模进一步扩大，已突破 700 亿元。[②] 从近几年的数据来看，中国信息安全市场整体增速较快，对维护新媒体信息安全问题具有重大现实意义。

当前网络新媒体应用于几乎所有人的日常生活中。由于其具有全方位的数字化、及时性、交互性、个性化、开放性、移动性等特点，在一定程度上给人们的日常生活带来了方便舒适的享受，但随之而来的信息安全问题也成为了新媒体产业的一大隐患。随着近年来国家进一步加强了对网络新媒体的监管，出台政策与法规明确规定了对公民个人信息的保护范围与保护力度，加大了对个人信息采集与使用的监督力度，同时公民个人也普遍越来越重视自己的隐私，日常生活中开始重视对个人信息数据的保护，在国家与全民共同参与维护下，相信假以时日，定能得到一个更加干净、良好的网络空间。

---

① 中国行业信息网.2018 年中国信息安全行业发展现状及发展前景分析［EB/OL］. https://www.chyxx.com/research/201804/627287.html.

② 中国网络信息安全市场规模、竞争格局及发展趋势分析［EB/OL］. https://xueqiu.com/9582690951/133514384.

七、物联网

（一）概念

物联网（The Internet of Things，简称 IOT）是指通过各种信息传感器、射频识别技术、全球定位系统、红外感应器、激光扫描器等装置与技术，实时采集任何需要监控、连接、互动的物体或过程，采集其声、光、热、电、力学、化学、生物、位置等各种需要的信息，通过各类可能的网络接入，实现物与物、物与人的泛在连接，实现对物品和过程的智能化感知、识别和管理。物联网是一个基于互联网、传统电信网等的信息承载体，它让所有能够被独立寻址的普通物理对象形成互联互通的网络。

（二）穿戴设备

1. 智能血压计

智能血压计是利用多种通信手段（蓝牙、USB 线、GPRS、WiFi 等），将电子血压计的测量数据通过智慧化处理上传到云端，实现实时或自动定时测量并记录用户血压值，智能分析血压变化情况，及时对高血压病人及并发疾病进行连续动态监测的一种智能医疗设备。

进行血压的动态监测具有如下意义。

①避免误差：去除偶测血压的偶然性，避免影响因素，较为客观真实地反映血压情况。

②掌握趋势：动态血压可获知更多的血压数据，能实际反映血压在全天内的变化规律。

③及时发现：对早期无症状的轻高血压或临界高血压患者，提高了检出率并可得到及时治疗。

④测定药物治疗效果：动态血压可指导药物治疗，帮助选择药物，调整剂量与给药时间。

⑤预测一天内心脑血管疾病突然发作的时间：在凌晨血压突然升高时，最易发生心脑血管疾病。

⑥预测心血管病发作：对于以往无心血管病发作者，测量动态血压更有意义，可指导用药。

智能血压计的优点在于可持续性地对个人的血压进行监控，在云端保存连续的历史数据，为使用者建立永久的健康档案，并且可以对使用者健康及疾病状况进行分析、统计、报告及提供最佳健康及疾病诊断方案，及时了解和跟踪使用者的健康状况和进行疾病监控,实现健康与疾病智慧医疗的管理新模式。可分享测量数据。当父母在家中测量血压后,每次数据都会及时上传至云端,并实时同步到家属的手机上,同时还能邀请其他家庭成员一起参与父母的健康管理,实现家人共享。服药、锻炼提醒功能,让使用者不再忘记按时吃药。有些还提供健康咨询服务,比如在 App 里面提问题,然后由专业的医生解答。

智能血压计的通信手段一般包括蓝牙、USB、GPRS 和 WiFi,这几种数据传输方式各有优缺点,具体如下。

(1)蓝牙血压计

在血压计中内置蓝牙模块,通过蓝牙将测量数据传送到手机,然后手机再上传到云端。这种方式的优点是:无线传输,不需要接线;不依赖于外部网络,直接上传到手机。这种方式的缺点是必须依赖于手机。测量血压时,要同时操作血压计和手机,且使用前要先做蓝牙匹配,对老人来说有一定的操作难度。

(2)USB 血压计

这种方式与蓝牙类似。先用 USB 线将血压计和手机连接,测量数据先上传到手机,再传到云端。这样方式的优点是接线简单,缺点是必须依赖手机,用户须同时操作手机和血压计,比较麻烦。

(3)GPRS 血压计

这种方法通过内置 GRPS 和移动通信模块,利用无所不在的公共移动通信网络,将数据直接上传到云端。这种方法的优点是方便,日常使用跟传统血压计一样,无需考虑手机,数据随时可得。

(4)WiFi 血压计

使用方便,不需要直接使用 WiFi 将数据上传到云端。这种方式兼具上面几种方式的优点:操作方依赖手机,同时还不需要任何费用。它的缺点就是必须在有 WiFi 的环境下使用。

2.　智能血糖分析仪

血糖仪又名血糖计,是一种测量血糖水平的电子仪器。智能血糖仪与传统血糖仪相比,能够高效、准确地收集用户的血糖测量数据,并进行大数据分析,将血糖数据实时提供给患者、家属、医护人员,并生成控糖分析报告。

随着互联网科技的高速发展,智能血糖仪应运而生。传统血糖仪测完后的数据,用户需要手动纸笔记录再给医生看,而智能血糖仪的血糖数据自动存储并具有数据传输功能,能够实时将血糖数据提供给患者、家人、医护人员,并根据用户的血糖监测情况生成控糖分析报告,让患者、医护人员和家人更加清楚自己的血糖控制情况。

为了解决医院内血糖管理的问题,市场上很多走在前列的血糖仪制造商针对性地开发了新的血糖监测系统(智能血糖仪和配套的患者管理系统)。医院使用新的血糖系统后,护士通过扫描患者条码确认患者身份,为患者测完血糖后,通过手动记录、血糖仪连接设备等方式将血糖数据导入患者管理系统。

在医院范围内开展住院患者血糖智能化管理,可实现患者信息智能识别、血糖监测数据便捷智能化采集存储、科室内及多科室同步、异常提醒、异常处理一站式管理。血糖仪连接医院 HIS 系统后即可智能识别患者病房、病床信息,护士为患者监测血糖之后,数据能够自动记录传输至配套的患者管理系统中,不需要纸笔记录,完全免除了医护人员手工录入的工作量,也降低了人为错误的发生概率。患者主管医生通过系统可以实时查看患者血糖异常及变化规律和趋势,对异常患者及时地进行干预指导,以避免不良风险的发生。除了管理患者住院期间的血糖,医生还可通过系统实时获取患者离院后的居家血糖数据,对患者住院、门诊、居家血糖进行一体化、全程管理。

智能血糖分析仪的血糖测定原理与普通血糖仪相同,是利用试纸上的化学物质和血液中的葡萄糖发生反应时产生微小电流的原理,测出血糖值。同时借助互联网,利用 App 等血糖管理软件,通过患者数据自动上传、连续统计、智能分析,进行血糖风险评估,给患者提供个性化的运动、饮食、生活起居、用药管理等健康管理方案和远程咨询服务,从而达到帮助糖尿病患者把血糖控制住、降下来、早达标、远离并发症的目的。

其主要功能与优点如下。

(1)快速检测:采血后快速准确显示检测结果,结果稳定。

(2)检测准确:智能血糖仪采用生物酶虹吸式试纸反应技术,配合电化学生物感测技术,实现国际数据准确要求。

(3)智能识别:自动读码识别,无需手动输入试纸码,插入试纸自动开机,拔出试纸自动关机,让老年患者轻松上手,节省电能。

(4)无痛采血:只需极少采血量即可完成血糖检测。避免因采血多,手指千疮百孔。

(5)清晰显示:大屏显示检测结果,充分为视力模糊的老人、病人考虑,令他们不用戴眼镜也可看得一清二楚。

(6)同步记录:可将血糖仪连接家里的电脑,用电脑完整准确显示血糖分析图表,为病情发展提供科学依据。还能与掌控糖尿病 App 或者微信等进行绑定,患者可通过 App 或微信随时记录血糖血压等健康数据、查看血糖记录、学习饮食、用药、运动各方面的知识。

(7)自动补偿:测试时环境温度显示和自动温度补偿功能。不论任何地点、任何环境,在室内室外,均能保证测量结果的准确性。

3. 胎心仪

胎心仪又叫胎儿心率仪,主要是利用超声波探测技术来完成胎心检测,其作用是通过监测胎动和胎心率来反映胎儿在母体内的状况。胎心过快或过慢都是有问题的表现,一般妇产医院都提供胎心监护,监查胎儿胎动是否异常,根据胎心状况做出相应的处理。利用家用胎心仪,父母亲也可以根据胎心仪上的数据显示粗略地判断胎儿的健康状况。

新一代的智能胎心仪,涵盖传统胎心仪的功能,在家庭监测胎心的基础上,能够绘制监测曲线、计数胎心率和胎动,并能与手机软件结合,实时分享给医生,以便进行远程协助与治疗等。

胎心监测可采用两种不同的原理和方法。

(1)多普勒胎心仪:从孕 16 周开始,准爸妈可以使用家用多普勒胎心仪监控胎儿心跳,其原理与孕检胎心医用监控设备相同:通过多普勒效应放大胎心,让医护人员及孕期父母更清晰、准确地听到胎儿心跳的声音,并借助电子设备实现胎心的计数、记录等科学功能。

(2)心电监测仪:孕妇穿戴上专用心电设备,监测孕妇的心电信号。由于胎儿心跳比较快,与孕妇心电不在一个频段,可以通过滤除孕妇的心电信号,得出胎儿的心电信号,从而得知胎儿的心跳情况。

随着科技的进步,出现了越来越多通过检测孕妇生理系统得知胎儿生长和发育状态的监护方式。如根据孕妇的心电信号获取胎儿的心电,通过 HRV 获取孕妇的自主神经的情况,进一步判别胎儿成长环境的情况等,该监护方式逐步成为未来胎儿监控的主要方式。

4. 血氧仪

血氧仪主要测量指标分别为脉率、血氧饱和度、灌注指数(PI)。血氧饱和度(oxygen saturation,简写为 SaO_2)是临床医疗上重要的基础数据之一。血氧饱和度是指在全部血容量中被结合 O_2 容量占全部可结合的 O_2 容量的百分比。

血氧仪的适用人群包括:

(1)有血管疾病的人(患冠心病、高血压、高血脂、脑血栓等)

血管腔有脂质沉积、血液不畅、供氧困难的心脑血管病人,血液黏稠,加上冠状动脉硬化,血管腔狭窄,从而导致供血不畅、供氧困难,身体每天都在"缺氧"。长期轻度缺氧,心脏、大脑等耗氧特大的器官功能会渐渐衰退。重度缺氧,便会发生"心梗""脑梗",不及时供氧急救,会遭致猝死。因此心脑血管病人长期用脉搏血氧仪检测血氧含量,能有效预防危险发生,如果出现缺氧状况,第一时间补氧,会大大减少疾病发作机会。

(2)有呼吸系统疾病的人(如患哮喘、气管炎、老慢支、肺心病、慢阻肺等)

呼吸困难导致吸入氧气量有限,呼吸系统病人的血氧检测的确很重要,一方面呼吸困难会导致摄氧不足;另一方面,哮喘的持续,也会使细小的支气管被堵塞,使气体交换发生困难,导致缺氧发生,造成心肺、大脑甚至肾脏不同程度的损伤。因此用脉搏血氧仪检测血氧含量,可大大降低呼吸道发病率。

(3)60岁以上的老年人

心肺器官生理老化,则摄氧不足,供氧不力。人体依赖血液传输氧气,血少了,氧气自然就少了。氧少了,身体状况自然下降。因此老年人要每天用脉搏血氧仪检测血氧含量,一旦血氧低于警戒水平,需尽快补氧。

(4)每天工作超过12小时的人

大脑耗氧量增大,氧气供应不能满足消耗。大脑耗氧量占全身摄氧量的20%,脑力劳动过度,则大脑耗氧量必然上升。而人体能够摄入的氧有限,消耗多,摄入少,除了造成头晕、乏力、记忆差、反应迟钝等问题之外,同样会对大脑和心肌造成严重伤害,甚至是过劳死亡。所以每天学习或工作12小时的人群,一定每天用脉搏血氧仪检测血氧含量,时时监控血氧健康,确保心脑安康。

(5)极限运动及高山缺氧环境下的血氧监测

对运动员进行实时状态的血氧监测有助于了解运动员在大运动量后的血液循环情况,以指导对运动员运动量的制定。乘坐青藏铁路的火车进藏的旅客,都需要进行血氧的检测,通过其对血氧的监测可以提前发现血液携氧或供氧的问题,避免由高山反应引起紫绀,对身体造成危害。

5.血脂监测仪

血脂监测仪是一种可以测量血脂的仪器。测定方法也因不同的指标而不同,最基本的包括总胆固醇、甘油三酯和血高密度胆固醇(HDL)。

国内外专家建议下列成年人最需要进行血脂检查:

已知某项血脂异常必须定期(如每月)进行血脂检测;做过心脑血管支架或搭桥的患者,必须严格定期检测各项血脂,控制血脂水平;已有冠心病、脑血管病或周围动脉粥样硬化者;有高血压、糖尿病、肥胖、吸烟者;有冠心病或动脉粥样硬化家族史者,尤其是直系亲属中有早发病或早病死者;有黄瘤或黄疣者;有家族性高脂血症者;40岁以上男性及绝经期后女性。

儿童的血脂异常也应引起重视。研究发现,冠心病、动脉粥样硬化和高血压都起始于儿童或青少年时期,严重者伴有靶器官病理改变。冠心病的部分危险因素在儿童期即可存在并且加剧儿童动脉粥样硬化发展的病理过程。此外,因肥胖所致的继发性高脂血症也是一个日趋严重的、全球关注的公共卫生问题。

美国把有冠心病高危因素的2岁儿童也作为血脂检查对象:包括父母或祖父母在55岁前经冠脉造影诊断冠心病,包括曾经接受皮冠状动脉成形术、冠状动脉搭桥术或经确诊的心肌梗死、心绞痛、外周血管疾病、中风或猝死;父母有高脂血症。主要有以下三种类型:

①普通型:此类血脂仪只能测量血脂中某单一的指标,如一台血脂仪只能测量血液中胆固醇的含量,对患者的某一方面的疾病有一定的参考作用。这类血脂仪价格也相对低廉。

②专业型:此类血脂仪在普通型的基础上增加了几种血脂的检测功能,可以检测血液三项(胆固醇、甘油三酯、高密度胆固醇)和血糖值。使用不同的测试条在同一款血脂仪上检测,得到相应的结果。

③豪华型:与前两种血脂仪相比,此血脂仪的功能更齐全,它不仅可以测血液中血脂多种指标,还可以测量尿液多项指标。使用不同的血液测试条可以测出血胆固醇、甘油三酯、血高密度胆固醇和血糖值。使用尿液测试条通过仪器可以测出尿蛋白、尿潜血等十一项指标。这些指标还可以作为医生诊断病人的依据。此外,这类产品还具有数据传输的功能,可以连接电脑、智能手机等移动设备,实时掌控各项指标浮动状况。这种血脂仪相对价格也较贵。

血脂监测仪的关键技术有如下几点。

①稳定性(CV值,变异系数):稳定性是评价血脂仪好坏的重要指标。由于血脂仪相对误差较大,血脂仪的稳定非常重要,测值稳定的血脂仪说明试纸酶的稳定性好。所以培养酶技术越先进的厂家,产品稳定性越好。

②准确性(SD值,标准偏差、相关系数):只要试纸稳定性好,就可以通过调节密码来使测值尽量接近标准值,也就是所谓的定标,准确性的前提是稳定性,没有稳定性就根本谈不上准确性,各厂家的定标标准及技术会有差异,准确性好的产品代表厂家定标技术好。

③批间差:由于测试条的生产过程对环境要求极其严格,生产厂家会通过定标让测值尽可能与标准值接近,但不同批次的测试条之间的差异肯定比同批次测试条之间的差异要大一些,这就是批间差;也就是通常同批次测试条的

稳定性要优于不同批次之间的稳定性,我们的国家标准对批间差的要求是不大于15%。

④适用温度:由于酶会受温度影响,所以只有在一定的温度条件下才可测量血脂,各厂家温度补偿技术高低除能决定高低温稳定性外,还会决定血脂仪的适用温度宽度,各家血脂仪的使用温度稍有不同,一般在15～30摄氏度。

医院的生化仪测试静脉血有较严格的程序和质量控制标准,相对准确。指血是末梢血,取材比较方便,创伤也小,但是血细胞有时会被挤压变形,血液成分的浓度会被组织液稀释等。这对化验结果的准确性有些微影响。静脉血与上面比较正好相反,所以医院里化验多用静脉血。血脂仪用指血就能方便测定血脂状况,还可以作为医生诊断的标准。

6.智能手环

智能手环是一种穿戴式智能设备。通过智能手环,用户可以记录日常生活中的锻炼、睡眠、部分还有饮食等实时数据,并将这些数据与手机、平板等移动智能终端同步,起到通过数据指导健康生活的作用。

智能手环作为备受用户关注的科技产品,凭借其丰富的功能,逐渐渗透和改变着人们的生活。一般智能手环的内置电池可以续航10天以上,振动马达非常实用,简约的设计风格也可以起到一定的装饰作用。

不同于以往只发挥装饰作用的普通手环,智能手环可以记录用户的健身效果、睡眠质量、饮食安排和生活习惯等一系列相关数据,同时将这些数据同步到用户的移动终端设备中,终端设备依托相关App根据数据进行智能分析,并给出相关建议,起到用数据指导健康生活的作用。智能手环具有普通计步器的一般计步和测量距离、热量、脂肪等功能,涉及智能手环MCU数据指令到蓝牙IC的传输、蓝牙到App的数据通信协议、App到手机内部的通信调试逻辑实现、App数据到云端服务器的数据库算法设计等一系列功能开发,具备睡眠监测、高档防水、蓝牙数据传输、疲劳提醒等特殊功能。

以睡眠监测为例,在睡前将手环设置为睡眠模式,并通过低功耗蓝牙与智能手机实时同步,便可看到入睡时间、清醒时间、深睡/浅睡、整体的睡眠质量等信息;对于减肥和健身的人来说,智能手环扮演了私人教练的角色,可以告诉用户每天的运动路径、消耗卡路里和摄入热量,可以设置运动目标,如要走多少步、消耗多少卡路里等,还会实时显示运动的完成率,运动减肥可以量化,对于不能坚持的人来说是一大福音;又如,智能手环通常具有高档防水功能,用户可以戴着手环游泳,这克服了传统计步器无法跟踪游泳运动的缺陷,令其应用也更加广泛。

一般来说,智能手环的主要功能包括:

①计步功能

利用 3 轴重力加速度仪,检测移动时所造成的振动。同时结合重力感应器,精确记录非平地运动的步数。最后利用算法排除一些干扰因素,如手机放兜里上下抖动产生的无效计数,从而得到最终结果。

②心率监测

使用反射型光电传感器,采集光电信号来监测计算脉搏血容量的变化,然后根据血液内物质的吸光度与浓度成正比的关系,计算反映出人体心率的基本参数。

③体温检测

利用热敏电阻把温度的变化转换为阻值的变化,再用相应的测量电路把阻值转换成电压,然后把电压值转换为数字信号,再对数字信号进行相应的处理,可得到温度值。

④能量消耗、睡眠监测

传感器通过接触手腕监测人的动作、心率状况和体动频率,计算获知受测者的睡眠状况与能量消耗,不同的产品的算法不同。智能手环内置低功耗蓝牙模块,可以与手机、平板、PC 客户端进行连接,可以随时随地设置身高、体重、步幅等信息和上传运动数据。另外,智能手环还具备社交网络分享功能,比如用户可以将睡眠质量、饮食情况和锻炼情况以及心情记录等通过绑定微博等社交网络端进行分享。每当疲劳提醒时间一到,智能手环会以闹钟的形式提醒注意休息,适合于高压力的办公室人群,设计很人性化。

此外,专业的医用健康手环还可以测量脉搏、心率、皮肤温度,以及其他环境信息,如光照及环境噪音水平。通过健康手环,即使病人不在医院,医生也能追踪并了解他的健康情况。

（三）RFID

无线射频识别即射频识别技术（Radio Frequency Identification,RFID）,是自动识别技术的一种,通过无线射频方式进行非接触双向数据通信,利用无线射频方式对记录媒体（电子标签或射频卡）进行读写,从而达到识别目标和数据交换的目的,这项技术被认为是 21 世纪最具发展潜力的信息技术之一。

无线射频识别技术通过无线电波不接触快速信息交换和存储技术,通过无线通信结合数据访问技术,然后连接数据库系统,加以实现非接触式的双向通信,从而达到了识别的目的,用于数据交换,串联起一个极其复杂的系统。在识别系统中,通过电磁波实现电子标签的读写与通信。根据通信距离,可分为近场和远场,为此读/写设备和电子标签之间的数据交换方式也对应地被分为负载调制和反向散射调制。

1. 发展进程

1940—1950 年:由于雷达技术的发展和进步,从而衍生出了 RFID 技术,1948 年 RFID 的理论基础诞生。

1950—1960 年:人们开始对 RFID 技术进行探索,但是并没有脱离实验室研究。

1960—1970 年:相关理论不断发展,并且将这一系统在实际中开始运用。

1970—1980 年:RFID 技术不断更新,产品研究逐步深入,对于 RFID 的测试开始进一步加速,并且实现了对相关系统的应用。

1980—1990 年:RFID 技术和相关产品被开发并且应用在市场中,并且出现了多种领域的运用。

1990—2000 年:人们开始对 RFID 的标准化问题给予重视,并且在生活的多个领域可以见到 RFID 系统的身影。

2000 年后:人们普遍认识到标准化问题的重要意义,RFID 产品的种类进一步丰富发展,无论是有源、无源还是半有源电子标签都开始发展起来,相关生产成本进一步下降,应用领域逐渐增加。

时至今日,RFID 的技术理论得到了进一步的丰富和发展,人们研发单芯片电子标签、多电子标签识读、无线可读可写、适应高速移动物体的 RFID 技术不断发展,并且相关产品也走入我们的生活,并开始获得广泛应用。

2. 工作原理

一套完整的 RFID 系统是由阅读器、应答器及中央信息系统三个部分所组成,其工作原理是阅读器发射一组特定频率的无线电波能量,用以驱动电路将内部数据送出,阅读器依序接收解读数据,传输给中央信息系统的应用程序做相应的处理。RFID 卡片阅读器与应答器之间的通信及能量感应方式,大致可以分成两种:一般低频的 RFID 大都采用感应耦合的方式,而较高频大多采用后向散射耦合的方式。在实际应用中,可进一步通过 Ethernet 或 WLAN 等实现对物体识别信息的采集、处理及远程传送等管理功能。

3. 优缺点

(1)优点

射频识别技术突破了传统条形码技术的局限,在实时更新资料、存储信息量、使用寿命、工作效率、安全性等方面都具有优势。

　　射频识别技术的载体一般都是要具有防水、防磁、耐高温等特点,保证射频识别技术在应用时具有稳定性。射频识别能够在减少人力物力财力的前提下,更便利地更新现有的资料,使工作更加便捷;射频识别技术依据电脑等对信息进行存储,最大可达数兆字节,可存储信息量大,保证工作的顺利进行;射频识别技术的使用寿命长,只要工作人员在使用时注意保护,它就可以进行重复使用;射频识别技术改变了从前对信息处理的不便捷,实现了多目标同时被识别,大大提高了工作效率;而射频识别同时设有密码保护,不易被伪造,安全性较高。

　　可以说,射频识别技术很好地适应了当前社会发展的需求,也满足了产业以及相关领域的使用需要。

　　(2)缺点

　　技术成熟度不够。RFID 技术出现时间较短,在技术上还不是非常成熟。由于超高频 RFID 电子标签具有反向反射性特点,使得其在金属、液体等商品中应用比较困难。

　　成本高。RFID 电子标签相对于普通条码标签价格较高,为普通条码标签的几十倍,如果使用量大的话,就会造成成本太高,在很大程度上降低了市场使用 RFID 技术的积极性。

　　安全性不够强。RFID 技术面临的安全性问题主要表现为 RFID 电子标签信息被非法读取和恶意篡改。

　　4. 应用领域

　　物流方面。物流仓储是 RFID 最有潜力的应用领域之一,UPS、DHL、Fedex 等国际物流巨头都在积极实验 RFID 技术,以期在将来大规模应用于提升其物流能力。RFID 技术可应用于物流过程中的货物追踪、信息自动采集、仓储管理应用、港口应用、邮政包裹、快递等环节。

　　交通方面。出租车管理、公交车枢纽管理、铁路机车识别等,已有不少较为成功的案例。

　　身份识别方面。RFID 技术由于具有快速读取与难伪造性,所以被广泛应用于个人的身份识别证件中。如开展的电子护照项目、我国的第二代身份证、学生证等其他各种电子证件。

　　防伪方面。RFID 具有很难伪造的特性,但是如何应用于防伪还需要政府和企业的积极推广。可以应用的领域包括贵重物品(烟、酒、药品等)的防伪和票证的防伪等。

　　资产管理方面。可应用于各类资产的管理,包括贵重物品、数量大相似性高的物品或危险品等。随着标签价格的降低，RFID几乎可以管理所有的物品。

食品方面。可应用于水果、蔬菜、生鲜、食品等管理。该领域的应用需要在标签的设计及应用模式上有所创新。

信息统计方面。随着射频识别技术的运用，信息统计就变成了一件既简单又快速的工作。由档案信息化管理平台的查询软件传出统计清查信号，阅读器迅速读取馆藏档案的数据信息和相关储位信息，并智能返回所获取的信息和中心信息库内的信息进行校对。如针对无法匹配的档案，由管理者用阅读器展开现场核实，调整系统信息和现场信息，进而完成信息统计工作。

查阅应用方面。在查询档案信息时，档案管理者借助查询管理平台找出档号，系统按照档号在中心信息库内读取数据资料，核实后，传出档案出库信号，储位管理平台的档案智能识别功能模块会结合档号对应相关储位编号，找出该档案保存的具体部位。管理者传出档案出库信号后，储位点上的指示灯立即亮起。资料出库时，射频识别阅读器将获取的信息反馈至管理平台，管理者再次核实，对出库档案和所查档案核查相同后出库。而且，系统将记录信息出库时间。若反馈档案和查询档案不相符，安全管理平台内的警报模块就会传输异常预警。

安全控制查阅应用方面。安全控制系统能实现对档案馆的及时监控和异常报警等功能，以避免档案被毁、失窃等。档案在被借阅归还时，特别是实物档案，常常被用以展览、评价检查等，管理者对归还的档案仔细检查，并和档案借出以前的信息核实，能及时发现档案是否受损、缺失等。

5. 发展趋势

①射频识别标签趋势。随着标准的制定、应用领域的广泛、应用数量的增加、工艺的不断提高、技术的飞速进步（如在图书方面，在封面或版权页上用导电油墨直接印制射频识别天线），其成本会更低；识别距离更远，即使是无源射频识别标签也能达到几十米；体积也将更小。

②高频化。超高频射频识别系统与低频系统相比，识别距离远、数据交换速度更快、伪造难度更高、对外界的抗干扰能力更强、体积小巧，且随着制造成本的降低和高频技术的进一步完善，超高频系统的应用将会更加广泛。

③网络化。部分应用场合需要将不同系统（或多个阅读器）所采集的数据进行统一处理，然后提供给用户使用，如我们使用二代身份证在自动取票机取火车票，这就需要将射频识别系统网络化管理，来实现系统的远程控制与管理。

④多功能化。随着移动计算技术的不断提高和普及,射频识别阅读器设计与制造的发展趋势是将向多功能、多接口、多制式,并向模块化、小型化、便携式、嵌入式方向发展;此外,多阅读器协调与组网技术将成为未来发展方向之一。

【思考题】

1. 新媒体广告是什么? 请简述新媒体广告的特点。

2. 新媒体在驱动电子商务发展的过程中发挥了怎样的作用?

3. 请分享你对新媒体环境下企业微营销策略的理解。

4. 试论"社群经济"的发展与新媒体的关系。

第四篇　新媒体发展应用前景与展望

　　信息化技术的不断发展,5G 技术、虚拟现实、人工智能、4K 高清直播等技术标准和规范及新应用场景不断出现,给新媒体的发展与应用带来了新的挑战和机遇。

第一节　新媒体技术发展与应用前景
——以 5G 技术为例

　　第五代移动通信技术(5th Generation Mobile Networks,简称 5G 技术)是目前最新的一代蜂窝移动通信技术,也是 4G 系统的延伸与升级。5G 的性能目标是高数据速率、减少延迟、节省能源、降低成本、提高系统容量和大规模设备连接。按照国际电信联盟 ITU IMT-2020 的规范要求其速度高达 20Gbit/s。5G 将是引领科技创新、实现产业升级、发展新经济的基础性平台。

　　国际电信联盟(ITU)为 5G 定义了 eMBB(增强移动宽带)、mMTC(海量大连接)、URLLC(低时延高可靠)三大应用场景。实际上不同行业往往在多个关键指标上存在差异化要求,因而 5G 系统还需支持可靠性、时延、吞吐量、定位、计费、安全和可用性的定制组合。万物互联也带来更高的安全风险,5G 应能够为多样化的应用场景提供差异化安全服务,保护用户隐私,并支持提供开放的安全能力。eMBB 典型应用包括超高清视频、虚拟现实、增强现实等。这类场景首先对带宽要求极高,关键的性能指标包括 100Mbps 用户体验速率(热点场景可达 1Gbps)、数十 Gbps 峰值速率、每平方公里数十 Tbps 的流量密度、每小时 500km 以上的移动性等。其次,涉及交互类操作的应用还对时延敏感,例如虚拟现实沉浸体验对时延要求在 10 毫秒量级。URLLC 典型应用包括工业控制、无人机控制、智能驾驶控制等。这类场景聚焦对时延极其敏感的业务,高可靠性也是其基本要求。自动驾驶实时监测等要求毫秒级的时延,汽车生产、工业机器设备加工制造时延要求为 10 毫秒级,可用性要求接近 100％。

一、国家 5G 产业发展政策

从总体来看,全国 5G 政策类型大致可分为四个方向:一是对 5G 相关基地建设部署进行支持,以此推进 5G 网络建设进度;2019 年 6 月 6 日,随着 5G 牌照的发放,我国正式进入 5G 商用元年。5G 以全新的网络架构,提供 10Gbps 以上的带宽、毫秒级时延、超高密度连接,实现网络性能新的跃升。

在国家"十三五"规划纲要中全明确提出"积极推进第五代移动通信(5G)和超宽带关键技术,启动 5G 商用"的要求。5G 的需求是为了有效应对爆炸性的移动数据流量增长、海量的终端设备连接以及不断涌现出来的各种新兴业务和应用场景,同时与行业深度融合,满足垂直行业终端互联的多样化需求,实现真正的"万物互联",构建社会经济数字化转型的基石。[①]

2020 年 3 月 24 日,工信部发布《工业和信息化部关于推动 5G 加快发展的通知》(工信部通信〔2020〕49 号),明确提出加快 5G 网络部署、丰富 5G 技术应用场景、持续加大 5G 技术研发力度、着力构建 5G 安全保障体系和加强组织实施等五方面 18 项措施,全力推进 5G 网络建设、应用推广、技术发展和安全保障,充分发挥 5G 新型基础设施的规模效应和带动作用,支撑经济高质量发展。[②]

二、5G 技术对新媒体行业的影响

5G 的发展带动新媒体行业体验进一步提升。视频类业务成为主流媒体形式,围绕着图像分辨率、视场角、交互三条主线提升用户体验。其中,视频类媒体图像分辨率由高清发展到 4K、8K;视场角由单一平面视角向 VR 和自由视角发展,对通信网络带宽提出更高的要求;交互类业务的发展对通信网络的时延提出更高的要求。

"5G＋新媒体"带来了多样、极致体验。就信息生产主体的维度来说,移动互联时代,"传统媒体时代的专业媒体分化或演进为专业媒体、机构媒体、自媒体这三种作为生产信息主体的媒体类型,以及为这三种类型媒体提供信息

---

① 陈晓贝,罗振东.5G:从愿景逐步向技术标准迈进[J].世界电信,2014(12):16-18.

② 工业和信息化部关于推动 5G 加快发展的通知[EB/OL].[2020-03-24]. http://www.cac.gov.cn/2020-03/24/c_1586598820488869.htm.

聚合、分发之技术与渠道支撑的平台媒体"[①]。随着 5G 技术和物联网普及，媒介的定义发生变化，媒介系统构成也随之变化，"掌握着智能机器和传感器数据的 IT 企业、物联网企业，也将成为新闻生产系统中的成员"。

5G 的大带宽、低时延特性解决了超高清视频、VR 全景视频等大带宽业务传播的技术问题，推动了行业的发展。业界认为主要包括以下几点：

第一，传播形式多样化。长久以来，媒体传播途径都是基于平面，消费者已经审美疲劳。5G 具有的大带宽特性，将实现超高清视频以及 VR 全景视频等全新传播途径，再次吸引消费者，让 5G 新媒体应用成为基础业务。

第二，提供更高品质的内容。5G 时代的视频，无论是点播、直播，以及行业应用的视频业务，图像分辨率都将演进到 4K/8K 的分辨率，从而提升信息传递和图像识别的用户体验。

第三，媒体制作更便捷。导播端将越来越便捷，输出平台也更专业化、多元化。随着 5G＋AI 的普及，媒体的视频制作、新闻剪接将更为便捷。

第四，内容更易管控和传播。5G 网络切片与边缘计算功能，可以为媒体提供专用资源。因此，监管部门对自媒体的内容监管会更准确和高效。

第五，实现媒体传播场景的拓展。在传播方面，随着 5G 时代的到来，万物互联将成为可能，可以让媒体从客厅、商场、宾馆渗透到更多可移动的场景中。

基于以上分析，5G 将在媒体行业带来多个场景应用，包括超高清视频、VR 全景视频体验、AR 远程医疗、AR 远程教学、超高清视频监控、云游戏等。而其中三大全新媒体类型将成为主流。

①超高清视频。超高清视频不仅分辨率要达到 4K 甚至 8K，而且帧率要达到 50 帧以上，图像采样比特要提升到 10 比特，对网络传输能力要求更高。5G 速率是 4G 的 100 倍，时延仅仅是 4G 的 1/5，连接数密度更是 4G 的 10 倍，峰值相比 4G 高出约 20 倍。所以 5G 或将成为 4K/8K 视频最佳的传播途径。

②VR 全景视频。5G＋VR 全景视频制播将成为新媒体最佳的 VR 实现形式。比如体育赛事 VR 全景视频通过场馆内或者赛事沿线摄像头多机位现场直播进行移动采集，并通过 5G＋VR 全景视频能够为观众提供 360 度视角，让观众可以 360 度观看每一个运动员的比赛动作。

③AR 影像。5G＋AR 的结合，将依靠 5G 技术带来的大带宽数据传输满

---

① 张华.5G 技术引发的传媒生态变革[J].记者观察,2019(21):6-8.

足 AR 远程交互,最终形成消费者可以直观看到的 AR 餐饮、AR 民宿、AR 景点、AR 景区等,这种身临其境,让消费者对产品有更直观的感受。

案例 1:"5G+新媒体"的应用场景

全球领先运营商已经在积极实践,在多个场景应用 5G 新媒体。比如商用 5G 最快的国家韩国运营商,就推出了 5G+VR 体育赛事直播,已被韩国广大消费者所认可,为运营商带来可观的流量消费。随着我国 5G 牌照的发放,中国 5G 新媒体也在快速发展,旅游、表演等多个领域,已经在探索 5G 新媒体这个庞大的市场。下面列举几种典型应用场景。

应用场景一:新闻直播

在 2019 年,中央广播电视总台联合中国运营商及华为在北京、深圳、长春多地采用 5G 网络进行超高清直播。以前电视台外景直播主要依靠卫星直播车。卫星直播车的费用较昂贵,一次出车至少一天时间,按小时计费,每小时 3 万元以上。基于 5G 高带宽可以推广使用背包+4K 摄像机直播业务,成本低并易于便携。

应用场景二:音乐会、展会等大型活动直播

2019 年 5 月,国家大剧院原创民族舞剧《天路》"4K+5G"演出直播活动在首都电影院和手机端、电视大屏端等多渠道同步呈现,让观众体验了一场艺术与科技创新融合的全新直播方式。据了解,本次直播是全球首次采用"4K+5G"技术在影院直播,从拍摄到传输再到呈现,均采用"4K"超高清技术。

应用场景三:旅游景点直播

2019 年 2 月 19 日,一年一度的"花开高塔·最美成都"烟花秀在中国西部第一高塔——天府熊猫塔上演,立即成为全城焦点。因为有了四川移动 5G,身在太古里和朋友逛街的市民江燕,通过移动 VR 眼镜身临其境地观赏了几公里外天府熊猫塔的烟火秀盛况。

2019 年 5 月,中国电信四川公司在四川卧龙大熊猫保护基地现场部署 5G 网络。中国电信基于 5G 网络,通过 4K 摄像机,将卧龙熊猫基地的超高清信号传回到北京世园会现场,画面清晰、流畅、稳定。可爱的大熊猫吃饭、玩耍、嬉戏的视频,高清完美地呈现在世园

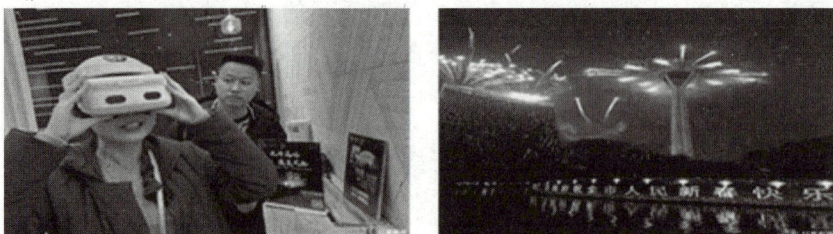

图 4-1 使用移动 VR 眼镜观赏烟火秀

会观众的面前,纤毫毕现,让在场的人们赞叹不已。

应用场景四:体育赛事直播

2019 年 2 月 28 日,黑龙江联通联合中央广播电视总台的 5G 新媒体平台,在黑龙江亚布力滑雪场成功完成了 5G＋4K 高清直播。2019 年 5 月 12 日,中超第九轮上海上港对阵山东鲁能泰山。中国移动上海公司携手咪咕公司、徐汇区政府奉上全球首场 5G＋真 4K＋VR 中超赛事直播。

7 月 14 日,2019 风云球王五人制足球争霸赛重庆赛区总决赛,在渝北区全民健身中心上演。本次赛事通过重庆联通和华为提供的最新 5G＋VR 网络和技术,大大地提高了视频用户的体验感和互动感。

2019 年 12 月 28 日,我国第一个基于 5G 技术的国家级新媒体平台在中央广播电视总台开建。当天,中央广播电视总台与中国电信、中国移动、中国联通及华为公司在北京共同签署合作建设 5G 新媒体平台框架协议。

进入 2019 年之后,5G 即第五代移动通信技术,引发了人们的广泛关注。相较于以往的任何一代通信技术,5G 的传输速率可以达到Gbps 级别,提高了对时延、功耗、安全等方面的要求,向用户提供了更加稳定、高速的通信网络使用体验,大大拓宽了通信网络的使用场景。中央广播电视总台联合中国电信、中国移动、中国联通、华为公司,合作建设国家级 5G 新媒体平台。通过联合建设"5G 媒体应用实验室"积极开展 5G 环境下的视频应用和产品创新。"5G 媒体应用实验室"在国内选取 10 个 5G 试点城市和相应的测试点,建立端到端的应用试验系统。全力推动 5G 核心技术在央视 4K 超高清节目传输中的技术测试和应用验证,研究制定基于 5G 技术进行 4K 超高清视频直播信号与文件传输、接收、制作技术规范等 5G 新媒体行业标准,引领 5G 新媒体技术应用。

四、5G 环境下新媒体的新特点

（一）"超规模共享型垄断"趋势

新媒体在 5G 环境中,将会逐步呈现出"超规模共享型垄断"这样独特的文化特征。例如维基百科、TED 向用户提供了最大化程度的内容共享;谷歌、脸书、微信以其广大的用户规模形成了平台垄断。虽然当前的新媒体平台已是超规模垄断的社会化新媒体平台。根据罗纳德·科斯（Ronald Coase）的观点,降低空间组织成本的技术变革、使生产要素结合得更加紧密的创新以及有助于提高管理技术的变革,将会致使企业规模扩大。5G 使得万物互联,随着 5G 的发展,文字、声音、图像、视频这些固有的载体结合起来,未来平台所承载的数据量必会达到更高程度的"超规模",形成亿级规模的新媒体平台。

（二）网络信息安全问题凸显

另一方面,5G 带来便利的同时,网络信息安全问题成为人们的敏感点。4G 技术无法在高度维度上进行精准定位,而 5G 技术的产生会使得以后在时间、空间上的精度大幅提高,在新媒体平台取得了更加惊人规模的数据量的同时,以后用户将会更加没有隐私。因此,新媒体企业应遵守信誉,加强用户安全和数据保护,为社会提供公益价值。

在下一步发展中,要注重对 5G 技术应用场景的培育,即促进 5G 产业与各产业融合发展、协同进步;要加大 5G 技术研发力度,即加强研发技术,对研发工程进行一定的补贴;要构建 5G 安全保障体系,加强安全保障措施,构建良好的产业生态环境。

第二节　新媒体发展与应用前瞻——虚拟现实技术

一、虚拟现实

虚拟现实技术（英文名称：Virtual Reality,缩写为 VR）,又称灵境技术,是 20 世纪发展起来的一项全新的实用技术。虚拟现实技术囊括计算机、电子信息、仿真技术于一体,其基本实现方式是计算机模拟虚拟环境从而给人以环境沉浸感,虚拟现实环境中包含了视觉、听觉、触觉等多种感官的参与,从而能够使人产生一种身临其境般的体验,同时进行自然的交互,它可以被视为一种先进的人机交互方式。

虚拟现实的四个基本要素是:虚拟环境、虚拟存在、感觉反馈、交互性。

虚拟现实技术使用到的技术包括:计算机图形技术、计算机仿真技术、多传感器技术、智能接口技术、人工智能技术、显示技术、网络并行处理等技术。

二、虚拟现实发展历史

1957年,被认为是虚拟现实之父的 Morton Heilig 设计了一种机器可以提供虚拟的自行车骑行体验,骑行者坐在这部三维城市布景的机器上可以听见城市的声音,感觉到风以及座椅震动,甚至能够闻到特定的味道。

1965 年,Ivan Sutherland 在 IFIP 会议上做了题为"The Ultimate Display"的报告。他首次设想出了一个由交互图形显示、力反馈设备及声音提示而构成的虚拟世界,这是虚拟现实系统概念的雏形。

之后,各国科学家和研究人员对虚拟现实技术进行了一系列探索和尝试。

20 世纪 80 年代,美国 VPL 公司的创建人之一 Jaron Lanier 正式提出了"Virtual Reality"一词。1986 年,世界上第一套较为完整的多用途、多感知的虚拟现实系统 VIEW 研制成功。

20 世纪 90 年代以来,在技术推动下,虚拟现实技术逐渐被各界所关注,取得了突飞猛进的发展,并在多个领域得到了应用,如航空航天、建筑设计、军事、教育、数字娱乐以及医学健康等领域。[①]

三、虚拟现实的相关硬件

(一)Kinect

Kinect 是微软在 2010 年 6 月 14 日推出的一款 Xbox360 的外部传感器设备。Kinect 是一种基于"管道"数据流体系构架设计的 3D 体感摄影机,它的系统能够做到实时完成对多个人的动作和手势进行跟踪和捕捉,同时还能

---

① 张芸强,钱坤,李焕良.浅析虚拟现实技术的发展与应用[J].中国设备工程,2020(20):200-201.

提供影像识别、语音辨识、麦克风输入、人脸辨别、社群互动等功能。[①] 2013 年
5 月,第二代 Kinect 发布,在从画面中识别更多人体骨架、具备更高分辨率摄
像头、提供景物深度数据和红外数据的基础上,增加了对于人物肌肉、运动力
量、心跳数据及面部表情的捕捉功能。

Kinect 的跟踪动作及影像识别功能分为四个部分:红外投影机、彩色摄
像头、红外摄像头和麦克风阵列。Kinect 可以利用红外投影机将红外光谱投
射在人体上,红外光谱发生扭曲后可以随机形成反射斑点;彩色摄像头则可以
通过拍摄视频图像对人体的动作进行辅助校正;红外摄像头则可以读取并分
析红外光谱,从而在可视范围内形成物体和人体的深度图像,进而识别人体的
动作;麦克风阵列则可以采集声音,并且进行过滤背景噪音定位声源、语音
识别。

在应用前景方面,目前基于 Kinect 的体感交互方式已经推广到教育、娱
乐、医疗等多个领域,如风靡全球的体感游戏、无菌手术室非接触控制等。

(二)Leap Motion

Leap Motion 是由 Leap 公司于 2013 年 2 月 27 日发布的面向 PC 以及
Mac 的体感控制器(见图 4-2)。2014 年 8 月 30 日 Leap Motion 正式在中国
登陆,中文名为"厉动",取义于"不明觉厉,动人心弦"。

使用时,用户可以在空间内进行随意挥动和抓取,通过 Leap Motion 精确
追踪到手指的细微动作,对相应 Mac 或 PC 进行隔空操作,具有高精度、高灵
活性、操作便捷、外形轻巧等特点。

从技术上来说,Leap Motion 就是通过对手指动作的识别形成一个可交
互式的 3D 空间,追踪速度超过 200 帧/秒。

Leap Motion 作为当下较流行的、新颖且轻巧的体感控制器,为当前智能
家居与家具、面向老年人的产品设计以及公共空间环境产品设计等领域中越
来越高的智能化、沉浸感等要求,提供了更加易学和易理解的交互模式。
Leap Motion 体感控制器的内置灰度相机、红外 LED、预置算法等,为快速、便
捷、灵活地实现物理环境中的非接触交互提供了技术支持。自发布以来,研究
人员对其功能、特性与应用领域等不断进行探索。[②]

---

① 王瑶,项鹏,孟春阳,马利兵,杨秀秀,赵川.新一代 Kinect 传感器关键技术综述[J].黑龙江科技信息,2015(24):84-86.
② 高润泽,陈庆澳,陈含笑,高娃.基于 Leap Motion 的人机交互研究及实践[J].家具,2020,41(5):67-70+89.

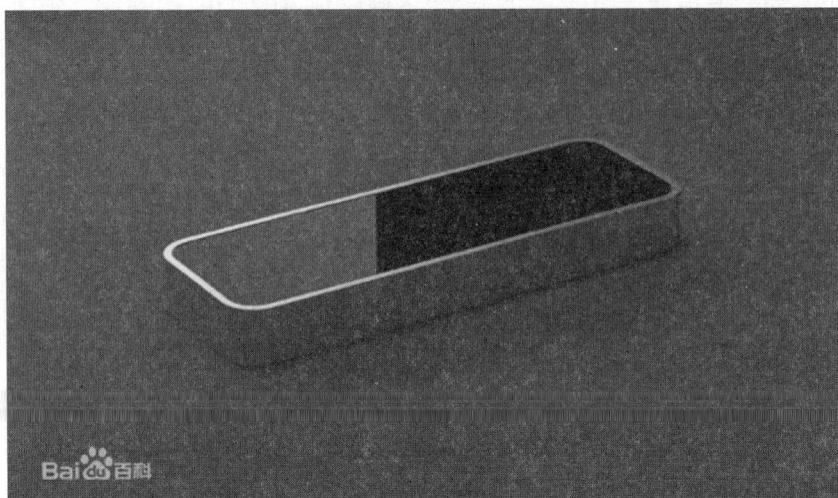

图 4-2　Leap Motion 设备

　　在教育领域,2019 年金童等[1]针对中小学生和外国友人学习汉字时的枯燥感,采用 Leap Motion 进行空中手势轨迹捕捉,构建了具备空中书写和正确笔画顺序演示功能的汉字书写和识别系统。在工艺制作领域,2020 年,林莹莹等[2]针对陶瓷制作条件严苛和局限性问题,采用 Leap Motion 开发了能够使用裸手交互的、具有良好沉浸感的虚拟现实陶艺体验系统。在工业领域,2017 年,孙志伟[3]使用 Leap Motion 和六维力传感器,构建多传感器系统进行 ABB 工业机器人数据采集和处理,实现了该机器人的轴孔装配作业。陈畅等[4]使用 Leap Motion 采集手部数据,并将手掌坐标映射到机器人手臂坐标系统中,搭建爱普生 SCARA 机器人自然手势示教实验平台,完成了用户手掌和机器人之间的非接触实时交互。2019 年,杨星等[5]为了解决高空取物问题,

　　① 金童,蒋玉茹,邱伟.基于 Leap Motion 的汉字空中书写及识别系统[J].电子技术与软件工程,2019,(23):7-49.
　　② 林莹莹,蔡睿凡,朱雨真,等.基于 Leap Motion 的虚拟现实陶艺体验系统[J].图学学报,2020,41(1):57-65.
　　③ 孙志伟.ABB 工业机器人网络集成控制系统研究[D].秦皇岛:燕山大学,2017.
　　④ 陈畅,陈亮,周雪峰.基于自然手势交互的工业机器人示教系统设计与实现[J].制造业自动化,2018,40(2):21-25.
　　⑤ 杨星,陈淑敏,马超,等.基于 Leap Motion 的可抓取无人机系统[J].测控技术,2019,38(6):96-99,104.

提出将手势识别技术和无人机相结合,使用 Leap Motion 采集手势数据,基于 Python 和 Arduino 通过控制 PWM 来控制无人机飞行状态和机械爪的抓取。同年,溥睿[①]采用 Leap Motion 设备,基于 Processing、Android 和 Arduino 通过手势识别和无线数据传输方式控制机器人的五自由度机械臂,提升了机器人的控制便捷性。

（三）增强现实技术

增强现实（Augmented Reality,简称 AR）技术是一种将虚拟信息与真实世界巧妙融合的技术,原理主要是通过追踪虚拟物体在真实环境中的三维坐标,以实现虚拟信息与真实环境的实时融合。增强现实技术主要具有三个特点:真实环境与虚拟世界的融合;具备实时交互性;在三维空间中定位展现虚拟物体（即三维跟踪注册）。其中三维注册是 AR 最为标志性的特点。[②] AR 技术综合运用了多媒体、三维建模、智能交互、非接触传感、实时跟踪及注册等多种技术手段,将计算机生成的文字、图像、三维模型、音乐、视频等虚拟信息模拟仿真后,应用到真实世界中,两种信息互为补充,从而实现对真实世界的"增强"。

1968 年 Ivan Sutherland 设计出达摩克利斯之剑（Sword of Damocles）,它是由两个小的屏幕（每只眼睛一个）组合到一起给体验者一种三维立体的错觉,因为眼睛上的屏幕是半透明的,所以体验者可以同时看到现实世界和虚拟世界。它也被认为是增强现实（Augmented Reality）的首例,增强现实是在现实世界的刺激上叠加合成的刺激,但该设备仅是利用不同感知提供使用者虚拟环境体验,却不能与之进行交互。直到 1970 年 Myron Krueger 利用不同的传感器（摄像机和地面上的压力传感器）可以识别使用者的活动也能在虚拟环境中移动物体,因为这个系统允许多人同时与虚拟环境进行交互,也被称为是多人环境的首例。增强现实技术从 2010 年开始猛增发展和应用,至今一直保持着增长趋势。AR 技术越来越普及,能够在增强现实的应用中获得长足的发展。与 VR 技术不同的是,AR 技术更多的是应用于与真实相关的领域,例如谷歌公司研发生产的现实拓展的眼镜 Google Glass 就对 AR 技术进行了应用和普及,又如微软也在全息眼镜中引入了 AR 技术。

---

① 溥睿.基于 Leap Motion 手势识别和 Android 平台的双臂机器人控制系统设计[D].昆明:云南大学,2019.

② 尹思佳.AR 与 VR 的技术推进与发展前景探析[J].当代教育实践与教学研究,2020(4):243-244.

AR 技术目前也面临着一系列的技术挑战。其核心难点在于图像识别技术结合观察者的相对位置以及三维坐标等信息进行定位来判断物体所处的位置,如何做到对应的精确性和实时性;虚实融合的可穿戴式设备如何做到小而精致,且能够提供良好的融合沉浸感。目前,增强现实这个领域比较活跃,将虚拟环境与真实场景无缝结合,使用户不仅能够与真实场景交互,同时也能与虚拟物体交互,扩大了用户对世界的认知,其重点在于增加用户的沉浸感。[①]

第三节　新媒体发展与应用前瞻——人工智能技术

随着人工智能的迅速发展,大量资本开始投资人工智能领域,许多学者也展开研究。因此出现了许多人工智能算法和框架,在学者们的大力研究下,这些算法和框架日新月异,不断被应用到人们生活中。

一、人工智能基本概念

人工智能(Artificial Intelligence),简称 AI。它是研究用于模拟和扩展人的智能的一门新兴的技术科学。

作为计算机科学的一个分支,人工智能旨在理解智能的实际内涵,并生产出一种智能机器可以和人类一样做出一些反应。人工智能涉及的领域有很多,例如:智能机器人、机器学习、语音识别、自然语言处理和专家系统等。随着人工智能的不断发展以及应用领域的扩大,可以设想在不远的未来,人工智能将会大放光彩。人工智能不仅可以对人的行为进行模仿也可以对人思维的信息过程进行模拟。虽然人工智能和人的智能有区别,但能像人那样思考,并且在不久的将来人工智能在很大程度上会超过人的智能。

人工智能是一门很复杂及富有挑战性的科学,想要从事相关工作的人必须在掌握计算机知识的同时也要对心理学和哲学有所研究。人工智能是由不同的领域组成,如深度学习、计算机视觉等,其主要的目的就是想让机器人代替人类完成一些需要人类智能才能完成的复杂任务。但是在不同时期,这个任务的复杂度不一样,对机器人的要求也不一样。

---

① 吴雪薇,王利双,张盈盈.增强现实技术发展趋势研究[J].科技视界,2019(30):223-224＋177.

二、人工智能基本算法

人工智能的三大基石是算法、数据和计算能力。算法作为其中之一,是缺一不可的,当算法越来越先进的时候,人工智能就会不断地自我学习、自我分析,从而不断进步。

（一）决策树

决策树（Decision Tree）是在已知各种情况发生概率的基础上,通过构成决策树来求取净现值的期望值大于等于零的概率,评价项目风险,判断其可行性的决策分析方法,是直观运用概率分析的一种图解法。由于这种决策分支画成图形很像一棵树的枝干,故称决策树。在机器学习中,决策树是一个预测模型,他代表的是对象属性与对象值之间的一种映射关系。

决策树是一种树结构,包括根节点、分支、叶子三部分,根节点表示树的一个属性,叶子表示分类的标记,分支表示输出的结果。该方法从根节点开始循环反复遍历,根据测试所得出的结果,将实例分配到其子节点,每个子节点都会对应该特征的一个取值,通过递归的方法,继续对实例进行测试与分配,直到到达叶节点,最后将实例分到叶节点的类中。

在决策树中,有样本数据集以及测试数据集两种,样本数据集是一个数据集合,其中的属性以及分类都是可知的,通过算法对样本数据集进行训练,最终得出相应的决策树。测试数据集是用来测试生成的决策树,将数据带入到决策树中,得出最终的类别,与实际的类型进行比较,测量决策树的精确程度。

信息熵是决策树算法的一个关键要素,其中"熵"字是热力学中的一个用字,在物理学中代表体系混乱程度的度量。1948年,信息论之父香农（Shannon）借鉴熵的概念,提出了信息熵,被定义为离散随机事件的出现概率。一般来说,当一个信息出现的概率越高,其被引用的也就越多,信息熵表示信息的价值,信息熵越低,则该信息出现的概率越大。①

决策树算法通常包括特征选择、生成决策树、决策树剪枝三个步骤。常用的决策树算法有 ID3 算法,根据 ID3 算法改进的基于最大信息增益率的 C4.5 算法以及基于基尼指数的 CART 等。

1. 优点

(1)决策树易于理解和实现,人们在学习过程中不需要使用者了解很多的

---

① 张汉琪. 基于决策树算法的研发项目管理系统的设计与实现[D]. 北京:北京建筑大学,2020.

背景知识,这同时是它的能够直接体现数据的特点,只要通过解释后都有能力去理解决策树所表达的意义。

(2)对于决策树,数据的准备往往是简单或者是不必要的,而且能够同时处理数据型和常规型属性,在相对短的时间内能够对大型数据源做出可行且效果良好的结果。

(3)易于通过静态测试来对模型进行评测,可以测定模型可信度;如果给定一个观察的模型,那么根据所产生的决策树很容易推出相应的逻辑表达式。

2. 缺点

(1)对连续性的字段比较难预测;

(2)对有时间顺序的数据,需要很多预处理的工作;

(3)当类别太多时,错误可能就会增加得比较快;

(4)一般的算法分类的时候,只是根据一个字段来分类。

(二)逻辑回归

逻辑回归(Logistic Regression)的过程可以被认为是面对一个回归或者分类问题,建立代价函数,然后通过优化方法迭代求解出最优的模型参数,然后测试验证我们这个求解的模型的好坏。逻辑回归虽然名字里带"回归",但是它实际上是一种分类方法,主要用于两分类问题(即输出只有两种,分别代表两个类别)。[①]

回归分析作为一种广义的线性回归分析模型,是十分重要的统计分析方法。在某些回归问题中,响应变量是分类变量,结果表现为发生或者不发生,成功或者失败。在这些情况下,正态线性模型显然是不合适的,但是却可以采用逻辑回归模型进行研究分析。

逻辑回归分析被广泛用于研究客观事物数量之间的依存关系,如数据挖掘、疾病自动诊断、经济预测等领域。以胃癌病情分析为例,选择两组人群,一组是胃癌组,一组是非胃癌组,两组人群必定具有不同的体征与生活方式等。因此因变量就为是否胃癌,值为"是"或"否",自变量就可以包括很多了,如年龄、性别、饮食习惯、幽门螺旋杆菌感染等。自变量既可以是连续的,也可以是分类的。然后通过 Logistic 回归分析,可以得到自变量的权重,从而可以大致了解到底哪些因素是胃癌的危险因素。同时根据该权值可以根据危险因素预测一个人患癌症的可能性。

---

① 杨文婷.基于 Logistic 回归和决策树算法的客户流失预测研究[D].大连:大连理工大学,2019.

1. 优点

(1)训练速度较快,分类的时候,计算量仅仅只和特征的数目相关;

(2)简单易理解,模型的可解释性非常好,从特征的权重可以看到不同的特征对最后结果的影响;

(3)适合二分类问题,不需要缩放输入特征;

(4)内存资源占用小,因为只需要存储各个维度的特征值。

2. 缺点

(1)不能用 Logistic 回归去解决非线性问题,因为 Logistic 的决策面是线性的;

(2)对多重共线性数据较为敏感;

(3)很难处理数据不平衡的问题;

(4)准确率并不是很高,因为形式非常的简单(非常类似线性模型),很难去拟合数据的真实分布。

(三)SVM(支持向量机)

支持向量机(Support Vector Machine,简称 SVM)是 Cortes、Vapnik 于 1995 年在 VC 维理论基础上创立的,同时考虑结构风险最小化问题,已成为机器学习中重要的方法。其主要思想是通过将原始数据映射到高维空间后,构造超平面,将数据进行分隔,同时使得隔离开的数据边缘的间隔最大化;当训练数据样本具有线性可分的性质时,可以通过硬间隔最大化学习方法形成线性可分支持向量机。[1] 当训练数据除去少数不可分的点之后线性可分时,通过软间隔最大化学习线性可分支持向量机。当训练数据非线性可分时,将训练数据通过核函数映射到更高维之后学习非线性支持向量机。支持向量机在小样本、非线性和高维模式识别中具有独特的优势,并能够推广应用到函数拟合等其他机器学习问题中,从而迅速地应用到图像检测、时间序列预测、文本识别和模式识别等应用中。

1. 优点

①使用核函数可以解决非线性分类;

②可以在较少的数据下取得好的性能;

③SVM 是一种有坚实理论基础的新颖的小样本学习方法。它基本上不涉及概率测度及大数定律等,因此不同于现有的统计方法。从本质上看,它避

---

[1] 江鹏.基于支持向量机(SVM)股票择时策略的研究[D].南昌:江西财经大学,2019.

开了从归纳到演绎的传统过程,实现了高效的从训练样本到预报样本的"转导推理",大大简化了通常的分类和回归等问题。

④SVM的最终决策函数只由少数的支持向量所确定,计算的复杂性取决于支持向量的数目,而不是样本空间的维数,这在某种意义上避免了"维数灾难"。

2. 缺点

①SVM算法对大规模训练样本难以实施;

②用 SVM 解决多分类问题存在困难;

③对缺失数据敏感,对参数和核函数的选择敏感。

(四)朴素贝叶斯

朴素贝叶斯算法是一种相对计算简便且高效的分类算法,发源于古典数学理论。根据先验经验对所属分类进行判别,以严谨的数学理论作为其研究基础。同时,具有较强的数据分类处理性能。由于其计算简单、效率高,特别是其对高维数据的分类处理能力,是目前被广泛应用的机器学习分类的工具。同时,该模型需要估计的参数很少,对于丢失信息反应不是特别敏感,算法理解起来也相对容易。贝叶斯分类器的分类特点是要求各个特征属性之间相互独立,但 Domingos 和 Pazzani 表明,贝叶斯方法仍然可以优化,即使违反了独立性这个属性。朴素贝叶斯分类方法被应用于类似于序列数据的分类问题,如文本文档的分类,一个高维特征空间和稀疏数据表现也十分良好。[①]

朴素贝叶斯作为一种常见的分类识别方法,其研究过程一般分为三步。第一步,是准备工作阶段,主要的工作是根据研究的需要确定研究样本以及特征属性,并且对所研究问题分类,组成训练样本。第二步是通过训练样本进行分类器训练阶段,依据每个类别在各个特征属性下出现的频率来计算概率,形成分类器。第三步为应用过程,即通过分类器对测试集的样本进行应用,输出测试集样本与判别类别。

1. 优点

朴素贝叶斯算法假设了数据集属性之间是相互独立的,因此算法的逻辑性十分简单,并且算法较为稳定,当数据呈现不同的特点时,朴素贝叶斯的分类性能不会有太大的差异。换句话说就是朴素贝叶斯算法的健壮性比较好,对于不同类型的数据集不会呈现出太大的差异性。当数据集属性之间的关系相对比较独立时,朴素贝叶斯分类算法会有较好的效果。

---

① 邹丽莹.基于朴素贝叶斯分类的上市公司财务异常侦测研究[D].长春:吉林大学,2017.

2. 缺点

属性独立性的条件同时也是朴素贝叶斯分类器的不足之处。数据集属性的独立性在很多情况下是很难满足的,因为数据集的属性之间往往都存在着相互关联,如果在分类过程中出现这种问题,会导致分类的效果大大降低。

三、人工智能框架

(一)TensorFlow

TensorFlow(见图 4-3)是一个基于数据流编程(dataflow programming)的符号数学系统,被广泛应用于各类机器学习(machine learning)算法的编程实现,其前身是谷歌的神经网络算法库 DistBelief。

图 4-3　TensorFlow 官网

TensorFlow 拥有多层级结构,可部署于各类服务器、PC 终端和网页,并支持 GPU 和 TPU 高性能数值计算,被广泛应用于谷歌内部的产品开发和各领域的科学研究。

TensorFlow 由谷歌人工智能团队谷歌大脑(Google Brain)开发和维护,拥有包括 TensorFlow Hub、TensorFlow Lite、TensorFlow Research Cloud 在内的多个项目以及各类应用程序接口(Application Programming Interface,API)。自 2015 年 11 月 9 日起,TensorFlow 依据阿帕奇授权协议(Apache 2.0 open source license)开放源代码。

TensorFlow 使用数据流图进行数值计算。图中的节点表示数学运算,边表示它们之间通信的多维数据数组。其架构灵活,可以使用单个 API 将计算部署到桌面、服务器或移动设备中的一个或多个 CPU 或 GPU。

TensorFlow 提供了多种 API。最低级别的 API——TensorFlow Core——提供了完整的编程控制。高级 API 则建立在 TensorFlow Core 的顶部。这些更高级别的 API 通常比 TensorFlow Core 更容易学习和使用。此外,更高级别的 API 使得重复性的任务在不同的用户之间变得更容易、更一致。一个高级 API 就像 tf.estimator,可以帮助您管理数据集、评估器、训练和推理。

(二)Caffe(卷积神经网络框架)

Caffe(见图 4-4),全称 Convolutional Architecture for Fast Feature Embedding,是一个兼具表达性、速度和思维模块化的深度学习框架,主要用于计算机视觉应用的卷积神经网络。由伯克利人工智能研究小组和伯克利视觉和学习中心开发。虽然其内核是用 C++编写的,但 Caffe 有 Python 和 Matlab 相关接口。Caffe 支持多种类型的深度学习架构,面向图像分类和图像分割,还支持 CNN、RCNN、LSTM 和全连接神经网络设计。Caffe 支持基于 GPU 和 CPU 的加速计算内核库,如 NVIDIA cuDNN 和 Intel MKL。

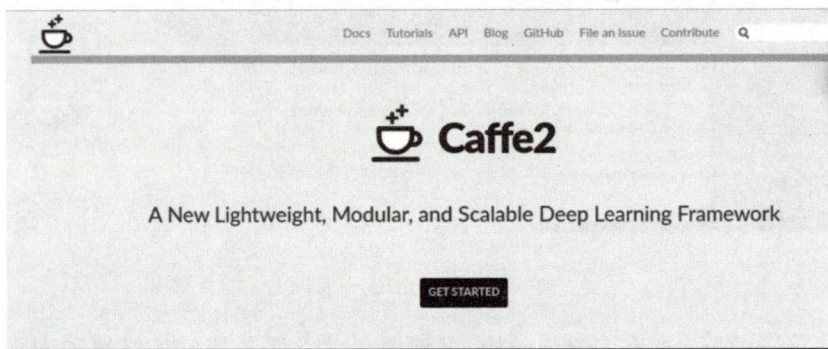

图 4-4　Caffe 官网

Caffe 中的数据结构是以 Blobs-layers-Net 形式存在。其中,Blobs 是通过四维向量形式(num,channel,height,width)存储网络中所有权重,激活值以及正向反向的数据。作为 Caffe 的标准数据格式,Blob 提供了统一内存接口。Layers 表示的是神经网络中具体层,例如卷积层等,是 Caffe 模型的本质内容和执行计算的基本单元。layer 层接收底层输入的 Blobs,向高层输出 Blobs。在每层会实现前向传播、后向传播。Net 是由多个层连接在一起组成的有向无环图。一个网络将最初的 data 数据层加载数据开始到最后的 loss

层组合为整体。

（三）Apache SystemML

ML 是机器学习 Machine Learning 的缩写，所以 SystemML（见图 4-5）显而易见是机器学习系统，由 IBM 的 Almaden 实验室于 2005 年开发。它用 Java 语言编写，可支持描述性分析、分类、聚类、回归、矩阵分解及生存分析等机器学习算法。IBM 人工智能 Waston 平台就整合了 SystemML 的功能，例如 SystemML 用于 Watson 医疗预测治疗结果的机器学习算法，精确度大幅度提高。

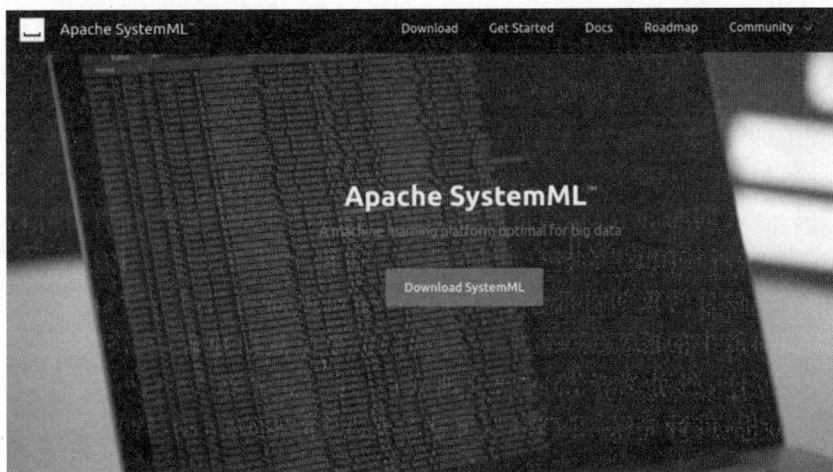

图 4-5　Apache SystemML 官网

SystemML 在 2015 年由 IBM 开源，于 2015 年 8 月 27 日在 GitHub 上公开发布，并于 2015 年 11 月 2 日成为 Apache Incubator 孵化项目。Apache SystemML 作为开源大数据机学习平台受到广泛认可，在 Cadent Technology 和 IBM Watson Health 等客户实践中备受赞誉。Apache Software Foundation 在 2017 年 5 月 31 日宣布将 Apache SystemML 孵化毕业，自此成为 Apache 顶级项目。目前 SystemML 作为 Apache 顶级项目的最新版本支持 Spark 2.x。Apache SystemML 在 2016 年被 datamation.com 列为 15 款开源人工智能软件之一。在部署方面，SystemML 运行环境支持单机和分布式部署。单机部署显然有利于本地开发的工作，而分布式部署则可以真正发挥机器学习的威力，支持的框架包括 Hadoop 和 Spark。

Apache SystemML 具备两种非常的能力，在机器学习领域独领风骚。声明式机器学习(Declarative Machine Learning,简称 DML)使表达 ML 算法更容易和更自然。算法可以用类似 R 的语法或类 Python 语法来表示。DML通过提供表达自定义分析的完全灵活性以及与底层输入格式和物理数据表示形式的数据独立性,显著提高了数据科学家的生产力。其次,Apache SystemML 根据数据和集群特性提供自动优化,以确保效率和可扩展性。Apache SystemML 为使用大数据的机器学习提供了最佳性能。它可以在MapReduce 或 Spark 环境中运行,它可以自动优化并实现性能扩展,自动确定算法是在单机还是在集群上运行。

（四）OpenNN

OpenNN(见图 4-6)的全称为"Open Neural Networks Library",即开源神经网络库,核心代码由 C++编写,主要面向深度学习领域,助力于用户构建各种不同的神经网络模型。OpenNN 可用于实现监督学习场景中任何层次的非线性模型,同时还支持各种具有通用近似属性的神经网络设计。

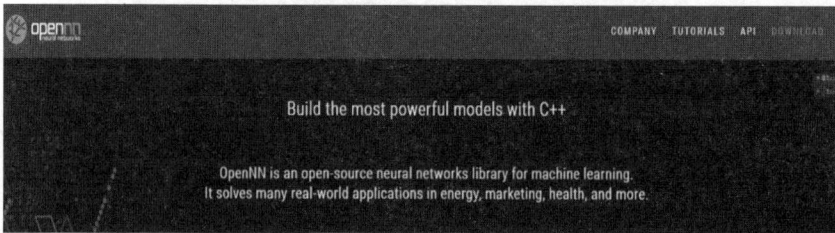

图 4-6　OpenNN 官网

OpenNN 使用一组函数实现了数据挖掘,并且可以使用一个 API 将这些函数嵌入到其他软件工具中,使软件工具和预测分析任务之间进行交互。OpenNN 的主要优点就是它的高性能。由于采用 C++开发,因此它有更好的内存管理和更高的处理速度,并利用 OpenMP 和 GPU 加速度(CUDA)实现 CPU 并行化。

OpenNN 包中含有单元测试、许多示例和大量文档,为神经网络算法和应用的研究开发提供了一个有效的框架。神经网络设计是一个基于 OpenNN的专业预测分析工具,这就意味着神经网络设计的神经引擎是基于 OpenNN建立的。

四、典型应用

人工智能应用的范围很广,主要包括:计算机科学、金融贸易、医疗、重工业、远程通信、在线和电话服务、法律、科学发现、玩具和游戏、音乐等诸多方面。下面列举几种应用。

（一）在金融领域的应用

金融行业是最早、最全面融合人工智能的行业之一。通过数据挖掘、精确画像、机器学习、神经网络等一系列人工智能技术的应用,将给金融产品、服务渠道、服务方式、风险管理、信贷融资、投资决策等带来新一轮的变革。通过深入分析人工智能和金融融合的基础、影响机理、风险及发展对策,对于促进人工智能与金融的深度融合和健康发展具有重要的理论价值和现实意义。近年来,不仅蚂蚁金服、京东集团、百度等互联网企业开展智能金融服务,工、农、中、建、民生等商业银行也纷纷将人工智能技术应用到具体业务当中,智能客服、智能营销、智能风控、智能投顾等业务纷纷出现。[①]

在 2016 年,深圳金融区块链合作联盟成立,越来越多的大型金融机构开始正视人工智能、区块链等技术在金融业务改革中的巨大作用。2017 年 3 月 3 日,百度云宣布与民生银行达成合作,百度云将以在人工智能（AI）、大数据（Big Data）、云计算（Cloud Computing）领域里强大的技术优势,为民生银行信贷企业提供风险管理和预警服务。2017 年 6 月,百度与中国农业银行在北京举行战略合作签约会谈,共同打造智能银行。在智能金融时代,人工智能技术将贯穿银行前中后台全过程。人工智能和金融的结合,不仅是最前端的入口和场景的结合,也不仅是最后端 IOE 后台系统的结合,而是贯穿在金融机构前中后台所有环节当中。无论是在客户获取、风险控制还是运营的过程中,每一个环节都有可能和新的技术融合,产品服务流程的重构可能催生新的战略,也可能在原有战略中萌发新的变量。2018 年 2 月 11 日,百度与中国农业银行联合孵化的智能银行战略合作第一阶段顺利完成,农行"金融大脑"正式发布,双方共建的"金融技术联合创新实验室"正式投入运营。

（二）在新闻行业中的应用

在新闻行业中,人工智能的身影也频频出现,对以往各种新闻行业体系进行了颠覆和重构,极大地改变了国内的媒体现状。不仅国内的媒体对人工智

---

① 金莫涵.人工智能在金融领域的应用研究[D].长春:吉林财经大学,2019.

能技术表示支持,国外的媒体也对其刮目相看。在国际潮流中,人工智能的基础技术都被大型公司所掌握,如微软、苹果、谷歌等,国际上的一些传统媒体也紧跟潮流,积极地加入了其中。在国内的商业媒体中,今日头条于2012年发布第一个版本,成为我国算法分发的开端,新华社也发布媒体大脑,在近几年的两会报道中,也频频看到智能技术的身影。

在新闻生产系统中,人工智能深度参与了新闻的发现、信息采集、编辑加工、新闻写作的全链条全环节。新华社的"鹰眼"系统可以通过大数据提前预知将要发生的新闻,在突发事件发生之前预测新闻发生,提前做好相关准备工作。传感器的使用可以优化新闻源并能够做到实时地全天候地监测突发事件的发生,新华社的媒体大脑通过传感器传回的数据可以在一秒内完成一条新闻,新闻机器人如新华社的"快笔小新"、美联社的WordSmith、纽约时报的Blossombot以及腾讯新闻的dreamwriter可以在几秒钟之内完成一篇稿件,大大提高了新闻的生产效率。

国家层面,主流媒体对人工智能技术在新闻传播中的应用高度重视。2017年12月26日,新华社在成都发布"媒体大脑",提供基于人工智能、大数据、物联网等技术的八大功能,2018年12月27日,新华社发布第一个短视频平台,2019年11月26日,发布媒体大脑3.0融媒中心智能化解决方案。2019年9月19日,人民日报智慧媒体研究院宣布成立,同时也发布了人民日报客户端7.0版、"人民日报+"短视频客户端、融媒体创新产品研发和孵化项目、人工智能媒体实验室以及全媒体智慧云。[①]

(三)在司法领域中的应用

近年来,司法领域与人工智能技术的结合被外界普遍看好,普遍看好的原因在于人工智能技术的应用使得司法审判的效率得以提高,而且进一步节省了人力和时间,两者的结合是人工智能技术应用的创新探索,有利于提升司法改革水平。

在2016年6月7日,浙江省高级人民法院把小AI引入审判实践,为庭审做笔录,这是我国第一次把语音识别系统引入到审判的过程中。随后,杭州市西湖区人民法院也利用语音识别系统进行审判,主要是通过在线听写功能进行庭审的记录,好像给机器装上了一个"耳朵",使其具备听的能力,再结合语言数据模型,形成语音转换文字的结果。[②]

① 胡尊椀.人工智能在新闻传播中的应用研究[D].成都:四川科学院,2020.
② 王金金.人工智能在司法审判中的应用[D].石家庄:河北经贸大学,2020.

上海法院的"206系统",通过对犯罪主体、犯罪行为、犯罪人的主观因素、案件事实、案件争议焦点、证据等要素形成机器学习的样本,为司法人员进行案例推送,进而为法官提供审判参考;该系统还可以把多个数据进行整合,从不同角度分析案件的事实,然后进行法律的选择,从而实现从立案到庭审整个环节都有智能机器的辅助。另外,案件审判辅助系统通过学习大量案件,已经学会提取、校验证据信息并进行案件判决结果预测,为法官的判决提供参考。同时,案件辅助审理系统也帮助法院实现了裁判程序标准化。比如"206系统"中有单一证据校验功能、证据标准指引功能、全案证据审查判断功能,通过人工智能的新技术,结合办案人员的经验,以刑事案件的卷宗为学习的基础,对证据进行审核。这有利于保证证据的稳定与统一,提高证据标准的一致性,降低冤假错案的发生率。北京法院的"睿法官"系统,对案件进行分析,结合建立的数据库,进行数据的挖掘,形成知识体系,通过图文识别,归纳案件的争议焦点,生成庭审笔录,进行关键信息的提取与回填,智能生成裁判文书;以杭州互联网法院为例,当事人需要先在杭州互联网法院上进行个人信息的注册,按照相关的步骤提示提交相关材料,就能通过智能平台快速生成起诉状,然后法官进行网上开庭,通过人工智能技术智能形成庭审记录,最后平台可以自动形成判决书。

（四）在医疗领域的应用

随着生活质量的普遍提高,个人健康问题也越来越受关注,促使着一些医学领域高速发展。糖尿病眼部疾病的研究近年来发展迅速,大量深度学习的方法应用于眼部图像的理解,Abramoff等人使用端到端的CNN方法对糖尿病视网膜病变进行检测,在公共数据集上达到很好的效果。Burlina等人使用预训练的神经网络模型对与年龄相关的黄斑变性检测问题进行研究,提出的方法在数据集ARED上的准确率为92%到95%。伴随着深度学习方法的进一步发展,一些模型的分析能力能够达到与专业医生相媲美的程度。2015年,Kaggle组织了糖尿病视网膜检测竞赛,参赛的约661支队伍中的绝大多数均使用了深度学习的方法,其中有4支队伍提出的模型的分类精度高于专业人员的分类精度。胸部CT医学影像是一种常见的医学影像,通过对该影像进行分析,能够对很多疾病进行诊断,Christodoulidis等人使用深度神经网络在6个公共纹理数据集上进行预训练,然后将6种特征在一个集合中进行整合,接着对模型进行微调,该方法在肺组织模式分类问题上性能良好。并且随着千兆像素级全幻灯片图像的日益普及,细胞级别的研究分析工作也越来越多,比如细胞核的检测、分类或者分割,有丝分裂检测、线粒体分类、乳腺中的小叶结构检测等等。乳腺癌的分析问题是一个比较经典的问题,作为一种常见的严重危害广大女性健康的疾病,很多国家都有针对乳腺癌的筛查计划。Dubrovina 等人使用常规 CNN 进行组织分类,通过重叠补丁方式克服分类中遇到的一些困难,提高了分类精度。①

(五)在语音识别中的应用

语音识别技术的快速发展和海量大数据的使用,使得语音识别的准确率有了巨大的进步,在多个行业突破了实用化的门槛,越来越多的语音技术产品进入了人们的日常生活,例如手机语音助手,已经成为智能手机的必备功能之一,对于客户的日常需求,例如打电话、发短信、地图导航,都可以帮助客户简单快速地完成这些任务。又如社交软件中的语音转换功能,可以在客户不方便打字或不方便收听语音的场合将其转换为文字,准确率已经达到了非常高的水平。语音识别产品主要分为三大类:第一类为语音输入类,比如科大讯飞公司的讯飞输入法。这类产品主要目的是让用户可以通过语音进行文字的输入。第二类为语音助手类,比如苹果公司的 Siri 手机语音助手以及智能家电上的语音操控。这类产品的主要目的是让用户可以通过语音完成一系列的指令操控。第三类为语音转写类,比如讯飞听见系列产品。这类产品的主要目的是通过将语音中内容转写成文本,让用户可以更方便地进行语音内容的阅读理解、编辑和后续操作。②

20 世纪 90 年代初期,像 IBM、NTT、AT&T 与苹果公司等这些著名的公司都投入了巨大的资金来研究语音识别系统的实用化。语音识别技术通过识别的准确率来对一个语音识别系统进行评估。在 20 世纪 90 年代中后期的实验室研究中,语音识别系统的识别准确率得到了不断的提高,而且慢慢有了商业化的产品。较为有代表意义的系统有 Dragon System 公司推出的 Naturally Speaking 系统和 Nuance 公司的 Nuance Voice Platform 语音平台,以及 IBM 公司推出的 Via Voice,还有 Sun 公司的 Voice Tone 和 Microsoft 公司的 Whisper 等。

我国的语音识别技术研究工作可以追溯到 20 世纪 50 年代,近些年来该技术的研究发展尤为迅速,伴随研究的不断深入,语音识别技术也开始从实验室慢慢走向工业或商业实用。在 2002 年,中科院自动化所与它所属模式科技公司共同发布了他们的商业化产品"天语"语音识别系统 Pattek ASR,它可以

---

① 刘义.基于深度学习的特征融合及其在医学图像中的应用[D].武汉:武汉科技大学,2019.
② 潘嘉.深度学习语音识别系统中的自适应方法研究[D].合肥:中国科学技术大学,2020.

面对不同计算平台与应用。由此，打破了汉语语音识别系统一直被国外公司垄断的历史。

（六）在语音合成中的应用

近年来，随着语音学的不断发展，语音合成得到了深入的研究和广泛的应用。例如，视力障碍或阅读困难的人使用语音合成设备来接收以书面形式存在的信息；存在语言障碍的人可以通过语音合成器来表示他们的声音；智能语音助手，如 Siri（苹果）、小度（百度）、小艺（华为）、小爱同学（小米）等，使得语音合成在搜索、导航、人机对话等场景中得到广泛应用；语音合成还用于机场、火车站和医院等公共场所的公告、手机和笔记本电脑等电子设备的通话、车载导航系统和语言学习应用程序等。[①]

1998 年中国科技大学在国家 863 计划和国家自然科学基金委支持下，研制成功 KD-863 汉语文语转换系统。KD-863 文语转换系统一经推出，就因其合成语音的高清晰度与高自然度引起了社会各方的重视。先后应用于为深圳华为技术公司设计的"114 自动电话报号系统"，和为国家工商总局设计的"工商企业语音（传真）查询系统"，使得汉语语音合成技术走出实验室，向市场应用迈出了重要的一步。同时张家录、齐士铃等总结了采用语言清晰度测试方法对汉语语音合成系统的工作性能的评价方法 1131。中国科技大学又推出了 KD2000 汉语文语转换系统，不仅在语音合成技术方面有进一步的发展，特别是在文本预处理中围绕层次化结构思想，运用大量的统计和规则的方法，较好地解决了三个大的处理环节特殊符号处理，分词处理和拼接处理，使得汉语文语转换系统的整体性能有很大提高。[②] 以 KD2000 文语转换为核心的"畅言 2000"智能汉语平台软件已开始进入市场。

（七）在虚拟主播中的应用

近些年以来，无论是以电视、报纸等为代表的传统媒介还是以网络、移动手机为主流的新媒体，都积极引入新技术手段，随着人工智能主播的大力开发与全面应用，媒体行业迎来了新的发展机遇，但是也面临严峻的考验。娱乐综艺节目首先将人工智能的概念运用到节目中，人机交互将逐渐成为现实。其中，在中央一台推出的名叫《机智过人》的挑战科学的综艺节目以及《最强大脑》《一站到底》等娱乐综艺节目中都能看到人工智能的影子。东方卫视推出的《看东方》早间新闻栏目中，名叫"小冰"的人工智能机器人作为实习主播来

① 陈小东.基于深度学习的语音合成技术研究及应用[D].太原:中北大学,2020.
② 史水平.汉语语音合成技术的研究[D].南宁:广西大学,2004.

播报天气情况,主持人被取代。在 2017 年拍摄的《创新中国》的纪录片中第一次使用了人工智能技术,智能语音与人工智能技术手段始终贯穿整部片子的录音,重现了已去世多年的知名配音演员李易的声音。新华社与搜狗在 2018 年举办的第四届全球互联网大会上,将全世界第一位全仿真的虚拟主播呈现在世人面前,即人工智能合成主播。据称,该"主播"无论是从声音还是表情,都做到了以假乱真的地步。其不仅能全年 365 天每天 24 小时不停歇地提供服务,还能用无数个分身在不同的现场同时播报各种资讯。长城新媒体研发的人工智能机器人"冀小蓝",在 2019 年 3 月的长城全直播节当中担任主播一职。该人工智能机器人中包含了大量尖端科技,譬如大数据、语音识别等,是综合后制定出的三维虚拟人物。与人类相比,其具有多重优势,例如无差错、不疲倦、场景多变等,有效地降低了传媒技术的节目制作成本,同时也用全新的方式吸引了人们的眼球。虚拟人物"冀小蓝"在长城新媒体召开的直播节目现场,与我国政协委员杨振河进行了对话,展现了现代技术与时代政治的精彩瞬间。[①] 此外,其还与委员代表们进行了互动交流。

(八)在广播中的应用

人工智能在广播电视中的应用日益得到重视。其中,最早发表在 *IBC 2018* 上的由日本 NHK 的 Hiroyuki Kaneko 等撰写的"Al-DRIVEN SMART PRODUCTION",后改作者又于 2020 年在 *SMPTE Motion Imaging Journal* 发表了更为完整的期刊论文,论文对 NHK 在智能媒体生产方面目前取得的成就进行了介绍,同时对广播电视中如何更好地应用人工智能技术提出了今后的发展方向。[②]

国内的学者对该论进行了总结分析,介绍了 NHK 的一些典型应用方式。[③] 总结分析报告结合论文从 NHK 的整体研究目标和多种人工智能技术的应用场景进行了讨论。

日本广播协会 NHK 开发了一种新型的由人工智能驱动的广播技术,名为"Smart Production",可以快速地收集和分析来自社会的各种信息,并传递给广大观众。Smart Production 使用人工智能来分析从社交媒体、开放数据中获得的各种类型的信息以及广播电视台拥有的制作节目相关的技术诀窍,

---

① 殷蕾. AI 技术在传媒领域的应用研究[D]. 哈尔滨:哈尔滨师范大学,2019.

② Hiroyuki Kaneko, Jun Goto 等. Al-Driven Smart Production [J]. SMPTE Motion Imaging Journal,2020,129(2).

③ htpps://cloud. tencent. com/developer/article/1358722.

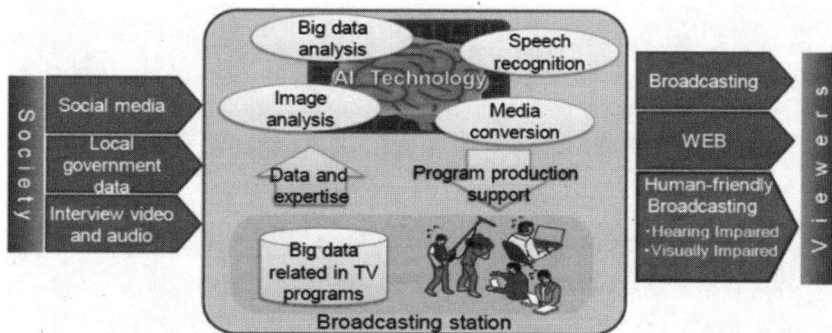

Figure 1 – Smart Production

图 4-7　NHK 的智能节目生产

这种方法使得它能够提取社会中发生的事件,并将分析结果呈现给生产者。特别地,用于识别视频中对象的图像分析技术和用于生成访谈抄本的语音识别技术可以为视频镜头自动生成元数据。另外,为了向包括听力/视障人士在内的广大观众传递信息,研究和开发人员正致力于研发将广播数据转换成能被具有特殊需求的观众理解的内容的技术。

1. 文本大数据分析技术

NHK 正在研发通过分析大数据来支持电视节目制作的技术,用于分析的大数据包括广播电台所拥有的节目信息以及社交网络服务(SNS)上发布的信息。社交媒体分析系统可以从社交媒体(包括 Twitter)获得对制作新节目有用的信息,并将这些信息进行分类,例如火灾、交通事故或自然灾害的发生。自动新闻稿创作系统通过使用广播电台过去的新闻手稿和来自河流传感器的信息,自动准备在暴雨和台风期间河流状况变化的新闻草稿。

2. 社交媒体分析系统

广播电台经常在社交媒体中手动搜索对节目制作有用的信息,并在确定准确性之后将这些信息用作初始的报道。如果碰巧遇到事故现场的人向SNS 发布有关事件的信息,则人们可以比以往更快地了解到事件的发生。但是,需要有大量的人力来从海量的 SNS 帖子中发现有用的信息,这给制作团队带来了沉重的负担。因此,NHK 开发了一个系统(见图 4-8),可以学习已经被制作人员确定的对新闻广播有用的推文,并搜索和提供新的有用的推文。NHK 已经与新闻团队合作开始了现场试验。

图 4-8　社交媒体分析系统

这个系统使用循环神经网络(RNN)来确定出现在推文中的单词是否包含对新闻广播有用的信息。它已经学会将信息分为 24 种新闻类别,例如火灾和交通事故。利用该系统,可以将原来需要本地广播制作者确认每天信息的工作部分自动化。该系统还接受来自节目制作成员的反馈作为学习的新数据,用来维护和改进提取推文的功能。因此,NHK 正在进行研究,期望通过使用图像识别技术来识别推文附图中的对象,例如火和消防车等,来提高对具有新闻价值的推文进行分类的准确性。

3. 自动新闻稿创作系统

广播电台收集、分析和使用由公共机构和当地市政部门发布的传感器信息来创作广播内容。持续监视如此开放的大量数据并快速用于创建包含如此多广播内容的新闻稿件对于节目制作成员来讲是沉重的负担。因此开发了一个新闻草稿创作支持系统来自动创建新闻手稿,作为在大雨和其他天气状况下河流状况的初步报告。该系统使用来自河流水位传感器的信息和过去的广播新闻手稿资料(图 4-9)。NHK 在 2017 年雨季期间在本地新闻台对该系统进行了现场试验。河流的水位信息是从 River & Basin Integrated Communications 基金会每 10 分钟发布的数据中获得的。这些信息包括监测位置、当前水位和四个水位通知阈值,用于报告洪水预警的程度。

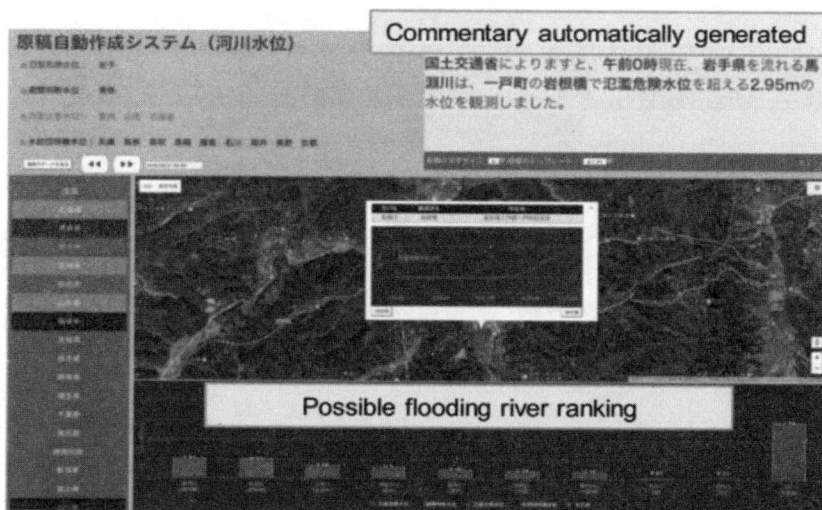

图 4-9 NHK 的自动新闻抄本生成系统

根据新闻台里积累的过去的广播新闻手稿,该系统使用神经网络自动提取固定表达,并识别在水位警告期间使用到的河流名称和新闻表达。这些表达被用于创建模板。基于模板和获得的水位数据,就可以创建新闻稿草稿,这些草稿与广播站存储的过去的广播中使用的警告水位是匹配的。通过修改,记者也可以创建自己的关于河流状况的原始新闻手稿。

4. 视频分析技术

为了能够创建具有高质量和吸引人的节目,NHK 正在推进研究视频摘要和单色电影着色技术作为视频分析驱动的节目制作技术。

为了支持节目预览视频和摘要视频的制作,NHK 正在通过技术研究来制作自动视频摘要。NHK 已经开发出一个自动生成摘要视频的系统(见图4-10),其生成的摘要视频反映了节目制作组成员们的各种意图。

该系统允许节目制作成员自由地为各种信息内容设置权重,作为自动摘要的指南。这些信息内容包含"基于推特分析的用户响应","基于图像分析的出现在场景中的人"以及"字幕和摄影作品"。在这些提示的基础上,系统可以利用材料的特定方面自动生成摘要视频,例如"大型字幕的显示","表演者的特写"和"快速放大"。通过分析在 SNS 上发布的与节目相关的评论来了解大量观众的反馈以生成摘要视频也是可能的。

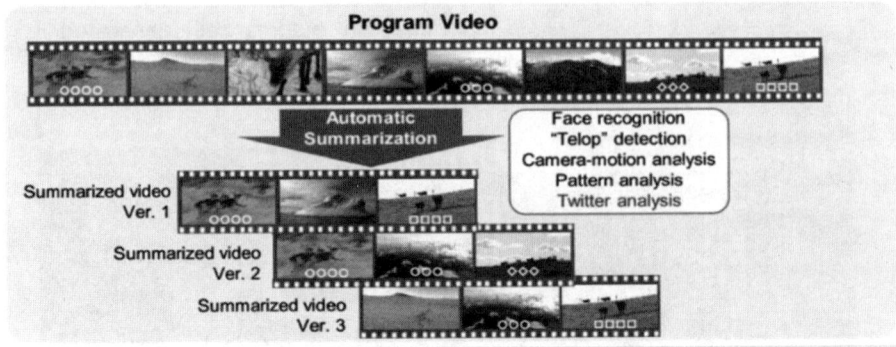

图 4-10　NHK 的自动视频摘要系统

5. 单色视频自动着色技术

NHK 开发了一种使用人工智能驱动技术的自动将单色电影视频转换为彩色视频的系统（见图 4-11）来支持高效的节目制作。通过使用这种技术为单色电影着色，可以更加新鲜地向观众传达拍摄期间的条件。

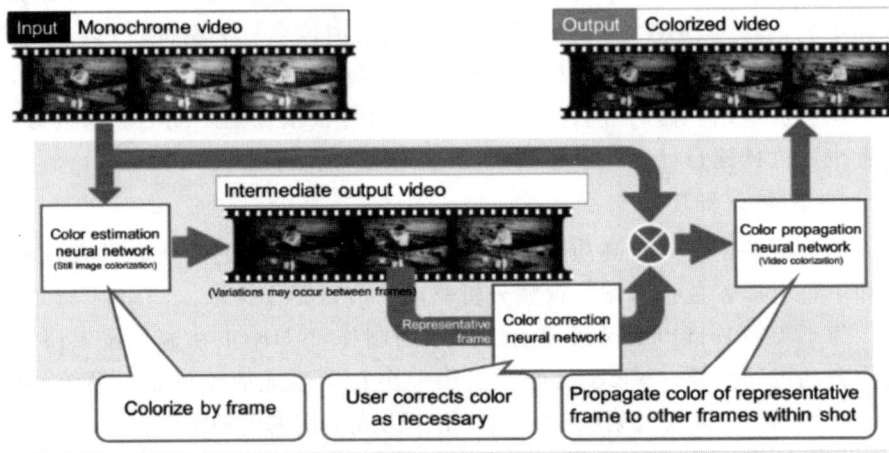

图 4-11　NHK 的自动着色系统

NHK 使用从过去的电视节目视频和存储在 NHK 档案中的彩色电影中收集的约 20000 个节目的视频数据训练了深层神经网络（DNN）。分别进行颜色估计—颜色校正和向相邻帧传播颜色信息的三个 DNN 被用于自动将单色视频转换为彩色视频。

　　由于在节目制作过程中需要基于历史事实进行颜色校正，NHK 还开发了一种在对视频进行着色时将用户的指示考虑进来的系统。需要的操作包括简单地点击图像上的几个目标区域并指定应该使用的颜色或颜色的边界。这样，用户可以轻松地校正颜色。

　　到目前为止，专家每次只能为一帧视频手动着色，使用这种方法为几秒钟的视频着色需要好几天的时间。使用 NHK 开发的系统，可以将为 5 秒钟单色短视频着色的任务耗时从 30 分钟缩短到 30 秒。

　　6. 语音识别技术

　　视频资料的音频内容的转录是必不可少的，转录使得制作人员能够更容易地浏览内容列表并查看内容本身，因此需要有能够快速高效地完成转录的系统。基于这个需求，NHK 开发了一种转录制作系统，该系统使用语音识别技术和可以在查看时轻松校正识别结果的用户界面（图 4-12）。

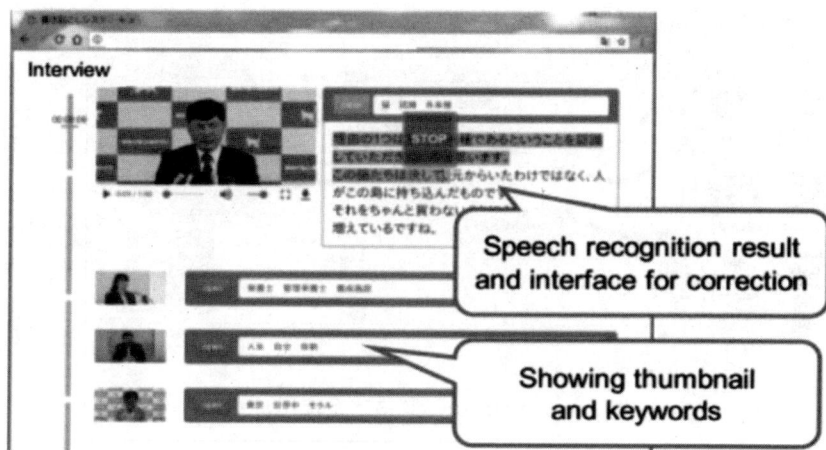

图 4-12　NHK 的音频描述系统

　　为了减少操作过程中的劳动量，这个系统允许用户通过查看缩略图和主要的关键字来快速访问他们希望查看的区域。

　　通过在每个单词层面上同步语音和文本的显示，可以仅通过几个操作来执行对识别结果的文本修正。此外，通过基于 Web 应用程序的界面，广播站内部的任何地方都可以访问这个系统。

　　这个系统中使用的语音识别技术是为隐藏式字幕的制作而开发的。目前,它可以识别清晰的语音,例如广播语音。但是,收集到的视频材料包含语音不清晰的访谈。因此,大部分材料实际上不能用于广播。为了让制作者能够确认事实并提高准确性,对这些不清晰的部分进行转录是必要的。因此,NHK 还在继续研发识别低辨识度语音的技术。

7. 通用服务

(1)自动音频描述

广播电台在次要音频频道上提供视觉内容的评论,这些评论不能仅由主要音频内容传达。通过用视听评论来补充视觉信息,能够提高视障人士对广播内容的理解。然而,此类音频评论目前只适用于有限类型的预录节目,如戏剧,例如体育节目等直播节目还不支持音频评论。因此,NHK 正在推进自动音频描述技术的研发,该技术具有自动合成语音功能。通过应用自动音频描述技术,NHK 开发了一种使用"AI 播音员"自动阅读新闻的语音合成系统(见图 4-13)。

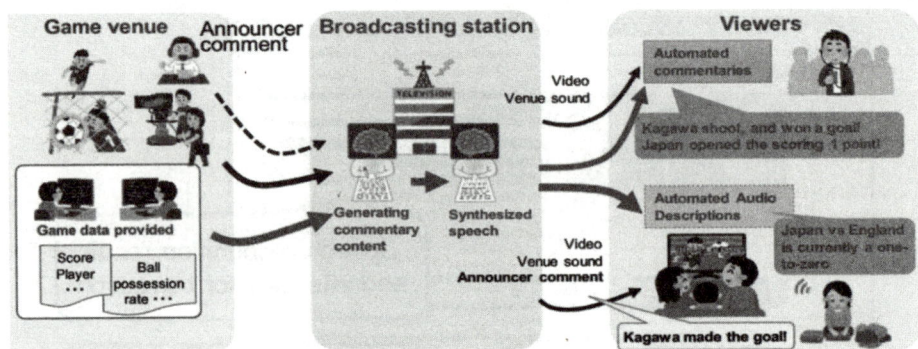

图 4-13　NHK 的音频描述系统用户界面

(2)直播体育赛事期间的自动音频描述

NHK 带着实现体育赛事直播期间合成语音的目标进行研究。近年来,体育赛事制作公司实现了诸如"谁"、"何时"和"发生了什么"等赛事期间实时数据的传播,传播的数据包括得分、进球和惩罚等。自动音频描述是一种全自动服务,可以根据实时数据生成脚本来解释正在进行的比赛并且将脚本转化为和在可接受的程度内和广播音频重叠的音频。该技术可以在难以手动执行的情况下即时创建音频描述,还可以为同时进行的多场体育赛事提供音频描述。自动音频描述还能以解说员的方式呈现。由语音合成器朗读的脚本也可以用于实时隐藏字幕。NHK 正在研究如何提高在广播音频中呈现自动音频描述的方法的吸引力,并丰富详细解说的内容。

(3)"AI 播音员"

为了在广播节目中全面使用语音合成技术,NHK 正在进行准备,例如进行使用 DNN 来阅读新闻和组织学习数据的语音合成技术研究。2018 年 4 月,NHK 在节目 NEWSCHECK 上以 AI 播音员"Yomiko"的实际形式实现了这项技术。与使用大规模收集文本和话语数据库的连接合成方法相比,NHK 通过使用 DNN 实现了用极少数语音样本训练出读取新闻的自然语音。展望未来,NHK 将着眼于支持地方广播电台播音员的工作,通过额外的语音学习来改进语音合成技术,以便合成更自然的语音。

(4)手语 CG

有些听力受损的观众希望通过手语获得信息,因为单独通过隐藏字幕提供的信息不足以完全理解广播内容。然而,在广播电台能够表达高度可靠的手语的人数量有限,而且他们当中的每一个人都不能保证长时间在同一广播电台工作。因此,NHK 正在进行手语计算机图形(CG)生成技术的研究,以便在每个地区使用手语第一时间呈现紧急天气和灾害信息。

根据日本气象厅定期发送的 XML 数据,在预先准备好的天气预报手语模板例如"天气""温度"和"下雨的机会"等内容中填充数字数据,然后由自动生成的手语 CG 动画角色呈现该信息。在确认聋人能否理解自动生成的手语表达的实验中,肯定的答案率占到了 96%,证实了通过该方法呈现手语的有效性。目前,NHK Online 网站上已经建立了天气信息手语 CG 评估网页,它以手语形式提供天气信息,并且每天会自动更新三次。

此外,类似于对自动音频描述技术的研究,NHK 也正在研究将手语 CG 应用到体育节目中。到目前为止,已经在 Web 浏览器上创建了展示体育视频和对应手语 CG 的原型系统。该系统使用在体育赛事期间发送的现场数据自动生成有关比赛条件和规则的手语 CG。NHK 还设计了用视觉方法呈现体育赛事中的兴奋时刻的方法。对参与实验的听力障碍者的调查问卷答案显示,他们非常喜爱这种通过解说无法获得的信息。未来 NHK 将进一步评估该系统对听力受损者的影响,以确定体育项目所需要的手语 CG 功能,并投入实际应用。

第四节 "四全媒体"——媒体融合发展新指向

习近平总书记在中共中央政治局第十二次集体学习时强调:"全媒体不断发展,出现了全程媒体、全息媒体、全员媒体、全效媒体,信息无处不在、无所不及、无人不用,导致舆论生态、媒体格局、传播方式发生深刻变化,新闻舆论工作面临新的挑战。""四全媒体"是习近平总书记对传播现象深刻变化的全新总结,是对全媒体发展作出的经典论述,揭示了媒体发展的本质内涵,为推动媒体融合、建设全媒体指明了发展方向。[①] "四全"是对全媒体分别在时空、技术、社会、生态四个维度上的阐释。

全程媒体是指为了更好地满足不同受众的个性化需求,媒体应当通过对各种媒介形态的综合利用,借助多种传播载体、平台以及渠道进行融合型、多层次、全方位的信息生产、传播以及消费,它突破了时空尺度,零时差,随时随地传播信息。

全息媒体是指媒体充分利用多维成像、物联网、大数据等技术,大幅度提高物理空间智能仿真呈现度,实现信息在空间的多角度同步传播和全方位呈现,使得媒体的信息传播几乎做到了无处不在,它突破了物理尺度,所有信息都可以以数据形式出现,并通过手机即可获得。

全员媒体是指由于各种智能终端的普及应用,大大降低了媒体的进入门槛,从一对多传播,转换成了多对多的传播,大大增强了互动性。

全效媒体是指伴随媒体对各种媒体技术、载体的充分应用,从而使得文字、声音、图片、图像等信息交叉综合更立体、更丰富,有着更全面的效果,再加之受众的不同程度参与,从而使得媒体能够向受众释放出更强大的效能,使得他们获得更加全面、深刻的体验感与获得感,它突破了生态尺度,集成了信息、内容、社交、服务等各种功能。

一、新媒体的融合与分化并进

传统媒体在遭遇降维打击的同时,以"两微一端"为主的新媒体平台释放出强劲的增长活力,在跨界融合与分化发展中重构媒体版图。

---

① 谢湖伟,朱单利,黎铠垚."四全媒体"传播效果评估体系研究[J].传媒,2020(19):74-77.

（一）产业链延伸与生产力扩张

由企业方、内容方、渠道方和受众方构成的新媒体产业链不断延伸，更多的技术公司、商业品牌、公关公司和自媒体人进入产业生态圈，为新媒体发展提供从内容生产、传播到转化的资源和策略支撑。其中也催生了包括自媒体联盟、新媒体大数据、新媒智库等新兴企业形态，媒体空间更加多元化和细分化。

另一方面，传统的内容生产传播格局被打破，小微创作力不断释放，业余生产力也逐步投入到专业化生产。自媒体、用户生成内容 UGC、行业大数据等成为重要生产要素，越来越多受众倾向于从"非媒体"渠道获取信息内容。基于场景和社交的个性化信息服务成为内容运营革新的重要方向，越来越多的新闻应用涉足个性定制与交互服务。

（二）多维融合与信息共享

从终端融合、渠道融合、平台融合到云融合，新媒体在资源、技术、运营等多方面实现高维融合。手机、平板和可穿戴设备等多屏共存的当下，新媒体必须重视跨屏传播的无缝对接和表现形式差异化，通过终端融合打造多态化传播。跨渠道、跨平台的整合运营也是新媒体融合发展的重点，通过全媒体矩阵构建，打通内容生产、传播、交互、连接的闭环，整合各平台渠道的资源以扩大媒体影响力。

此外，综合性和细分领域的媒体云构建成为媒体融合大趋势。通过将各终端、平台、渠道的信息内容聚合分类和交叉处理，搭建多主体参与和众媒介交互的信息共享平台，个体需求数据、媒介内容信息运营管理数据可实时从"云端"获取，媒体的资源整合能力与个性化信息服务功能将进一步被放大。

（三）垂直细分领域释放增长活力

多维融合的同时新媒体的分化进程也在加速，内容多元化、功能差异化、服务个性化、领域细分化成为发展主调。生活、传媒、企业和政务四类新媒体增长潜力释放，服务型和商业性的账号超越传播型和研究型账号，成为用户新宠。激活垂直细分领域的传播活力，助推平台账号向服务化、商业化转型，成为新媒体聚集用户、拓展市场的战略方向。构建成为媒体融合大趋势，通过将各终端、平台、渠道的信息内容聚合分类和交叉处理，搭建多主体参与和众媒介交互的信息共享平台，个体需求数据、媒介内容信息运营管理数据可实时从"云端"获取，媒体的资源整合能力与个性化信息服务功能将进一步被放大。

二、未来媒介的无边界延伸

在传统媒体积极转型和新媒体加速扩张的背景下，以新兴技术为核心驱动力的未来媒体展露初容。无人机、机器新闻、虚拟增强现实、智能硬件及大数据等技术不断向媒体行业渗透，使得信息采集、加工、传播与交互主体逐渐泛化，大大拓展了过往由人所主导的媒体空间。

（一）无人机新闻超越记者脚步极限

从新闻采集、数据传输到虚拟演播，无人机＋媒体应用呈现出多元化趋势。无人机航拍资讯已成为娱乐和社会新闻抢占第一落点的制胜法宝；无人机现场采集内容与新闻库进行实时匹配可升级虚拟演播技术；无人机通信网络构建使得"移动新闻源"无处不在；此外，无人机相关信息采集规范及隐私保护制度也在不断升级。从 2013 年美国电视台利用无人机采集环境污染、台风灾害等多个新闻视频，到 2014 年国内媒体航拍昆山爆炸事件、钓鱼岛照片，再到 2015 年纪念抗战胜利 70 周年阅兵、天津爆炸事故、叙利亚难民出逃等多个震撼人心的航拍画面出炉，无人机已超越记者脚步极限，成为媒体捕获一手资讯和受众眼球的利器。

（二）机器新闻驱动内容生产自动化革命

包括《华盛顿邮报》、《纽约时报》、《卫报》、腾讯新闻、新华社等在内的传媒机构均已涉足机器新闻，机器新闻年产量已突破 10 亿篇。机器新闻通过对各类数据的获取、分析与解释，在语义理解的基础上套用一定的新闻模板，对基本数据和观点形成故事化叙述，最终整合形成作品并出版，主要适用于财经、体育、自然灾害等数据密集型的报道。虽然机器新闻产量正在逐年超越传统创作，但这并不意味着机器人写手将取代传统媒体人，"能做回新闻的本职工作，而不是忙于数据处理"是机器新闻引入的本旨。机器人写手的补充性存在极大地解放了媒体人的劳动力，新闻记者将更加专注于独到的深度报道和人文关怀叙述，媒体人的核心素养将进一步升级。

（三）虚拟增强现实打造沉浸式新闻体验

虚拟现实（VR）和增强现实技术（AR）在电影、电视和网络等传媒领域的应用已有先例，包括多维电影制作、虚拟演播及转播、网络游戏、虚拟产品展示等多类应用已被用户广泛接受。VR 和 AR 呈现给受众的不再是一个画面、一种声音和一段文字，而是一种仿真的"体验"，它让新闻记者能更直接、真实地抓取新闻要素，同时也让读者能更切身、自主地体验到现实场景。虚拟增强现实使得媒体多维时空的呈现能力、人性化交互能力、引导性构想能力都得到了极大的提升，颠覆了受众和信息的交互关系，媒体将真正作为人的延伸器官去触碰这个世界。

（四）智能硬件拓展新闻数据源

智能硬件作为一种播报工具和数据来源，在互动性、解释性、调查性、突发性报道中凸显作用。《华尔街日报》借助用户 GPS 定位创作了"看图猜城市"的可视化互动新闻，纽约公共广播电台邀请听众用温度传感器共同制作"蝉鸣"实验报道，《休斯顿纪事报》通过传感器探测报道化工厂土壤污染情况，麻省理工学院媒体实验室开发"穿着读"的"感官小说"体验角色情感变化。智能硬件极大地拓展了新闻数据源，颠覆了传统的媒体呈现形式，同时也开启了全民参与的众包新闻制作模式。通过智能硬件随时随地记录数据、挖掘场景要素、实现同步服务，人与媒体终将零距离贴近。

（五）大数据全面渗透传媒产业链

从内容生产、关系匹配、用户挖掘到服务创新和连接转化，数据的价值不断被放大，在时效性、交互性、开放性、深度与设计等方面取得突破进展。智能互联网时代数据源进一步扩大，用户个体数据经过整合、重组，形成个性化信息图谱，基于个体需求和特定场景的数据驱动服务不断创新。如根据个人实时健康数据推送养生食谱、健身读物，根据 LBS 匹配周边新闻资讯，根据天气、环境等数据推送实用信息，媒体的个性化特征凸显。此外，信息分析方法更加成熟多元，媒体人的角色从内容生产者向预言家和咨询师进化，助力新闻价值挖掘与拓展。

三、媒体融合发展新指向

技术将进一步驱动媒体向全程、全息、全员、全效进化发展。在未来媒体世界，全息交互延伸用户感知，现实世界和虚拟世界将实现无缝对接，受众的信息认知方式将实现又一次飞跃；全知数据解读用户的每一种需求，多终端实时提供个性化服务，所想即所得式的媒体服务渗透各个场景；全能媒体提供智慧解决方案，个体节点信息与媒介内容信息在同一个平台上实现交互，媒体成为信息和服务对接的全能管家。未来媒体发展的想象空间还在不断扩张，从脱媒化到媒体化再到万物媒介化，一场颠覆性的行业变革即将到来。[①]

"四全媒体"是媒体融合的必然发展趋势，也是将媒体融合战略不断向纵

---

① 向安玲，沈阳.全息、全知、全能——未来媒体发展趋势探析[J].中国出版，2016(2)：3-7.

深推进的必经之路。全媒体时代的到来势不可挡,但任何一种新趋势的到来都会带来相应的问题。全媒体时代的信息无处不在,人人皆能接收,人人皆可传播,这就在很大程度上为舆论带来了发展方向上的挑战,而新闻舆论工作正是媒体工作的重中之重。纵观近几年来的重大事件新闻报道,不乏反转情节的出现,在以互联网为依托的巨大的舆论场内,人们可以自由发表自己的观点,当某种观点在新闻的互动评论区获得较多认同时,就会成为新闻本身的一部分,在一次又一次对个体受众的传播过程当中,引导、影响着受众对新闻的看法和对待新闻事件的态度。

第五节　新媒体发展应用与法制监管

伴随新媒体在全球的发展,世界上绝大多数国家和地区先后颁布了相关的法律法规对新媒体进行管理和控制。通过对世界 42 个国家的相关调查表明,大约 30% 的国家制定了有关新媒体的法规,而 70% 的国家在修改原有的法规以适应新媒体的发展。其实从根本上说,新媒体所带来的绝大多数法律问题涉及各个法律部门,这些问题的解决最终要靠各部门法律自身的完善来实现,而没有必要建立独立的法律部门。

一、中国是最早对新媒体进行依法管理的国家

我国政府于 1996 年 2 月开始,要求进入互联网络的计算机用户进行登记,以便加强管理。为了促进我国互联网新闻传播事业的发展,保护互联网站从事登载新闻业务的合法权益,维护互联网新闻的真实性、准确性、合法性,我国制定了《网络安全法》《互联网信息服务管理办法》《电信条例》《互联网文化管理暂行规定》《互联网视听节目服务管理规定》《互联网信息内容管理行政执法程序规定》以及互联网上网服务营业场所管理条例等法律法规。我国对网络信息内容的监管初步形成了涵盖法律、行政法规、司法解释、规章及规范性文件等的一套法律体系。其中又衔接各部门法,形成行政、民事、刑事部门的综合性监管体系。民事法律规范侧重解决网络侵权纠纷。刑事法律规范重在惩治网络诽谤、赌博、传播淫秽信息等网络犯罪。相对而言,行政法规、规章及文件数量尤其庞大,所以该体系以调整行政法律关系为主,侧重行政监管,以行政处罚为主要管控手段,对监管内容、方式、责任均有涉及。

但是,我国在新媒体依法管理实践中也面临不少困惑。可以说,我国目前

对于新媒体的管理沿袭了对于传统媒体的管理思路。目前,我国在网络信息监管方面,存在着网络信息内容监管立法滞后、违法信息内容界定不明确、监管部门众多且权限存在重合、缺乏替代性有效监管工具,以及法律责任颠倒与缺失等问题。具体到新媒体环境下的内容监管方面,目前监管难点在于:(1)主体多元性和环境虚拟化增加监管难度;(2)网络媒体放大效应增加舆情发生概率;(3)网络中不实或片面新闻内容干扰受众判断;(4)网络媒体行业激烈竞争造成失范现象;(5)过度娱乐化倾向制约网络内容深度发展。[①]

我国目前的新媒体管理制度存在的问题,其产生的根源在于没有跳脱传统行政手段和行政意识的局限,在一定程度上限制了新媒体的活力发展。要保障新媒体的健康发展,就必须利用各种监管方式的优势,结合科技、法律、传统、文化等因素,更加综合、灵活地运用具体监管手段与方式,探索出一条适合国家发展、网络发展的路径。

二、新媒体管理不等于网络舆论管理

1. 新媒体内容是新媒体管理的重要内容

对新媒体内容进行管理是新媒体管理的重要内容,而且实行新媒体内容法制管理并非中国特色。在打击不良信息方面,德国是全球第一个制定新媒体成文法的国家,1997年制定了世界上第一部关于新媒体的法律——信息与通信服务法(简称"多媒体法"),为新媒体的管理提供了法律框架。该法为综合性的法案,用来解决经由互联网传输的违法内容,包括猥亵、色情、恶意言论、谣言、反犹太人等直扬种族主义的言论,更严格规范了有关纳粹的言论思想与图片等相关信息。该法提出了新媒体服务提供者(在线服务商)责任三原则:(1)对自己提供的网上信息内容负全部责任;(2)对网上提供来自他人的内容只是在一定条件下才负有责任。这个条件就是知道有关内容违法,并且应该也有可能阻止其传播;(3)对于仅仅是提供了进入通道的网上信息不负责任。

新加坡是主张政府必须强制介入新媒体内容管理的国家之一。新加坡政府于1996年3月颁布了管理条例,要求提供联网服务的公司对进入新媒体的信息内容进行监督,以防止色情内容和容易引发宗教和政治动荡的信息传播。

---

① 杜枚珍.新媒体环境下网络新闻监管、引导难点及对策分析[J].西部广播电视,2021,42(8):8-10.

政府自己也对新媒体进行监督。东盟国家 1996 年 3 月初在新加坡举行部长级会议,讨论新媒体网络的管理问题。会议强调,既要利用信息新技术的积极面,又要限制其消极面,以维护本地区民族文化传统。会议决定召开专门研讨会,制定新媒体管理方案。

新加坡根据广播法颁布了新媒体行为准则(Internet Code of Practice)与产业标准,由信息通信发展局(IDA)管理,最初检查的重点是对青少年有害的色情信息。新媒体行为准则明确规定:"禁止那些与公众利益、公共道德公共秩序、公共安全和国家团结相违背的内容。"同时,传统的诽谤法、煽动法、维护宗教融合法案等相关内容也适用于新媒体管理,任何危害国家安全或防卫的内容都禁止在新媒体上交流。另外,韩国、法国等也都设立了法律,对新媒体上的内容进行管制。

2. 个人隐私权保护十分迫切

互联网的全球性、开放性、虚拟性、技术性、复杂性、数字化等一系列不同于现实环境的诸多特性,是网络隐私权安全问题产生的最重要根源,是网络环境下隐私侵权问题产生的最直接、最根本的因素,也直接导致网络环境中的隐私权不同于传统隐私权。

2014 年 8 月,国家互联网信息办公室发布了《即时通信工具公众信息服务发展管理暂行规定》[①]。该规定对即时通信工具服务提供者、使用者的服务和使用行为进行了规范,对通过即时通信工具从事公众信息服务活动提出了明确管理要求,网友称其为"微信十条"。

微博具有大众传播的特性,但是与微博相比,微信具有更多的人际传播及群体传播的特征。个人点对点之间的微信信息传播,具有个人通信的特征,而个人通信自由是受到法律保护的。因此,在微信管理法规中,处理惩治网络谣言、维护社会稳定之外,应该更注重对个人隐私的保护。

网络环境中所保护的个人隐私其实就是个人数据信息或资料。所谓个人数据信息,是指一切与个人有关的,并能使他人或计算机系统从众多个体中区分出该特殊个体的信息资料。它包括个人已被识别的和可被识别的任何资料。个人数据可以包括以下几种。

(1)个人的自然情况和识别信息

姓名、性别、年龄、出生地、遗传基因和病史、籍贯、住址、电话号码、身份证

---

① 《即时通信工具公众信息服务发展管理暂行规定》全文[EB/OL].[2014-08-07]. http://politics. people. com. cn/n/2014/0807/c1001-25423647. html.

号码、身高、体重、种族等;社会与政治背景、教育程度、工作经历、宗教信仰、哲学观点政治主张和党派倾向、收入状况等;生活经历与习惯、婚姻恋爱史、消费习惯等;家庭基本状况:婚姻状况、配偶父母及子女的情况等。这些传统环境下的个人隐私在网络环境下同样受到法律的保护,网络服务者和其他得到这些资料的个人、组织未经数据信息资料主体的允许不得泄露。

(2)网络中特有的个人资料

这些个人资料也是基于网络这个特殊环境而产生的,如电子邮件地址、网域名称、个人主页、用户名称、国际网络通信协议地址等。

(3)个人的信用和财产状况

如今,人们可以通过划账的方式直接在网上从事商品买卖,而无须再像以前用现金支付,于是随着该市场的出现,网上银行卡、网上信用卡等各种名目的卡应运而生,这些显然与网络用户的个人财富密切相关,卡与密码互为一体成为个人的信息资料。

个人网络活动踪迹,也称在线行踪。如浏览网页地址以及内容、IP地址等,在网上进行免费娱乐活动(如玩游戏、聊天、下载文件等操作)、与他人进行通信等,在线行踪反映了个人的生活兴趣和爱好,反映了行为人内在的精神隐私,知道他人的网络活动踪迹通常也就探视了他人的精神生活。人们选择在网上活动,往往是为了不让他人知道其行为方式和个人精神世界的偏好。个人的网络行为经常受到网站各种软件的追踪记录,一些为网民服务的软件被用来搜集网民的上网习惯、喜好浏览的网页、购物习惯。

有些网站在收集个人网络行为的相关信息时并未履行告知义务,也未明确收集信息的目的。个别网站在对收集的信息进行加工、整理后再二次利用,这些都侵犯了个人的合法权益,因此将个人网络活动踪迹纳入网络环境下隐私权的客体是有必要的。

3. 知识产权保护不力

侵权盗版情况严重。新媒体知识产权保护中最大的问题是侵权存有零成本、隐蔽性、迅速性、全球性以及罪证难以收集等特点。简言之,侵权非常容易,而维权却十分困难。

早在2006年7月1日,我国网络传播领域的重要法规《信息网络传播权保护条例》(国令第468号)①经国务院公布后开始施行,互联网版权保护开始

---

① 信息网络传播权保护条例[EB/OL].[2006-05-18]. http://www.gov.cn/zhengce/content/2008-03/28/content_5493.htm.

有了法律依据。不过,互联网版权保护的现状并没有因此而变得轻松,反而因为 P2P 数字出版等新技术的广泛应用而变得更加严峻起来。

(1)构建合法的使用机制是保护互联网版权的当务之急

前国家新闻出版总署科技与数字出版司副司长寇晓伟曾说,应该通过政府、行业组织、企业和社会共同的努力,尽快建立起我国数字版权合法、合理使用的保障体系,并且从法律制度层面提供保障。

(2)要建立国家的数字版权交易平台

通过互联网目前最便捷的技术措施平台,把版权的信息、权利人的信息以及交易、认证等都汇集到基于互联网交易的平台上,然后再结合线上线下交叉服务。此外,要发展或者建设全方位、多功能的数字版权服务组织,建立起一种商业性或者半商业性服务的模式。

三、新媒体时代网络强国战略的中国式路径

在十八届五中全会提出的五大发展理念中,"创新"被置于首位。在创新发展的表述之下,"制造强国""网络强国"两大战略或将成为重要支撑。"中国已成为全球赛博空间最大的租赁客,但从移动领域来看,三大操作系统平台都来自美国。"中央人民广播电台央广网副总编辑伍刚认为,中国仍然面临文化软实力与世界发达国家文化软实力的巨大赤字,中国数字化鸿沟、网络普及率同经济地位不相匹配,数字化文化软实力是未来需要重点提升的领域。此外,中国网络安全立法还存在明显的不足,尚未构成信息安全法律体系。他认为,新媒体时代需要有万物相联促进全球分享的领导力,随着网络信息技术的日益发达,不同文明之间的交往日趋紧密,中华民族伟大复兴需要与世界开放融合,需要拥抱世界孕育巨大机遇和无限动力。①

国家信息中心信息化研究部电子政务研究室副处长张勇进博士以突发事件报道和工作部署为例,提出政务新媒体的发展方向应该是让数据转起来。他认为,可以将数据分析应用在调整信息采集发布方向、科学安排编排位置和发布时间、调整专栏专题和内容聚焦点、判断已有信息的发布实效、打通用户信息获取断头路、知晓潜在活跃用户群体等方面,以解决订户用户流失,用户黏度剧降、经营收入递减、信息采集无所适从、内容编排缺乏信息、发行效果难以预判等问题。通过让数据转起来,进而让传播力壮起来。

---

① 王洋,韩璐.全面依法治国背景下的新闻法制建设——新媒体信息传播与法制建设高峰论坛综述[J].新闻战线,2015(23):82-84.

在各种新技术和新应用百花齐放的同时,无论就实践还是理论而言,国家治理和公共政策的选择都面临挑战。北京大学政府管理学院副教授黄璜认为,"互联网＋"的实质是实体世界与互联网世界如何接轨、融合和进化,并由此产生新的"互联网文明"公共政策的。①

四、新媒体未来发展趋势:从众媒到泛媒

西北政法大学新闻传播学院副教授申玲玲认为,在网络媒介时代,普通个体不再与媒介技术呈现疏离关系,而是可以掌控、利用媒介技术为生活带来便利,媒介的服务性、工具性越来越强。而技术触发的机器人写作,无人机新闻、大数据新闻、传感器新闻、VR新闻等新形态正在改变内容生产的模式。申玲玲表示,复制难度降低、传递速度加快、信息密度增加、数据来源多元用户连接便捷等一系列变化促使互联网与人类的关系更加紧密,但还有问题需要各个领域的学者进行探索。

"媒体是不断进化的",清华大学新闻传播学院教授、新媒体研究所所长彭兰指出,当下我们所处的众媒时代,主要有五个方面的特征:一是表现形态丰富,不再受传统表现形式的限制,文化更加多样;二是生产者众多,人人皆可为媒体;三是传播结构众多,与以前相比传播结构更为复杂;四是平台众多;五是终端多样化。而对于未来新媒体的发展趋势,彭兰认为将是一个"万物皆媒"的泛媒时代,虚拟现实、传感器、增强现实等技术,以及定制化生产,个人云平台,人和物的协同,都会成为未来新媒体的发展方向。新媒体在发展的进程中,会不可避免地触及一些法律问题。彭兰指出,采用法律规范的手段来治理新媒体发展中出现的问题,是十分紧迫和必要的。

新媒体有其特殊的产业发展规律与技术特点。在制定有关新媒体的政策与法规时,应顺应和促进新媒体产业发展,规范与发展并重。目的是实现联网的有效治理,包括对"互联网＋"的治理、基于"互联网＋"的治理、"互联网＋"下的治理这三个层面,而国家数据战略应成为其中的核心任务,在数据效益、数据安全和数据公平的动态平衡中寻求价值定位。

新媒体传播是零门槛的传播方式,很难采用传统的审批制进行管理。新媒体是没有国界的,可以借鉴目前比较成功的国外新媒体政策与法律。新媒体的管理者需要有创新精神,新媒体需要监理,但不是传统意义上的政府管理。

---

① 黄璜.互联网＋、国家治理与公共政策[J].电子政务,2015(7):54-65.

【思考题】

1. 危机传播中新媒体发挥了怎样的作用?
2. 思考新媒体时代网络负效应解决之道。
3. 从"四全媒体"的角度,谈谈你对主流媒体如何进行舆论引导的理解。
4. 结合目前最新科技发展趋势,谈谈你对新媒体未来发展前景的预测。

参考文献

［1］2019 年我国卫生健康事业发展统计公报［EB/OL］.［2020-06-06］. http：//www. nhc. gov. cn/guihuaxxs/s10748/202006/ebfe31f24 cc145b198dd730603ec4442. shtml.

［2］2019 年中国游戏产业报告发布［EB/OL］.［2020-07-30］. https：// baijiahao. baidu. com/s？ id ＝ 1653402516799087310& wfr ＝ spider& for＝pc.

［3］2020 版《个人信息安全规范》修订内容解读［EB/OL］. https：// www. sohu. com/a/418804774_120066741.

［4］2020 中国移动母婴应用平台图谱、月活量排名分析［EB/OL］. ［2020-03-28］. https：//www. iimedia. cn/c1020/70439. html.

［5］CNNIC：2019 年中国网民搜索引擎使用情况研究报告［EB/OL］. ［2019-11-02］. http：//www. 199it. com/archives/959774. html.

［6］Coursera：免费获得世界最高水平的教育［EB/OL］. https：// kuaibao. qq. com/s/20180117G0G2BU00？ refer＝spider.

［7］eDX China 官网简介［EB/OL］. https：//www. edx. org/edxchina.

［8］IPTV Subscribers-Market Analysis Q4 2015［EB/OL］.［2016-05-05］. http：//point-topic. com/free-analysis/iptv-subscribers-market-analysis-q4-2015/.

［9］Mcphail，T. L. Electronic Colonialism［M］. California：Sage，1981： 152.

［10］MOOC网站：Coursera、Udacity、edX，哪个更适合中国人［EB/OL］. https：//www. zhihu. com/question/21095181/answer/371528859.

［11］百度百科：阿里健康［EB/OL］. https：//baike. baidu. com/item/% E9％98％BF％E9％87％8C％E5％81％A5％E5％BA％B7/ 16935599？ fr＝aladdin.

［12］百度百科：钉钉［EB/OL］. https：//baike. baidu. com/item/钉钉/

16595044？fr＝aladdin.

[13] 百度百科：计算机网络技术［EB/OL］. http：//baike. baidu. com/view/663997. htm.

[14] 百度百科：慕课［EB/OL］. https：//baike. baidu. com/item/慕课/4855871？fr＝aladdin.

[15] 百度百科：入侵预防系统［EB/OL］. https：//baike. baidu. com/item/％E5％85％A5％E4％BE％B5％E9％A2％84％E9％98％B2％E7％B3％BB％E7％BB％9F/10848637？fr＝aladdin.

[16] 百度百科：移动通信［EB/OL］. https：//baike. baidu. com/item/移动通信/373026？fr＝aladdin.

[17] 百度百科：中国电子商务发展报告（2018—2019）［EB/OL］. https：//baike. baidu. com/item/中国电子商务发展报告 2018-2019/23742834？fr＝aladdin＃reference-[1]-24232465-wrap.

[18] 保罗·莱文森. 手机［M］. 何道宽，译. 北京：中国人民大学出版社，2004：53.

[19] 本土化下中国慕课学习者困境及改进措施［EB/OL］. http：//media. people. com. cn/n1/2016/0628/c405364-28504161. html

[20] 常广泽. 面向 K12 教育的双师直播平台的设计与实现［D］. 北京：北京交通大学，2019.

[21] 陈畅，陈亮，周雪峰. 基于自然手势交互的工业机器人示教系统设计与实现［J］. 制造业自动化，2018，40(2)：21-25.

[22] 陈家驹，刘阳，陈加宜，刘谦. 基于"互联网＋"的综合医院智慧自助服务平台的设计与实现［J］. 中国医学教育技术，2020，34(5)：646-650.

[23] 陈丽萍，任永奎. 我国高校"慕课"开发中存在的问题及对策［J］. 辽宁师专学报，2017，19(4)：41.

[24] 陈小东. 基于深度学习的语音合成技术研究及应用［D］. 太原：中北大学，2020.

[25] 陈晓贝，罗振东. 5G：从愿景逐步向技术标准迈进［J］. 世界电信，2014(12)：16-18.

[26] 陈勇. 浅谈创意广告在新媒体平台的运用［J］. 新闻研究导刊，2018，9(6)：225-226.

[27] 程诚. 基于 TED-Ed 的微课设计与实现［J］. 信息与电脑，2020(7)：

208-209.

[28] 程潇,刘与齐.以平安好医生 App 为例分析移动医疗 App 的现状和未来发展趋势[J].中国医药导报,2017,14(26):157-160.

[29] 崔保国,孙平.从世界信息与传播旧格局到网络空间新秩序[J].当代传播,2015(6):7-10.

[30] 戴芊.互联网＋智慧医疗模式下的妇幼保健院信息化建设[J].电子技术与软件工程,2019(21):193-194.

[31] 等级保护与安全信息建设工作意义及必要性[EB/OL]. http://www.safehoo.com/Manage/Trade/zh/201805/1520733.shtml.

[32] 第 46 次《中国互联网络发展状况统计报告》(全文)[EB/OL].[2020-09-29]. http://www.cac.gov.cn/2020/09/29/c_1602939918747816.htm.

[33] 钉钉用户破 3 亿发布家校共育 2.0:数字化普惠再升级[EB/OL].[2020-05-17]. https://36kr.com/p/711900483377672? spm＝a217n7.14136887.0.0.4285573feQuoTF.

[34] 段小平.“最多跑一次”:“互联网＋”时代政府治理角色的塑造[J].行政科学论坛,2018(1):16-21.

[35] 多吉.探析数字电视、IPTV 与互联网电视技术[J].中国有线电视,2020(9):1077-1078.

[36] 冯传岗.IPTV 的技术特点及其应用[J].卫星电视与宽带多媒体,2005(15):53-58.

[37] 冯婷婷,刘彦平.浅谈新媒体环境下的信息安全[J].通讯世界,2016(22):262-263.

[38] 弗兰特·韦伯斯特.信息社会理论[D].3 版.曹晋,译.北京:北京大学出版社,2011:169.

[39] 高晨峰.新媒体广告的传播方式及营销策略[J].新媒体研究,2018,4(24):50-51.

[40] 高玲.三网融合背景下新媒体产业的发展探究[J].艺术教育,2014(10):83.

[41] 高龙.试析我国动漫游戏产业与新媒体的发展[J].美术大观,2017(4):116-117.

[42] 高润泽,陈庆澳,陈含笑,高娃.基于 Leap Motion 的人机交互研究及实践[J].家具,2020,41(5):67-70＋89.

[43] 高艺,唐莉芳. 新媒体对社会治理带来的挑战[J]. 各界,2017(6)：173-173.

[44] 工业和信息化部关于推动 5G 加快发展的通知[EB/OL]. [2020-03-24]. http://www. cac. gov. cn/2020-03/24/c_1586598820488869. htm.

[45] 龚曙光. 我国三网融合的特点与挑战探讨[J]. 中国有线电视,2016(11):1256-1257.

[46] 关于促进"互联网＋医疗健康"发展的意见[EB/OL]. [2018-04-28]. http://www. gov. cn/zhengce/content/2018-04/content_5286645. htm.

[47] 关于促进和规范健康医疗大数据应用发展的指导意见[EB/OL]. [2016-06-21]. http://www. gov. cn/zhengce/content/2016-06/24/content_5085091. htm.

[48] 关于推进 5G 智慧医疗融合发展的指导意见[EB/OL]. [2020-02-01]. http://wsjkw. sc. gov. cn/scwsjkw/zcwj11/2019/9/2/c687767237e94b8a9bde6b7d381e07fe. shtml.

[49] 关于印发电子病历系统应用水平分级评价管理办法(试行)及评价标准(试行)的通知[EB/OL]. [2018-12-07]. http://www. nhc. gov. cn/yzygj/s7659/201812/3cae6834a65d48e9bfd783f3c7d54745. shtml.

[50] 关于在疫情防控中做好互联网诊疗咨询服务工作的通知[EB/OL]. [2019-09-07]. http://www. nhc. gov. cn/yzygj/s7653p/202002/ec5e345814e744398c2adef17b657fb8. shtml.

[51] 郭全中,胡洁. 智能传播平台的构建——以今日头条为例[J]. 新闻爱好者,2016(6):4-8.

[52] 郭全中. 今日头条是如何打造智能传播平台的? [J]. 传媒,2016(14):36-37.

[53] 国务院办公厅关于印发三网融合推广方案的通知[EB/OL]. [2015-08-25]. http://www. gov. cn/zhengce/content/2015-09/04/content_10135. htm.

[54] 国务院办公厅转发财政部等部门关于推动我国动漫产业发展若干意见的通知[EB/OL]. http://www. gov. cn/gongbao/content/2006/content_310646. htm.

[55] 韩晓燕. 浅析新媒体对社会经济的影响[J]. 现代交际,2013(2)：

101-102.

[56] 好大夫在线[EB/OL]. https://www.haodf.com/.

[57] 郝迪.浅析三网融合趋势下的反垄断法完善[J].现代商业,2014(10):52.

[58] 何宝宏.浅析IPTV的概念与内涵[J].电信网技术,2006(2):15-17.

[59] 何宝宏.浅析IPTV的概念与内涵[J].电信网技术,2006(2):15-17.

[60] 何沛中.浙江华数:以跨代网、云服务助力"智慧浙江"[J].信息化建设,2012(4):37-39.

[61] 洪进,谈少盈等.当前国内微课发展存在的问题及建议[J].武汉船舶职业技术学院学报,2020(2):22.

[62] 侯琰琪.微课模式下初中生物学教学设计的研究[D].桂林:广西师范大学,2016:21.

[63] 侯玉华,严斌峰.浅析新时代信息安全发展趋势和机遇[J].信息通信技术,2019(6):15-22

[64] 胡尊栊.人工智能在新闻传播中的应用研究[D].成都:四川科学院,2020.

[65] 华为产品官网[EB/OL]. https://e.huawei.com/cn/products/enterprise-networking/security/firewall-gateway/usg6500e-desktop.

[66] 季丽莉,郭晓丽.新媒体背景下广告的社会文化意义[J].山东理工大学学报(社会科学版),2019,35(5):54-60.

[67] 贾康.数字经济时代的企业转型[J].扬州大学学报:人文社会科学版,2019,23(2):15-20.

[68] 江鹏.基于支持向量机(SVM)股票择时策略的研究[D].南昌:江西财经大学,2019.

[69] 姜智峰,唐雄燕.三网融合产业发展探析[J].电信网技术,2010(10):43-46.

[70] 蒋旭峰.新媒体时代中国的国际传播能力——写在世界媒体峰会之后[J].对外传播,2009(12):22-23.

[71] 教培机构在线互动直播招生:一天引流300＋学员,实战案例解析[EB/OL]. https://www.sohu.com/a/408136422_120753902?_trans_=000019_hao123.

[72] 《即时通信工具公众信息服务发展管理暂行规定》全文[EB/OL].[2014-08-07]. http://politics.people.com.cn/n/2014/0807/

c1001-25423647.html.

[73] 金莫涵.人工智能在金融领域的应用研究[D].长春:吉林财经大学,2019.

[74] 金童,蒋玉茹,邱伟.基于 Leap Motion 的汉字空中书写及识别系统[J].电子技术与软件工程,2019(23):7-49.

[75] 蓝师优.浅析新媒体发展带来的社会影响[J].经济与社会发展,2016,14(2):101-103.

[76] 梁凤玲.区域医疗卫生信息化建设存在的问题及对策探讨[J].中国新通信,2020,22(8):99-100.

[77] 林莹莹,蔡睿凡,牛雨真,等.基于 Leap Motion 的虚拟现实陶艺体验系统[J].图学学报,2020,41(1):57-65.

[78] 刘灿.智慧养老系统健康监护软件的设计与实现[D].重庆:重庆邮电大学,2019.

[79] 刘继南,周积华,段鹏.国家传播与国家形象——国家关系的新视角[D].北京:北京广播学院出版社,2002:20.

[80] 刘劼.格局突破:新媒体对传播形态的重新定义[J].新闻研究导刊,2016(21):101.

[81] 刘晓燕,徐颖,马川."慕课"在高校中的发展及其面临的问题[J].教育现代化,2018,5(12):175-176.

[82] 刘义.基于深度学习的特征融合及其在医学图像中的应用[D].武汉:武汉科技大学,2019.

[83] 吕大淦."互联网+"环境下烟草企业现代化管理应用——以钉钉移动办公为例[J].商场现代化,2018(20):106-107.

[84] 妈妈网[EB/OL]. http://www.mama.cn/.

[85] 马光,侯沿滨,石慧.我国动漫产业的现状与发展对策分析[J].商场现代化,2008(25):333-333.

[86] 马晴.智慧家庭医生模式创新生态系统的构建与仿真研究[D].南京:南京中医药大学,2020.

[87] 马歇尔·麦克卢汉.理解媒介——论人的延伸[M].何道宽,译.北京:商务印书馆,2000.

[88] 美柚官网[EB/OL]. https://www.meiyou.com/.

[89] 尼葛洛庞帝.数字化生存[M].胡泳,范海燕,译.海口:海南出版社,1997:15

[90] 潘嘉. 深度学习语音识别系统中的自适应方法研究[D]. 合肥：中国科学技术大学，2020.

[91] 溥睿. 基于 Leap Motion 手势识别和 Android 平台的双臂机器人控制系统设计[D]. 昆明：云南大学，2019.

[92] 清华"学堂在线"与快手达成战略合作 向社会开放更多教育资源[EB/OL]. [2020-02-10]. https://baijiahao. baidu. com/s? id＝1658140428460447079＆wfr＝spider＆for＝pc.

[93] 清华大学慕课平台"学堂在线"完成过亿元 B 轮融资 选课人次超 7800 万[EB/OL]. https://xw. qq. com/cmsid/20191212A0IO5T00? f＝newdc.

[94] 邱达超，李振华，吴强. IPTV 业务发展探析[J]. 电信工程技术与标准化，2020,33(10):53-57.

[95] 曲玲玲. IPTV 技术特点及其应用[J]. 中国新通信，2013,15(23):60-61.

[96] 全国医疗卫生服务体系规划纲要（2015—2020 年）[EB/OL]. [2019-06-27]. http://www. gov. cn/zhengce/content/2015-03/30/content_9560. htm.

[97] 任国征，徐晓娜. 构建智慧养老服务体系的建议[J]. 中国国情国力，2020(10):13-17.

[98] 什么是数字技术和网络技术[EB/OL]. [2016-06-24]. http://zhidao. baidu. com/question/24372161. html.

[99] 沈子强，张卫. 浙江华数基于 TVOS 开展智慧广电建设的运营实践[J]. 广播电视信息，2018(10):57-60.

[100] 沈子强. 浙江华数融媒体战略的思考和实践[J]. 广播电视信息，2019(6):16-20.

[101] 史水平. 汉语语音合成技术的研究[D]. 南宁：广西大学，2004.

[102] 司俊霄，柯雄. 智慧医疗环境下的健康扶贫模式创新：实践、影响与方向[J]. 卫生软科学，2020,34(9):3-8.

[103] 苏征宇. 独生子女父母养老保障困境及对策[J]. 合作经济与科技，2020(15):168-169.

[104] 孙志伟. ABB 工业机器人网络集成控制系统研究[D]. 秦皇岛：燕山大学，2017.

[105] 田刚. 智能移动办公平台在学校信息化建设中的运用——以"钉

钉"为例[J].科教导刊(电子版),2019(16):1-1.

[106] 童良.基于B/S的医院信息管理系统的设计与实现[D].成都:电子科技大学,2020.

[107] 王金金.人工智能在司法审判中的应用[D].石家庄:河北经贸大学,2020.

[108] 王开耀.浅析新媒体对当今中国社会的影响[J].文教资料,2015(19):50-52.

[109] 王培培.互联网背景下新媒体广告的传播方式及营销策略[J].现代营销(经营版),2019(5):106-107.

[110] 王洋,韩璐.全面依法治国背景下的新闻法制建设——新媒体信息传播与法制建设高峰论坛综述[J].新闻战线,2015(23):82-84.

[111] 王瑶,项鹏,孟春阳,马利兵,杨秀秀,赵川.新一代Kinect传感器关键技术综述[J].黑龙江科技信息,2015(24):84-86.

[112] 王渝生.科技革命改变世界发展格局[J].领导科学论坛,2018(18):79-96.

[113] 微医[EB/OL].https://www.guahao.com/.

[114] 韦新平.TED-Ed微课的教学价值及其对中学化学教学的启示[J].化学教学,2017(3):17-20.

[115] 卫生计生委关于印发推进家庭医生签约服务指导意见的通知[EB/OL].[2016-06-06].http://www.gov.cn/xinwen/2016-06/06/content_5079984.htm.

[116] 卫志民."慕课"本土化开发面临的问题及对策[J].西北师大学报:社会科学版,2015(1):78-84.

[117] 魏玉山,张立,王飚,牛兴侦,孟晓明.2019—2020年中国动漫游戏产业发展状况[J].出版发行研究,2020(9):5-12.

[118] 吴信训.大众传播新闻[D].成都:四川人民出版社,1994:86.

[119] 吴雪薇,王利双,张盈盈.增强现实技术发展趋势研究[J].科技视界,2019(30):223-224,177.

[120] 吴艳红.浅议我国三网融合的特点及未来发展[J].中国科技纵横,2012(12):29-29.

[121] 奚宝赟.新媒体环境下的快速消费品广告创意研究——以江小白为例[J].新媒体研究,2020,6(24):45-48.

[122] 向安玲,沈阳.全息、全知、全能——未来媒体发展趋势探析.中国

出版,2016(2):3-7.

[123] 谢湖伟,朱单利,黎铠垚."四全媒体"传播效果评估体系研究[J].
传媒,2020(19):74-77.

[124] 谢新洲.新媒体给社会生活带来巨大变革[N].人民日报,2015-10-
11(005).

[125] 谢瑛.今日头条迅猛发展带给地市级媒体的启示[J].新闻传播,
2019(10):90-91.

[126] 信息安全政策:等级保护、分级保护[EB/OL]. https://zhuanlan.
zhihu.com/p/143756818.

[127] 信息网络传播权保护条例[EB/OL].[2006-05-18].http://www.
gov.cn/zhengce/content/2008-03/28/content_5493.htm.

[128] 许君婵.我国网络游戏产业的现状和发展趋势.电子技术与软件工
程,2017(1):23-23.

[129] 许良.农村空巢老人的养老困境及其对策[J].办公自动化,2020,
25(16):58-60.

[130] 许燕.基于钉钉的移动办公微应用的设计与实现[J].软件,2017,
38(4):137-141.

[131] 学堂在线与快手线上签约,促进大学资源向社会开放[J/OL].
[2020-02-09]. https://baijiahao.baidu.com/s? id =
1658059072419241514&wfr=spider&for=pc.

[132] 杨良俊,严艳,李嘉丽,樊湘珍,梁绮婷,周恒立,潘华峰.基于互联
网+医疗健康背景下的智慧中医诊疗新模式探讨[J].卫生软科
学,2020,34(8):26-29.

[133] 杨文婷.基于 Logistic 回归和决策树算法的客户流失预测研究
[D].大连:大连理工大学,2019.

[134] 杨星,陈淑敏,马超等.基于 Leap Motion 的可抓取无人机系统
[J].测控技术,2019,38(6):96-99,104.

[135] 姚斌,陈哲.新媒体技术在创意产业中的应用研究——以动漫产业
为例[J].信息与电脑(理论版),2016(2):38,46.

[136] 叶东蠹,陈木子.5G 时代的智慧医院建设[J].中国医学装备,
2019,16(8):150-153.

[137] 叶丽诗.融合创新迎接学校管理信息化新时代——"钉钉"助力学校
管理信息化案例研究[J].中国信息技术教育,2019(19):93-95.

[138] 医护到家[EB/OL]. http://www.yihu365.com/.

[139] 医院智慧服务分级评估标准体系（试行）[EB/OL]. [2019-03-05]. http://www.nhc.gov.cn/yzygj/s3593g/201903/9fd8590dc00f4feeb66d70e3972ede84.shtml.

[140] 易旭明,阚敏.我国 IPTV 发展历程、动因和挑战刍议[J].新闻界,2016(24):35-41.

[141] 殷蕾.AI 技术在传媒领域的应用研究[D].哈尔滨:哈尔滨师范大学,2019.

[142] 尹思佳.AR 与 VR 的技术推进与发展前景探析[J].当代教育实践与教学研究,2020(4):243-244.

[143] 张峰,匡文波.对新媒体法制管理的思考[J].青年记者,2014(34):69-70.

[144] 张桂珍.国际关系中的传媒透视[D].北京:北京广播学院出版社,2000:253.

[145] 张汉琪.基于决策树算法的研发项目管理系统的设计与实现[D].北京:北京建筑大学,2020.

[146] 张华.5G 技术引发的传媒生态变革[J].记者观察,2019(21):6-8.

[147] 张健.高质量的新型养老模式——智慧居家养老服务[J].农村·农业·农民(B 版),2020(9):34-35.

[148] 张丽.新冠病毒背景下延安市高中化学网络直播教学的应用调查研究[D].延安:延安大学,2020.

[149] 张苗苗,孙晖.进一步推进智慧广电建设的几点思考[J].声屏世界,2018(3):10-12.

[150] 张善庆.新媒体广告的特点及发展态势[J].廊坊师范学院学报(社会科学版),2013,29(1):87-88.

[151] 张向东.深化内涵全面推进家庭医生签约服务[J].中国卫生人才,2019(7):14-7.

[152] 张向东.深化内涵全面推进家庭医生签约服务[J].中国卫生人才,2019(7):14-17.

[153] 张雪,田文华.家庭医生及相关概念的界定和比较[J].海军医学杂志,2013,34(4):283-284.

[154] 张祎芯.新媒体在政治传播中的应用与影响[J].商情,2014(10):187-188.

[155] 张翊宝.浅析新媒体与社会发展[J].知行铜仁,2016(2):71-73.

[156] 张芸强,钱坤,李焕良.浅析虚拟现实技术的发展与应用[J].中国设备工程,2020(20):200-201.

[157] 赵冉.突发事件传播中的双刃剑——新媒体介入传播的优势与劣势[J].新闻研究导刊,2016(11):63.

[158] 浙江华数有限公司.浙江特色的"智慧广电+"——浙江华数转型发展实践[J].信息化建设,2019(1):61-64.

[159] 政策分享——2020版《个人信息安全规范》[EB/OL].https://zhuanlan.zhihu.com/p/112143941.

[160] 智联招聘发布《2013年白领手机指数调研》[EB/OL].[2014-02-17].http://js.ifeng.com/business/zt/detail_2014_02/17/1856969_0.shtml.

[161] 中国大学MOOC网[EB/OL].https://www.icourse163.org/about/aboutus.htm#/about.

[162] 中国行业信息网:2018年中国信息安全行业发展现状及发展前景分析[EB/OL].https://www.chyxx.com/research/201804/627287.html.

[163] 中国互联网络信息中心(CNNIC)在京发布第44次《中国互联网络发展状况统计报告》[EB/OL].[2019-08-30].http://www.cac.gov.cn/2019-08/30/c_1124939590.htm.

[164] 中国健康老年人标准(2013)[J].中华老年医学杂志,2013,32(8):801.

[165] 《中国健康事业的发展与人权进步》白皮书[EB/OL].[2017-09-29].http://www.scio.gov.cn/ztk/dtzt/36048/37159/37161/Document/1565175/1565175.htm.

[166] 中国网络信息安全市场规模、竞争格局及发展趋势分析[EB/OL].https://xueqiu.com/9582690951/133514384.

[167] 中国游戏产业研究院:2020年中国游戏产业报告[EB/OL].[2020-07-30].http://www.199it.com/archives/1092830.html.

[168] 中国自主研发多模态AI中药识别仪,助推中药走向世界[EB/OL].[2019-06-27].https://baijiahao.baidu.com/s?id=1637454653753917604&wfr=spider&for=pc.

[169] 中华人民共和国老年人权益保障法[EB/OL].[2019-01-08].

http://www. mca. gov. cn/article/gk/fg/ylfw/202002/20200
200024078. shtml.

[170]《中国新媒体发展报告》2016 版在京发布［DB/OL］.［2016-06-22］.
http://media. people. com. cn/n1/2016/0622/c19237028470101.
html.

[171] 中医药发展战略规划纲要（2016-2030 年）的通知［EB/OL］.［2016-
02-22］. http://www. gov. cn/zhengce/content/2016-02/26/
content_5046678. htm.

[172] 周海英. 论新媒体的产生及发展趋势［J］. 东南传播，2009（5）：
58-60.

[173] 宋楠. 从"今日头条"看个性化新闻推荐服务［J］. 视听，2019（7）：
182-183.

[174] 祝智庭，张浩等. 微型学习——非正式学习的实用模式［J］:中国电
化教育，2018（2）:10-13.

[175] 邹丽莹. 基于朴素贝叶斯分类的上市公司财务异常侦测研究［D］.
长春:吉林大学，2017.

图书在版编目（CIP）数据

新媒体发展与应用 / 卢小雁，吴英飞，许今茜编著
. —杭州：浙江大学出版社，2022.6
　ISBN 978-7-308-21731-6

　Ⅰ．①新… Ⅱ．①卢… ②吴… ③许… Ⅲ．①传播媒
介－发展－研究 Ⅳ．①G206.2

中国版本图书馆 CIP 数据核字（2021）第 183838 号

新媒体发展与应用

卢小雁　吴英飞　许今茜　编著

责任编辑	李海燕
责任校对	孙秀丽
封面设计	雷建军
出版发行	浙江大学出版社
	（杭州市天目山路 148 号　邮政编码 310007）
	（网址：http://www.zjupress.com）
排　　版	杭州好友排版工作室
印　　刷	浙江全能工艺美术印刷有限公司
开　　本	710mm×1000mm　1/16
印　　张	17.75
字　　数	319 千
版 印 次	2022 年 6 月第 1 版　2022 年 6 月第 1 次印刷
书　　号	ISBN 978-7-308-21731-6
定　　价	53.00 元